HEINRICH-HEINE-I
ARCHIV · BIBLI
HERAUSGEGEBEN '
BA

G000071294

LITERATURPREISE

Literaturpolitik und Literatur am Beispiel der Region Rheinland / Westfalen

Herausgegeben von
Bernd Kortländer

Verlag J. B. Metzler
Stuttgart · Weimar

HEINRICH-HEINE-INSTITUT DÜSSELDORF
ARCHIV · BIBLIOTHEK · MUSEUM
HERAUSGEGEBEN VON JOSEPH A. KRUSE
BAND 7

Redaktion: Iris Nölle-Hornkamp

Mit freundlicher Unterstützung der Landschaftsverbände Rheinland und Westfalen-Lippe.

Die Deutsche Bibliothek - CIP-Einheitsaufnahme

Literaturpreise : Literaturpolitik und Literatur
am Beispiel der Region Rheinland/Westfalen /
hrsg. von Bernd Kortländer. Stuttgart ; Weimar : Metzler, 1998
(Archiv, Bibliothek, Museum / Heinrich-Heine-Institut Düsseldorf ; Bd.7)
ISBN 3-476-01577-7

Gedruckt auf säure- und chlorfreiem, alterungsbeständigem Papier.

ISBN 3-476-01577-7

Inhaltsverzeichnis

Zur Geschichte der Literaturpreise in Nordrhein-Westfalen. Ein Ausstellungsprojekt des Heinrich-Heine-Instituts Düsseldorf

Von Bernd Kortländer

Das Heinrich-Heine-Institut der Landeshauptstadt Düsseldorf ist eines der wichtigen Zentren für die Sammlung und Pflege literarischer Nachlässe in der Bundesrepublik Deutschland. Zugewachsen ist ihm diese Aufgabe aus seiner Geschichte als Nachfolgeeinrichtung der Handschriftenabteilung der alten Landes- und Stadtbibliothek Düsseldorf, die 1970 aufgelöst wurde. Die literarischen Sammlungen des Instituts reichen über einen Zeitraum von beinahe 400 Jahren, von Friedrich Spee von Langenfeld bis zu Rose Ausländer. Schwerpunkte liegen bei Heine und der Literatur der Heine-Zeit einerseits, bei der Literatur der rheinisch-bergischen Region andererseits, hier insbesondere bei Autoren des 20. Jahrhunderts. Gerade dieser regionale Bezug wird in jüngster Zeit intensiver gepflegt, das Heine-Institut in Zusammenarbeit mit dem Landschaftsverband Rheinland und dem Land Nordrhein-Westfalen weiter ausgebaut zu einem Zentrum für die Erforschung der rheinischen Literatur.

So konnte ich denn auch zu einem großen Teil auf Bestände des Instituts zurückgreifen, auf Manuskriptsammlungen und Nachlaßbibliotheken, als es darum ging, im Rahmen einer Ausstellung die Geschichte der Literaturpreise in Nordrhein-Westfalen nach 1945 zu rekonstruieren. Diese Ausstellung, deren außergewöhnliche Architektur und Gestaltung die Graphikerin Inge Sauer übernommen hatte, wurde bislang in Düsseldorf, Münster und Aachen gezeigt. In ihrem Rahmen fand mit Unterstützung der Landschaftsverbände Rheinland und Westfalen-Lippe im Heine-Institut ein Kolloquium statt, dessen Beiträge in diesem Band dokumentiert werden.

Als Einführung sowohl in die Problemstellung wie die historischen Zusammenhänge kann ein Blick auf Idee und Inhalt der Ausstellung dienen, auch wenn sie ihren Schwerpunkt etwas anders setzt. Während die Beiträge dieses Sammelbandes in zwei Abschnitten gleichgewichtig die Geschichte der Literaturpreise in den Regionen Nordrhein und Westfalen in den 30er und 40er Jahren und dann von 1945 bis in die 70er Jahre hinein untersuchen, konzentriert sich die Ausstellung vor allem auf die Nachkriegszeit. Ihr Thema war die Frage nach Kontinuität und Neubeginn in der gesellschaftlichen Legitimierung von Literatur in Form von Auszeichnungen mit Literaturpreisen, erläutert an der Praxis im neu entstandenen Bundesland Nordrhein-Westfalen. Es ging um die Vorstellung, die die neue Gesellschaft bzw. deren offizielle Repräsentanten davon hatten, wie Literatur zu sein habe, welche Leistungen sie erbringen solle. Denn Literaturpreise sind die Punkte, an denen sich Literatur und Macht, Literatur und partikulare Interessen, Literatur und Geld direkt und unmittelbar berühren. Sie sind deshalb in sicher ebenso hohem, wenn nicht höherem Maße Indikatoren aktueller gesellschaftlicher Tendenzen und Vorstellungen wie ästhetischer Maßstäbe und Kriterien.

Dabei läßt sich nach Kontinuitäten sinnvoll nur bis zum Beginn der 70er Jahre fragen. Danach hat sich die Bundesrepublik Deutschland wirklich konsolidiert und, auch was die Kultur angeht, eine Identität gefunden. Die neue Selbstsicherheit und das gestärkte Selbstverständnis zeigen sich u.a. auch im Absterben vieler alter Literaturpreise einerseits und in einer wahren Explosion der Anzahl neuer Preise andererseits.[1]

Innerhalb des Gesamtzeitraums 1945-1972 kann man deutlich zwei Phasen unterscheiden. Eine erste, die unter dem Zeichen der Kontinuität steht und die bis weit in die 60er Jahre hineinreicht (sie ist in etwa deckungsgleich mit der Adenauerschen Kanzlerschaft), und eine zweite, in der der Wille zur Neuorientierung überwiegt und die etwa an der Wende zu den 60er Jahren beginnt. Beide Phasen überlappen sich, wie überhaupt diese Unterscheidung natürlich nicht alle Einzelphänomene abdecken kann. In der Literatur wird dieser Wendepunkt bezeichnet durch das Auftreten der Generation der Grass, Böll, Walser etc. mit ihren wichtigen Büchern am Ende der 50er Jahre. Gesellschaftlich wird sie deutlich durch die (zwangsweise) Hinwendung der Bundesrepublik Deutschland zum Thema Holocaust im Gefolge des Eichmann-Prozesses und der Auschwitz-Prozesse. Aber auch innerhalb der konservativen Kulturpolitik z.B. des CDU-Landes Nordrhein-Westfalen hat sich 1962 bereits die Vorstellung vom Pluralismus innerhalb der Kultur durchgesetzt und unter dem Stichwort »Wettkampf der Systeme« Aufnahme auch in den kulturpolitischen Wortschatz gefunden.

Sich bekennen

Unter allgemeinen Aspekten sind Literaturpreise zuallererst Akte der Bestätigung, der Bekräftigung. Hier soll etwas mit einer Art Qualitätsmarke, einem Gütesiegel ausgezeichnet werden. Seht her, hier gibt es etwas Besonderes, etwas Hochwertiges zu lesen! Dieser Akt bekommt dadurch repräsentative Bedeutung, daß er im Namen einer Gruppe, einer Stadt, eines ganzen Landes vollzogen wird, also eine mehr oder weniger allgemeine und öffentliche Legitimation beansprucht. Der Staat, die Gesellschaft zeichnen einen Autor, ein Gesamtwerk oder ein einzelnes Buch aus, verleihen ihm besonderes Gewicht. Sie bzw. die von ihnen mit diesem Akt beauftragten Agenten treffen dabei eine Auswahl nicht nur unter der Vielzahl schreibender Zeitgenossen, sondern vor allem eine Auswahl unter verschiedenen und häufig genug miteinander konkurrierenden ästhetischen und zugleich politisch-weltanschaulichen Positionen. Literaturpreise sind insofern Ordnung stiftende Akte, sie errichten Wegweiser im Blick auf Literatur u n d Politik, zeigen das Gefälle der Macht und verdeutlichen die Toleranzgrenzen: all das mit einem enorm hohen Potential an Legitimation.

Der historisch-konkrete Charakter der mit Preisvergaben verbundenen Bekenntnisakte wird allerdings von einem anderen Moment gebrochen, das häufig nur schwer zu kalkulieren ist: der Verpflichtung auf bestimmte Traditionen, die entweder regional oder lokal bestimmt sind oder mit der Geschichte des jeweiligen Literaturpreises zusammenhängen. So ist z.B. die Geschichte des *Droste-Preises* nur zu verstehen, wenn man bedenkt, daß dort ausschließlich in irgendeinem Sinne 'westfälische' Literatur gefördert werden soll.

Blickt man auf die Geschichte der Bundesrepublik Deutschland und die darin stattgehabten Begegnungen von Literatur und Staat, so fällt eher die Distanz zwischen beiden auf: Nur ganz selten kommt es zu Dialogen, meist überwiegt das Unbehagen und das Mißtrauen. Auch Literaturpreise sind in der Regel kein Anlaß zum Gespräch. Zu verschieden sind die Motive: Die eine Seite möchte in einem verallgemeinerbaren, repräsentativen Sinne auszeichnen, die andere in einem verständlicherweise sehr individuellen Sinne ausgezeichnet werden, nämlich für die ganz eigene und unverwechselbare Leistung. Die Preisverleihungen erstarren im alteingeübten Ritual zwischen Streichquartett, Laudatio und Lachshäppchen.

Sich zeigen

Der Staat, die Stadt, die Öffentlichkeit zeigen sich aus Anlaß solcher Preisverleihungen, sie gehen aus der Deckung, können gleichzeitig aber, indem sie sich öffentlich zu einem Autor, einem Werk bekennen, festgenagelt, kritisiert werden. Das beginnt schon bei der Benennung des Preises. Eine groteske Geschichte ist hier über den *Immermann-Preis* der Stadt Düsseldorf zu erzählen, jener Stadt, in der nicht nur Immermann einige Jahre Theaterdirektor war, sondern in der ja auch der deutsche Dichter Heinrich Heine geboren wurde. Der *Immermann-Preis*, der bereits seit 1935 existierte, wurde 1947 neu begründet, und zwar mit der eigens in die Stiftungsurkunde aufgenommenen Maßgabe, ihn jeweils am 13. Dezember, dem Geburtstag – nein nicht Karl Immermanns, sondern Heinrich Heines zu verleihen. So weit, ihren Preis gleich nach Heine zu benennen, wollte die Stadt Düsseldorf wohl doch nicht gehen, zu fest saßen die Vorurteile offenbar noch in den Köpfen.

Gefährlich sind dann natürlich auch die Festlegungen auf bestimmte Preisträger. Und zwar offenbar so gefährlich, daß die Preisjurys in der Regel mit einem großen Prozentsatz von Vertretern jener öffentlichen Stelle durchsetzt sind, die den Preis stiftet, die darauf zu achten haben, daß gewisse Toleranzgrenzen nicht überschritten werden. Denn: Was nützt ein Preisträger, der nicht schmückt. Literaturpreise, insbesondere die höher dotierten, auf die die Stifter entsprechend stolz sind, vertragen keine Experimente. Hier wird das Bewährte bevorzugt, bei dem man sicher sein kann, daß es wiedererkannt wird und sich die gewünschten Assoziationen einstellen. Das geht inzwischen so weit, daß selbst ein amtierender Bundespräsident schon einen Kulturpreis zuerkannt bekommt (so geschehen beim *Heine-Preis* im Jahre 1991), obwohl doch offensichtlich ist, daß er seine gepriesenen Reden nicht selber geschrieben hat.

Sich zeigen ist natürlich auch eine Frage der Repräsentation. Die Strukturen des Rituals liegen fest, ihre Füllung ist frei und überraschend unterschiedlich: Die Üppigkeit der Blumenangebinde und sonstigen Dekorationen, die Ausgestaltung der Feier (Sinfonieorchester oder lediglich Sprecher), der anschließende Empfang, festliche Kleidung, der Bürgermeister mit Amtskette, vor den Türen die Limousinen und nachher das Essen im kleineren Kreis: allenfalls der Preisträger kommt im Pullover.

Sich behaupten

Es ist empirisch bestätigt, daß die institutionelle und personelle Kontinuität der Netzwerke der Instanzen und Gremien literarischer Legitimierung nur mit der der Bürokratien und Kirchen zu vergleichen ist: Literaturpreise sind eingepaßt in die dichten und sehr zählebigen Beziehungsgeflechte des Literaturbetriebes ebenso wie auch in das Wechselverhältnis von Geben und Nehmen zwischen kultureller und staatlicher Repräsentanz. Die Zusammensetzungen der Jurys ähneln sich sowohl was die Struktur wie auch was die Personen angeht; der Kreis der Preiswürdigen und tatsächlich Preisgekrönten bleibt überschaubar. Schon bei dem schmalen Ausschnitt, den die nordrheinwestfälischen Literaturpreise im Blick auf die bundesrepublikanischen Preise ingesamt bieten, ist eine ganz Fülle an Mehrfachpreisträgern dabei. An den Schlüsselstellen vor bzw. in den Jurys sind in den Nachkriegsjahren der Germanist Benno von Wiese, zunächst Münster, dann Bonn, und der Düsseldorfer Rechtsanwalt, CDU-Ratsherr und spätere Kultusminister Werner Schütz zwei Figuren, die an vielen Fäden ziehen und entsprechend viel bewegen.

Es bilden sich die berühmten Seilschaften, besonders ausgeprägt und verhängnisvoll beim *Droste-Preis*, wo einer den andern nachzieht und wo dann am Ende der neue Preisträger das ehemalige Jurymitglied ist. Mit Pierre Bourdieu kann man das die »künstlerische Sozietät« nennen, ein Geben und Nehmen, das vor allem den Zweck hat, die Macht zu ästhetischer und ideologischer Legitimierung nicht leichtfertig aus den Händen zu geben.

In der Nachkriegszeit hat das zusätzlich eine pikante Note, weil ja der Einschnitt von 1945 dazwischenliegt. Inzwischen wissen wir, daß natürlich die militärische Niederlage und die Besetzung Deutschlands wirklich ein Einschnitt waren, daß aber im kulturellen Feld kein wirklicher Neuanfang erfolgte. Zwar wurde der Propagandaflitter erst einmal weggeputzt, aber sonst waltete doch vor allem personelle und inhaltliche Kontinuität. Das zeigt sich besonders drastisch an den frühen Preisträgern des *Droste-Preises,* der den 1935 begründeten *Westfälischen Literaturpreis* des Landschaftsverbandes Westfalen-Lippe fortführt und bereits 1946 wieder vergeben wurde. Die ersten vier Preisträger sind allesamt solche, die bereits in den frühen 40er Jahren unter den Nazis ernsthaft als Preisträger gehandelt wurden, aus unterschiedlichen Gründen aber nicht zum Zuge kamen. Es waren gerade solche Figuren, wie eben der Pfarrer Augustin Wibbelt oder der mit einer Jüdin verheiratete Josef Winckler, die nicht wirklich Nazi-Größen sein konnten, aber doch auch nicht verstummen mußten, im Gegenteil vielfältig in die Kulturszene der Nazizeit verwoben waren und geduldet, teilweise sogar hofiert wurden, die nach dem Krieg, nicht nur in Westfalen, sondern in der ganzen Bundesrepublik, als Repräsentanten der Literatur für Kontinuität in diesem schlechten Sinne sorgten.

Denn schaut man nun im einzelnen nach, welche literarästhetischen und politisch-weltanschaulichen Positionen durch die im Land Nordrhein-Westfalen verliehenen namhaften Literatur- und Kulturpreise vorrangig befördert wurden, so fällt die Diagnose nicht schwer. Zwar redet man viel vom Neubeginn und beschwört ihn bei jeder Gelegenheit, aber der Tendenz nach sollte es ein Neubeginn sein ohne Auseinandersetzung mit dem gerade erst Vergangenen, ohne wirkliche Aufarbeitung der Geschichte und des Verhältnisses der Kultur zu dieser Geschichte. Die Frage der Nazischuld wird verdrängt, die Spuren werden verwischt, alles, was daran erinnern kann, daß es eben nicht nur einige wenige dämonische Verführer und ihre Gehilfen waren, die Verwüstung und Tod über ganz Europa gebracht haben, wird abgewehrt. Später kam das entlastende neue/alte Feindbild des Kalten Krieges hinzu. Deshalb der beschämende Umgang mit den emigrierten Dichtern, deshalb die hysterischen Reaktionen auf Thomas Manns abfällige Äußerungen über die 'Innere Emigration'.

Die Vorgeschichte

Von wenigen Vorläufern abgesehen, beginnt die Geschichte der Literaturpreise im Rheinland und in Westfalen erst in den 30er Jahren zur Zeit des Nationalsozialistischen Regimes. Dessen Kulturpolitiker haben Literaturpreise, wie Jan-Pieter Barbian in seinem Beitrag zu diesem Band im einzelnen ausgeführt hat, in vielfältiger Weise als Mittel der Popularisierung völkisch-heimatbezogener Literatur eingesetzt. Mit dem *Westfälischen* (gestiftet Dezember 1934) und dem *Rheinischen Literaturpreis* (April 1935) sollte »arteigenes deutsches Schrifttum, das aus der Tiefe der Volksseele kommt und Heimat und Volkstum als den Quell ewiger Schöpferkraft wertet«, ausgezeichnet werden (Ausschreibungstext *Rheinischer Literaturpreis*). Als Stifter traten jeweils die Provinzialverbände Westfalen bzw. Rheinland auf, die Vorgänger der heutigen Landschaftsverbände. Die Aufsätze von Karl Ditt und Gertrude Cepl-Kaufmann in diesem Band stellen die Geschichte der beiden Preise unter der NS-Herrschaft in die historischen Kontexte und erlauben einen genauen Blick auf das Ineinander von politischer und ästhetischer Repräsentanz. Am Beispiel Josef Pontens, der im Jahr 1936 den *Rheinischen Literaturpreis* erhielt, vertieft Dietmar Lieser die Analyse an einem speziellen Punkt.

Während der *Rheinische Literaturpreis* nach 1945 nicht weitergeführt wurde, nahm der Landschaftsverband Westfalen-Lippe bereits 1946 unter dem Namen *Annette von Droste-Hülshoff Preis* (früher *Westfälischer Literaturpreis*) die Tradition ungebrochen auf.

Kontinuität im Zeichen des Westfälischen

Der *Annette-von-Droste-Hülshoff-Preis* des Landschaftsverbandes Westfalen-Lippe unterscheidet sich insofern und bis heute von anderen Literaturpreisen des Landes, als er ausdrücklich für Autoren ausgeschrieben ist, die in Westfalen geboren wurden oder dort ansässig sind bzw. deren »Werk für Westfalen besondere Bedeutung hat«. Mit dieser Hypothek gelang es dem Preis insbesondere im ersten Nachkriegsjahrzehnt nicht, sich wirklich von seinen NS-Ursprüngen zu lösen: Der *Droste-Preis* steht in diesen ersten Nachkriegsjahren in einem schlechten Sinne für Kontinuität. Zu gering waren der Abstand zu Volkstumsideologie und Blut-und-Boden-Vorstellungen, zu schmal auch die personellen Alternativen, als daß so kurz nach Ende der Nazi-Herrschaft schon ein Neuansatz hätte gefunden werden können. Erst in der Entscheidung für den Lyriker Ernst Meister (1957) deutet sich ein Neubeginn an; Walter Gödden hat diesen Einschnitt in der Geschichte dieses Preises in seinem Beitrag zu diesem Band untersucht.

Kontinuität im Neubeginn

Die Stadt Düsseldorf stiftete aus Anlaß der Überreichung des ersten Rheinischen Literaturpreises an Heinrich Lersch in Düsseldorf am 26. Oktober 1935 den *Immermann-Literaturpreis* der Stadt Düsseldorf, der zum erstenmal 1937 verliehen wurde. Mit ihm sollte laut Ausschreibungstext »ein arteigenes und würdiges Werk des Schrifttums« eines »deutschen arischen Schriftstellers« ausgezeichnet werden.

Bereits 1947 wurde der *Immermann-Preis* dann wiederbegründet und existierte bis 1967. Er entwickelte sich, wie ich selber in meiner Untersuchung nachzuweisen versuche, in verschiedener Hinsicht zu einem Literaturpreis, dessen Geschichte Tendenzen im Literaturbetrieb der frühen Bundesrepublik geradezu idealtypisch abbildet. In den frühen Jahren des Wiederaufbaus wurden vor allem Leitbilder gebraucht, die dabei helfen konnten, die Situation zu stabilisieren und den gewünschten Restaurationseffekt zu befördern. Zunächst und vor allem gehörte diese Zeit den Vertretern der sogenannten »inneren Emigration«. Die Träger des *Immermann-Preises* der Stadt Düsseldorf, unter ihnen Emil Barth (1948), Georg Friedrich Jünger (1952), Georg Britting (1953), Gerd Gaiser (1959) und Ernst Jünger (1964), vertreten diese Richtungen, wovon bereits die Begründungen der Jurys zeugen. Immer wieder werden die »Wirren der Zeit« und »die Reinheit der Kunst« einander gegenübergestellt, wird der Rückzug in die Kunstwelt als aktiver Widerstand gegen die bösen Zeittendenzen gefeiert. Nicht gebrauchen konnte man dagegen in diesen Jahren gesellschaftskritische und politische, auf Veränderung zielende Schriftsteller, aber auch nicht Autoren, die allein schon durch ihre Biographie als ehemalige Lagerinsassen oder Emigranten an die NS-Zeit erinnerten. Solche Namen hat der *Immermann-Preis* denn auch nicht aufzuweisen.

Die Abgewiesenen

Mindestens ebenso aussagekräftig wie die Namen und Karrieren der Preisträger selbst sind die Lebensgeschichten der nicht mit Preisen ausgezeichneten Autoren. Die Akten des *Immermann-Preises*, der aufgrund von Bewerbungen vergeben wurde, enthalten nicht nur manche Kuriosa, sondern erlauben auch einen Blick auf Bewerber, die nicht zum Zuge kamen.

Besonders typisch ist dabei das Schicksal des Schriftstellers Horst Lange, in dessen Namen seine Frau, die Dichterin Oda Schaefer, die Bewerbung für den Preis von 1951 einreichte. Er steht stellvertretend für so viele durch den Krieg und seine Folgen aus der Bahn geworfene Autoren dieser Generation. Andere, wie etwa der Düsseldorfer Maler-Dichter Adolf Uzarski, hatten von vornherein keine Chance, weil sie in den gewünschten Trend nicht hineinpaßten. Als engagierter Linker von den Nazis mit Berufsverbot belegt und aller Möglichkeiten zum Broterwerb beraubt, hatte Uzarski sich mühsam über die Zeit gebracht. In der neuen Republik mußte er dann, wie so viele Verfolgte, Standhafte oder aus dem Exil Zurückgekehrte, die Feststellung machen, daß sein Beitrag zum Wiederaufbau nicht gefragt war. Ebenfalls nicht brauchen konnte man in Düsseldorf 1948 wie im gesamten Deutschland der Adenauerschen Restauration die Texte eines Mannes, dessen Ziel eben nicht Kontinuität, sondern radikaler Neuanfang war. Arno Schmidt hatte das Manuskript seiner Erzählung *Leviathan oder Die beste der Welten* nach Düsseldorf gesandt, wurde dort allerdings, wie nicht anders zu erwarten, abgewiesen.

Der Schriftsteller Emil Barth (1900-1958)
Prototyp des Literaturpreisträgers der ersten Nachkriegsjahre

Es hat sicher nicht auschließlich mit dem Heimvorteil und den guten Verbindungen zum einflußreichen Kulturpolitiker Werner Schütz zu tun, wenn Emil Barth gleich beide in Düsseldorf vergebenen bedeutenden Literaturpreise als erster Preisträger zugesprochen bekommt, den *Immermann-Preis* (1947) und den *Großen Kunstpreis Nordrhein-Westfalen* (1953). Sein Lebensweg wie sein Werk stehen prototypisch für die Schriftsteller der »inneren Emigration«, die in der ersten Nachkriegsphase dominierten. In seiner Dankesrede für den *Immermann-Preis* bestand Barth mit Nachdruck auf seinem Platz im Elfenbeinturm. Nicht gemein machen sollte sich die Kunst mit den Niederungen des Historischen und Politischen. Dieses Programm hatte er während der NS-Zeit befolgt (er konnte nach dem Krieg alle seine Bücher ohne Probleme in neuen Auflagen herausbringen), und er befolgte es auch in der Nachkriegszeit. Welch eigenartige Ergebnisse das in einer Umwelt zeitigte, in der Not und Zerstörung jedem einzelnen ganz konkret und unausweichlich begegneten, machen insbesondere jene *Xantener Hymnen* deutlich, für die Emil Barth gepriesen wurde. Es sind Abkömmlinge Hölderlinscher Diktion, die mit ihren Exkursen ins Mythische die reale Zerstörung des Xantener Doms und der Städte im Bombenkrieg in den außergeschichtlichen Raum eines überzeitlichen Wechsels von Aufbau und Zerstörung, Leben und Tod verlegen. Barth machte damals auch mit seinen 1948 erschienenen Tagebuchaufzeichnungen aus den Kriegsjahren Furore, die er unter dem bezeichnenden Titel *Lemuria* herausbrachte. Sie sind Dokumente einer ständigen Flucht vor der Zeit und vor der 'Masse' in einen elitären Begriff von Kunst. Aber genau das war die vorgelebte »innere Emigration«, und deshalb konnte *Lemuria* damals als Dokument des 'inneren Widerstandes' gelesen werden.

Repräsentation

Der *Große Kunstpreis Nordrhein-Westfalen*, der außer für Literatur auch für Malerei, Bildhauerei, Baukunst und Musik vergeben wurde, sollte nach dem Willen seines Stifters, des CDU - Ministerpräsidenten Karl Arnold, die Verantwortung des Gemeinwesens für die Künste unterstreichen. Er war von Anfang an ein repräsentativer Preis, der zunächst aber auch deutlich die politischen Ambitionen seiner konservativen Stifter spiegelt. Es werden Autoren der »inneren Emigration« mit hohem Bekanntheitsgrad ausgezeichnet, über deren zweifelhafte politische Vergangenheit man notfalls großzügig hinweggeht. Die Preisverleihung an Gottfried Benn in seinem Todesjahr 1956 schmückte den Preis sicher ebenso wie den seinerzeit mit Auszeichnungen überhäuften Autor. In den beiden nächsten Jahren geht der *Große Kunstpreis* an Richard Benz und Ina Seidel, beides offensichtliche Kollaborateure des Nazi-Regimes.

1959 wird dann Heinrich Böll ausgezeichnet, eine Entscheidung, die durch den regionalen Bezug begünstigt wurde, aber keine wirkliche Neuorientierung in der Vergabe des Preises einleitete. Der *Große Kunstpreis* erstickte am Ende an einem Übermaß an Prominenz und wird folgerichtig nach der Vergabe an Peter Huchel 1968 ganz eingestellt.

Der Klimawechsel

Die Verleihung des *Großen Kunstpreises* im CDU-regierten Nordrhein-Westfalen an einen kritischen Autor wie Heinrich Böll liefert immerhin ein erstes Indiz für den grundlegenden Wandel, der sich im gesamten Literaturpreisgeschäft anbahnte. Die gesellschaftlichen Grundlagen der Bundesrepublik begannen sich an der Wende zu den 60er Jahren so weit zu verfestigen, daß der ästhetische Bereich allmählich aus den Verpflichtung freigesetzt werden konnte, die ihm in der Aufbauphase zugemutet wurden: Den öffentlichen Stiftern ging es nicht mehr nur um Werte und Orientierungen, es ging darum, wie Kultusminister Schütz es 1962 anläßlich des zehnjährigen Bestehens des *Großen Kunstpreises Nordrhein-Westfalen* formulierte, am Exempel der Kunst das Prinzip des Pluralismus und damit im Wettstreit der Systeme die überlegene Liberalität der westlichen Demokratien zu demonstrieren.

Zaghafte Ansätze dazu hatte es bereits früher gegeben. Sie blieben jedoch auf den seit 1957 vergebenen *Förderungspreis* zum *Großen Kunstpreis* beschränkt. Einen solchen Förderpreis hatte 1954 auch die Stadt Düsseldorf dem *Immermann-Preis* an die Seite gestellt.

1968 kam es anläßlich der Verleihung des *Förderungspreises* an Günter Wallraff zur entscheidenden Krise. Der politisch initiierte Eklat bedeutete das Ende des großen staatlichen Repräsentationspreises in Nordrhein-Westfalen. Nachdem die Stadt Düsseldorf 1967 ihren *Immermann-Preis* zugunsten eines Preises für den Nachwuchs zu Grabe getragen hatte, konzentrierte sich auch das Land ganz auf die Förderpreise, die bis heute vergeben werden. Hier entfalten Literaturpreise ihren guten Sinn als Förderungsinstrumente für junge Literatur und Lebensmittel für ihre Verfasser.

Die Suche nach dem Neubeginn

Der Wandel im Literaturpreiswesen um die Wende zu den 60er Jahren brachte es mit sich, daß man nun auch im westlichen Deutschland begann, sich jener deutschen Schriftsteller zu erinnern, die, von den Nazis aus Deutschland vertrieben, teilweise im Ausland geblieben, teilweise zurückgekehrt waren und die man als lebendige Erinnerung an jene »verworrenen Zeiten« bis dahin schmählich ins Abseits gestellt hatte. Durch den Eichmann-Prozeß erhielt die öffentliche Debatte um Nazi-Vergangenheit und Holocaust gerade 1961 einen kräftigen Schub. Wohl nicht zufällig in diesem Jahr stiftete die Stadt Dortmund einen *Nelly-Sachs-Preis*, der zwar als allgemeiner Kulturpreis definiert war, aber in der Folge ganz überwiegend an Schriftsteller vergeben wurde. Der Ausschreibungstext des Preises kreist um Begriffe wie Toleranz, Versöhnung, zwischenstaatliche Kulturarbeit. Nach Nelly Sachs (1961) als erster Preisträgerin und der Lyrikerin Johanna Moosdorf (1963), deren Mann in Auschwitz ermordet und die selbst vertrieben wurde, sind mit Max Tau (1965), Elias Canetti (1975), Hermann Kesten (1977) und Hilde

Domin (1983) weitere jüdische Emigranten unter den Preisträgern. Zuletzt wurde eine Reihe ausländischer Persönlichkeiten ausgezeichnet. Der Name des Preises wie die mutige Auswahl der ersten Preisträger unterstreichen den sich anbahnenden Wechsel des geistigen Klimas in der Republik, der an der Wende zu den 70er Jahren zum Durchbruch kommt. 1973 erhielt auch Paul Schallück den *Nelly-Sachs-Preis*. Mit diesem Autor und seiner schwierigen Rolle im Literaturbetrieb der Region wie der Bundesrepublik insgesamt beschäftigt sich der Beitrag von Werner Jung in diesem Band.

Heines Rückkehr aus dem Exil

Die Benennung von Literaturpreisen nach berühmten Schriftstellern hat in Deutschland Tradition: Die *Kleist-*, *Goethe-*, *Büchner-* , *Raabe-*, *Lessing-Preise* sind allesamt Gründungen aus dem Anfang unseres Jahrhunderts. Nach einem *Heine-Preis* derselben Kategorie dagegen sucht man in Deutschland vergeblich. Deutsche Emigranten hatten in den 30er Jahren in Paris einen *Heine-Preis* begründet, und in der DDR wurde seit 1956, Heines 100. Todesjahr, ein solcher vergeben. In Düsseldorf erfolgte erst 1965 durch die (1956 gegründete) *Heine-Gesellschaft* die Einrichtung einer *Ehrengabe der Heinrich-Heine-Gesellschaft*. Sie wird in unregelmäßigen Abständen vergeben. Die ersten Preisträger waren drei deutsch-jüdische Autoren: Max Brod (1965), Hilde Domin (1972) und Marcel Reich-Ranicki (1976), eine ehrenwerte Reihe. Auch die weiteren Preisträger, besonders aber Peter Rühmkorf (1984), erwiesen sich als gute Wahl. Von heute aus betrachtet hat die *Heine-Ehrengabe* vor allem im Prozeß der langsamen, viel zu (und verdächtig) langsamen Einbürgerung Heines in die Bundesrepublik Deutschland und bei allem, was sich in diesem Vorgang an Veränderung spiegelt, ihre wichtige Rolle gespielt.

Der Glanz der großen Namen

Zu Heines 175. Geburtstag 1972 kam es endlich zur öffentlichen Stiftung eines *Heinrich-Heine-Preises der Landeshauptstadt Düsseldorf*. Der Preis kam sehr spät: 11 Jahre nach dem *Nelly-Sachs-Preis* und 7 Jahre nach der *Heine-Ehrengabe*. Ausgeschrieben als allgemeiner Persönlichkeitspreis, spielen Schriftsteller unter den Preisträgern nur eine untergeordnete Rolle. Die in den ersten Jahren extrem, später immer noch zu sehr von Politik und Verwaltung beherrschte Jury folgte stets dem Prinzip der großen Namen und war sehr darauf bedacht, daß der Glanz, der vom Preisträger auf die Stadt als Stifterin fiel, mindestens ebenso leuchtete wie jener, der vom Preis auf den Preisträger abstrahlte. Die Vergabe des *Heine-Preises* an den damals amtierenden Bundespräsidenten Richard von Weizsäcker (1991) rief allerdings eher Unverständnis als Zustimmung hervor. Die Schriftsteller unter den Preisträgern sind neben Carl Zuckmayer (1972) Walter Jens (1981), Günter Kunert (1985), Max Frisch (1989) und Wolf Biermann (1993). Für 1998 hat die Jury Hans Magnus Enzensberger als Preisträger benannt.

Die Verleihung des *Heine-Preises* an Wolf Biermann zeigt besonders deutlich das Dilemma dieser Art Repräsentationspreise. Zwar hatte die Entscheidung inhaltlich ihre gute Berechtigung, fiel aber insofern auf einen sehr ungünstigen Zeitpunkt, als der Gefeierte kurz zuvor den renommiertesten deutschen Literaturpreis, den *Büchner-Preis*, und außerdem den *Mörike-Preis* erhalten hatte. In der Dankesansprache brachte Biermann selbst denn auch in seiner bekannt unbekümmerten Art zum Ausdruck, er sei ein »Meister im Abkassieren von Literaturpreisen« und tue das um so ungenierter, als es in Deutschland bedeutend mehr »große Dichterpreise als große Dichter« gebe.

Auf der Basis verkürzter Arbeitszeiten, wachsenden Wohlstandes und besserer Bildungsmöglichkeiten intensivierte sich in den 70er und 80er Jahren der Umgang mit Kultur. Entsprechend stiegen die öffentlichen Investitionen in das kulturelle Leben. Zwar spielt die Literatur dabei im Verhältnis nur eine sehr marginale Rolle, doch zeigt das starke Ansteigen der Zahl von Literaturpreisen in diesem Zeitraum, daß auch ihr ein Teil dieser Gelder zufloß. Insbesondere die Kommunen nutzten die legitime Möglichkeit, die Literaturförderung über das Instrument Literaturpreis publicityträchtig zu gestalten. Für Nordrhein-Westfalen ermittelte eine letzte Zählung von 1992 83 innerhalb der Landesgrenzen vergebene Literaturpreise.[2]

Unter den neu hinzugekommenen sind einige hochkarätige Preise, so insbesondere der (wie *Droste-* und *Heine-Preis*) mit DM 25.000 dotierte *Heinrich-Böll-Preis* der Stadt Köln (neubegründet 1980, 1985 nach Heinrich Böll benannt). Die Liste der Preisträger weist ihn als den anspruchsvollsten der derzeit in Nordrhein-Westfalen vergebenen Literaturpreise aus. Die Mehrzahl der ausgestellten Preisschecks bewegt sich allerdings eher im

Bereich von DM 10.000. Neben den Geldpreisen gibt es aber auch Sachpreise in Form von Druckzusagen, Bereitstellung von Wohn- und Arbeitsmöglichkeiten etc.; es gibt Preise für bestimmte Literatursparten wie Essay, Kinderbuch, Kurzprosa; es gibt Preise mit Beschränkungen hinsichtlich Alter oder Wohnort usw.[3]

Unter dem Aspekt der Förderung jener Autoren, die nicht vom Ertrag ihrer Feder leben können (und das sind 99%), ist die bunte Vielfalt an Preisen sehr zu begrüßen und ihr weiterer Ausbau zu wünschen. Denn immer noch liegen die Mittel, die in die Literaturförderung fließen, weit hinter dem zurück, was die Öffentlichkeit sich andere Kultursparten kosten läßt, vom Verhältnis der Kulturetats zu anderen Budgets erst gar nicht zu reden. Und zu befürchten ist, daß unter dem derzeitigen Druck auf die Kulturverwaltungen das 'zarte Pflänzchen' Literaturförderung ganz besonders zu leiden haben wird.

Anmerkungen

1. Die empirischen Daten zur Geschichte der Literaturpreise sind in vorbildlicher Weise aufgearbeitet. Für die Zeit bis 1945 vgl. Eva Dambacher: *Literatur- und Kulturpreise 1859-1949. Eine Dokumentation.* Marbach/N. 1996; für die Zeit nach 1945 vgl. folgende Bände: *Handbuch der Kulturpreise [...] in der Bundesrepublik Deutschland 1978.* Hrsg. von Karla Fohrbeck und Andreas J. Wiesand. Köln 1978; *Handbuch der Kulturpreise [...] in der Bundesrepublik Deutschland 1979-1985.* Hrsg. von Karla Fohrbeck. Köln 1985; *Handbuch der Kulturpreise 1986-94 [...].* Hrsg. von Andreas J. Wiesand. Bonn 1994.

2. Vgl. diese Angabe in: *Literaturatlas NRW. Ein Adressbuch zur Literaturszene.* Bearb. von Ludwig Janssen. Köln 1992.

3. Vgl. die Angaben in den diversen »Handbüchern der Kulturpreise« (Anm. 1).

Anhang

Verzeichnis der Träger des *Immermann-Preises der Landeshauptstadt Düsseldorf* 1948-1967

1948: Emil Barth; 1951: Wolf von Niebelschütz; 1952: Friedrich Georg Jünger; 1953: Georg Britting; 1954: Ernst Penzoldt; 1955: Ilse Aichinger; 1956: Heinz Risse; 1957: Marie Luise von Kaschnitz; 1958: Wolfdietrich Schnurre; 1959: Gerd Gaiser; 1960: Eckart Peterich: 1961: Sigismund von Radecki; 1964: Ernst Jünger; 1967: Wolfgang Koeppen.

Förderpreis zum *Immermann-Preis*

1954: Erhart Kästner; 1955: Rolf Schroers; 1956: Otto Heinrich Kühner; 1957: Alfred Hellmuth Andersch; 1958: Hans Peter Keller; 1959: Christoph Meckel; 1960: Ingrid Schwarze-Bachér; 1961: Heinrich Schirmbeck; 1964: Astrid Gehlhoff-Claes; 1967: Johannes Poethen.

Verzeichnis der Träger des *Großen Kunstpreises des Landes Nordrhein-Westfalen*, Sparte Literatur

1953: Emil Barth; 1954: Stefan Andres; 1955: Gertrud von Le Fort; 1956: Gottfried Benn; 1957: Richard Benz; 1958: Ina Seidel; 1959: Heinrich Böll; 1960: Friedrich Georg Jünger; 1961: Georg Britting; 1962 Max Frisch; 1963: Ernst Meister; 1964: Paul Celan; 1965: Herbert Eisenreich; 1966: Siegfried Lenz; 1967: nicht verliehen; 1968: Peter Huchel.

Förderungspreis

1957: Hans Dieter Schwarze; 1958: Josef Reding; 1959: Hermann Moers; 1960: Kay Hoff; 1961: Franz Norbert Mennemeier, Michael Koenig; 1962: Dieter Wellershoff; 1963: Günter Seuren, Peter Schamoni; 1964: Walter Aue, Rolf Dieter Brinkmann; 1965: Nicolas Born, Wolfgang Hädecke; 1966: Klas Ewert Everwyn, Peter Faecki; 1967: Wolfgang Körner, Hannelies Taschau; 1968: Hans Günter Wallraff, Hans Wollschläger.

Quantität statt Qualität
Zur Praxis der Literaturpreisverleihung im Dritten Reich

Von Jan-Pieter Barbian

I. Literaturpreise im Übergang von der Weimarer Republik zur NS-Diktatur

Literaturpreise erfüllen im wesentlichen drei Funktionen: e r s t e n s die kulturpolitische und weltanschauliche Funktion, das Werk bestimmter Autoren und mit ihnen eine ganze Literaturrichtung in der Öffentlichkeit herauszustellen; z w e i t e n s die soziale Funktion, die Schriftstellerschaft finanziell zu unterstützen; und d r i t t e n s die repräsentative Funktion einer Selbstdarstellung der verleihenden Institution. Da Literaturpreise als Bestandteil des kulturellen Lebens einer Gesellschaft stets von den politischen Grundkonstellationen mitgeprägt sind, bedeutete die nationalsozialistische Machtübernahme am 30. Januar 1933 auch auf diesem Gebiet einen tiefen Einschnitt. Auszeichnungen, die eng mit republikanischen Grundwerten und der vom NS-Regime als »schädlich und unerwünscht« diffamierten Literatur der Moderne verbunden waren, wurden beseitigt und durch neu gestiftete Preise ersetzt, mit denen die nationalsozialistischen Staats- und Parteidienststellen für sich selbst und für die von ihnen geförderte Literatur öffentlich warben.

Im Juli 1933 stiftete Propagandaminister Goebbels einen *Nationalpreis*, mit dem jährlich am 1. Mai d a s Buch und Filmwerk ausgezeichnet werden sollte, »in dem nach dem Urteil Berufener das aufrüttelnde Erlebnis unserer Tage den packendsten und künstlerisch reifsten Ausdruck gefunden hat«.[1] Die Träger des mit 12.000 RM verbundenen *Nationalen Buchpreises* (mit dem zusätzlichen Titel *Stefan George-Preis*) waren 1934 Richard Euringer (für seine *Deutsche Passion*), 1935 Eberhard Wolfgang Möller (für seinen Lyrikband *Berufung der Zeit*), 1936 Gerhard Schumann (für seine Kantate *Heldische Feier*), 1937 Friedrich Bethge (für sein Drama *Marsch der Veteranen*), 1938 der von Baldur von Schirach herausgegebene Band *Das Lied der Getreuen. Verse ungenannter österreichischer Hitler-Jugend aus den Jahren der Verfolgung 1933-1937*, 1939 Bruno Brehm für seine Österreich-Trilogie *Apis und Este*, *Das war das Ende* und *Weder Kaiser noch König*.[2] Während des Krieges wurde der Preis nicht mehr verliehen.

Im Jahr der nationalsozialistischen Machtübernahme wurden zwei renommierte Preise eingestellt, mit denen der 1909 gegründete und 1933 'gleichgeschaltete' Schutzverband deutscher Schriftsteller begabte Nachwuchsautoren und Romanciers zu fördern versucht hatte: der seit 1911 verliehene *Kleist-Preis* und der 1913 ins Leben gerufene *Fontane-Preis*.[3] Das gleiche Schicksal widerfuhr dem traditionsreichen *Schiller-Preis*, mit dem das preußische Kultusministerium seit 1859 alle sechs Jahre das Werk herausragender Dramatiker auszeichnete. Nachdem sich 1935 die vom zuständigen preußischen Kultusminister Bernhard Rust eingesetzte Preisverteilungskommission auf keinen Kandidaten hatte festlegen können, – ein Vorgang, den Alfred Rosenberg bissig als staatlich beglaubigtes Armutszeugnis für die deutsche Gegenwartsdramatik kritisierte, – gelangte der Preis bis zum Ende der nationalsozialistischen Herrschaft überhaupt nicht mehr zur Verteilung.[4]

Der seit 1929 verliehene *Lessing-Preis* der Freien und Hansestadt Hamburg wurde zwar beibehalten, seit 1933 aber nur noch alle drei Jahre verliehen.[5] Um einen *Dietrich Eckart-Preis* zu Ehren von Schriftstellern oder Wissenschaftlern stiften zu können, »in deren Werken die Ideen des nationalsozialistischen Deutschlands Gestaltung gefunden haben«,[6] kürzte der Gauleiter und Reichsstatthalter Karl Kaufmann zudem die bisherige Preissumme von 15.000 RM auf 5.000 RM. Der 1927 von der Stadt München mit jährlich 2.000 RM gestiftete Literaturpreis ging bis 1933 an Hans Carossa (1927), Josef Magnus Wehner (1929) und Hans Zöberlein (1933). Obwohl damit bereits eine eindeutige Bevorzugung national-konservativer Schriftsteller gegeben war, erhielt der *Münchner Literaturpreis* im Jahre 1934 eine neue politische Grundlage: er wurde nun als *Dichterpreis der Hauptstadt der Bewegung* verliehen; neben der arischen Abstammung und einer mindestens fünfjährigen Tätigkeit in München mußten die Kandidaten nun auch die »richtige weltanschauliche Einstellung« nachweisen.[7]

Beim *Goethe-Preis* der Stadt Frankfurt am Main waren im Januar 1933 noch Persönlichkeiten wie Edmund Husserl, Hermann Hesse, Rudolf G. Binding und Martin Buber, allerdings auch schon Wilhelm Schäfer in die engere Wahl gezogen worden.[8] Nachdem der Nationalsozialist Fritz Krebs

Oberbürgermeister geworden und Bernhard Rust an die Spitze des im Preiskuratorium vertretenen preußischen Kultusministeriums getreten war, wurde der Preis für 1933 dem völkisch-national gesinnten Hermann Stehr zuerkannt.[9] Das nun nationalsozialistisch beherrschte Preiskuratorium, dem 1934 neben Goebbels auch noch der Frankfurter Dramatiker und Gaukulturwart der NSDAP Friedrich Bethge beitrat,[10] entschied sich bis 1945 noch viermal für eine Auszeichnung von Schriftstellern: Erwin Guido Kolbenheyer (1937), Hans Carossa (1938), Agnes Miegel (1940) und Wilhelm Schäfer (1941).[11]

Zum Aufbau einer systematischen staatlichen Kontrolle über das bislang frei organisierte Preisverteilungswesen kam es seit Dezember 1933. Auf der Grundlage der »Ersten Verordnung zur Durchführung des Reichskulturkammer-Gesetzes« vom 1. November 1933 wurden noch im Dezember des gleichen Jahres sämtliche »Stiftungen und Verteiler literarischer Preise« dazu verpflichtet, sich bei der Reichsschrifttumskammer anzumelden.[12] Dies hatte »unter Angabe ihrer Ziele, Satzungen, Zusammensetzung des Preisrichterkollegiums« zu erfolgen.[13] Für die »Betreuung« dieses Aufgabengebietes war innerhalb der Kammer zunächst der *Reichsverband Deutscher Schriftsteller*, nach dessen Auflösung am 1. Oktober 1935 die *Gruppe Schriftsteller* (Abteilung II) zuständig.[14] Ab 1. April 1938 mußte die Kammer ihre Zuständigkeit für die kulturpolitische Kontrolle der Literaturpreise an die Schrifttumsabteilung des Propagandaministeriums abgeben, die zuvor bereits, wie noch zu zeigen sein wird, entscheidenden Einfluß auf die Verleihung der Literaturpreise zu nehmen versucht hatte.

II. Die Inflation der Literaturpreise

In der Anfangsphase war Hans Friedrich Blunck, der seit November 1933 das neue Amt des Präsidenten der Reichsschrifttumskammer bekleidete, sehr um die Stiftung neuer Literaturpreise bemüht. Mit ihrer Hilfe sollte der Kreis der nun zur staatlich anerkannten Literatur avancierten völkischen Autoren besonders gefördert werden. Durch persönliche Vermittlung Bluncks stellten der in New York lebende deutsche Industrielle Ernst Töpfer und sein in Hamburg lebender Bruder Alfred Ende 1935 insgesamt 1,25 Millionen RM zur Verfügung.[15] Mit diesem Betrag konnten eine *Johann Wolfgang Goethe-*

Stiftung und eine *Hansische Stiftung* aufgebaut werden, von denen zunächst acht, später zehn Auszeichnungen im Werte von 5.000 bis 10.000 RM verliehen wurden: der *Herder-Preis* der Universität Königsberg für volksdeutsche Kultur in Ostpreußen, Danzig, den baltischen Staaten und Rußland; der *Kopernicus-Preis* der Universität Breslau für volksdeutsche Kultur in Polen; der *Eichendorff-Preis* der Universität Prag für volksdeutsche Kultur in der Tschechoslowakei; der *Mozart-Preis* der Universität München (nach 1938 Graz und Innsbruck) für volksdeutsche Kultur in Österreich, Italien, Ungarn und auf dem Balkan; der *Prinz Eugen von Savoyen-Preis* der Universität Wien für volksdeutsche Kultur im Südosten; der *Erwin von Steinbach-Preis* der Universität Freiburg/Breisgau für volksdeutsche Kultur in Baden, im Elsaß und in der Schweiz; der *Görres-Preis* der Universität Bonn für volksdeutsche Kultur in Lothringen, Luxemburg und Belgien; der *Rembrandt-Preis* der Universität Hamburg für die »niederdeutsche Sprachengemeinschaft«; der *Shakespeare-Preis* der Universitäten Hamburg, Göttingen und Köln für den angelsächsischen Sprachraum; sowie der *Hendrik von Steffens-Preis* der Universitäten Hamburg, Kiel, Rostock und Greifswald für die nordischen Länder.[16] Die sowohl in den Förderungsschwerpunkten als auch in der von der Reichsschrifttumskammer bestimmten Zusammensetzung der Preisverleihungskollegien[17] erkennbare politische Ausrichtung dieser Preise wurde gegenüber der in- und ausländischen Öffentlichkeit dadurch zu tarnen versucht, daß akademische Einrichtungen die Preisverleihung übernahmen.

Doch nicht nur die staatliche Schrifttumsbürokratie initiierte neue Literatur- und Kunstpreise. Auch die Stadt- und Gemeindeverwaltungen, die Reichsstatthalter und Gauleiter sowie verschiedene Dienststellen der NSDAP entdeckten Preisstiftungen und -verleihungen als Mittel zur Förderung national-konservativer und völkisch-nationalsozialistischer Literatur ebenso wie als Mittel der Selbstdarstellung.[18] Der Oberbürgermeister von Berlin stiftete zum 1. Mai 1935 einen *Literaturpreis der Reichshauptstadt* mit 10.000 RM, die jeweils auf drei Preisträger aufgeteilt wurden.[19] Ebenfalls seit 1935 wurde am 9. Mai, dem Todestag Friedrich Schillers, vom Oberbürgermeister Stuttgarts der *Volksdeutsche Schrifttumspreis der Stadt der Auslandsdeutschen* mit jährlich 2.000 RM verliehen.[20] Die Auszeichnung erfolgte für deutsche Erzählungen, die sich mit dem Schicksal der Auslandsdeutschen in der Welt beschäftigten. In den Gauen Baden, Bayreuth, Hessen-

Nassau, Koblenz-Trier, Kurhessen, Mainfranken, Mecklenburg, Ober- und Niederschlesien, Saarpfalz, Sachsen, Schleswig-Holstein sowie Weser-Ems verteilten Gauleiter und Reichsstatthalter im Laufe der 30er Jahre zahlreiche Literatur- und Kulturpreise.[21] Auch die drei bedeutendsten Literaturpreise der Region Rheinland und Westfalen waren Neuschöpfungen der NS-Zeit.[22] Im Dezember 1934 stiftete der Landeshauptmann der Provinz Westfalen den *Annette-von-Droste-Hülshoff-Preis* (als *Westfälischer Literaturpreis*), der alle zwei Jahre mit einem Preisgeld von 2.500 RM verliehen wurde. Im April 1935 zog der Landeshauptmann der Rheinprovinz mit der Stiftung des *Rheinischen Literaturpreises* nach, der jährlich mit einer Auszeichnung von ebenfalls 2.500 RM verliehen wurde. Und im Oktober des gleichen Jahres folgte schließlich noch die Stiftung des *Immermann-Literaturpreises* der Stadt Düsseldorf, mit dem jährlich ein »arteigenes und würdiges Werk des Schrifttums« ausgezeichnet werden sollte, »das im rheinischen Volkstum wurzelt oder von dem Leben der Westmark kündet«. Die drei zuletzt genannten Literaturpreise wurden bis in das Jahr 1943 verliehen. Bei der Durchsicht der Preisträger fällt auf, daß sich unter den insgesamt neun Preisträgern des *Rheinischen Literaturpreises* und den insgesamt sieben Preisträgern des *Immermann-Literaturpreises* zwei Autoren befinden, die mit beiden Preisen ausgezeichnet wurden: Wilhelm Schäfer (1937/1943) und der Dramatiker Curt Langenbeck (1940/1939). Unter den anderen Preisträgern befand sich eine Reihe von Autoren, die zuvor oder später noch weitere Auszeichnungen erhalten hatten bzw. erhielten: Albert Bauer wurde im Jahre 1936 neben dem *Immermann-Literaturpreis* auch noch mit dem *Kurt-Faber-Preis* der *Westmark-Stiftung* ausgezeichnet; Ernst Bertram 1940, also noch vor dem *Rheinischen Literaturpreis*, mit dem von der Universität Bonn verliehenen *Joseph von Görres-Preis* der *Goethe-Stiftung*; Hermann Stegemann erhielt 1935 den *Goethe-Preis* der Stadt Frankfurt am Main und 1939 den *Rheinischen Literaturpreis*; Josef Wenter, der 1941 mit dem *Immermann-Literaturpreis* ausgezeichnet wurde, hatte zuvor bereits den *Grillparzer-Preis* (1934), den österreichischen *Würdigungspreis für Literatur* (1936) und den *Mozart-Preis* (1940) erhalten. Im Gegensatz zum *Rheinischen Literaturpreis*, der ausnahmslos an bekannte und politisch exponierte Autoren verliehen wurde – außer den bereits genannten auch an den seit 1935 der NSDAP angehörenden »Arbeiterdichter« Heinrich Lersch (1935), Josef Ponten (1936) und an den Landesleiter der RSK in Köln Heinz Steguweit (1938) –, gingen der *Immermann-Literaturpreis* und der *Westfälische Literaturpreis* – mit Ausnahme von Josefa Berens-Totenohl – an Nachwuchsautoren (Hermann Stahl, Maria Kahle) und weitgehend unbedeutende Schriftsteller (Karl Wagenfeld, Heinrich Luhmann, Christine Koch, Karl Busch, Theodor Haerten). Das alles sind Indizien für die Schwierigkeiten der nationalsozialistischen Kulturbürokratie, geeignete Kandidaten für die zahlreichen neu gestifteten Literaturpreise zu finden, auf deren Ursachen noch näher einzugehen sein wird.

Noch weitaus peinlicher wird es, wenn man sich die Verleihung der von der NSDAP gestifteten Literaturpreise näher ansieht. 1935 und 1936 wurden auf der Kulturtagung des Nürnberger Reichsparteitags erstmals die *Preise der NSDAP für Kunst und Wissenschaft* verliehen. Träger des Kunstpreises waren Hanns Johst (1935), der für seine vom »Geist des Nationalsozialismus« inspirierten Dramen ausgezeichnet wurde,[23] und Heinrich Anacker für seine Kampflyrik (1936).[24] Nachdem Hitler als Reaktion auf die Verleihung des *Friedensnobelpreises* an Carl von Ossietzky am 30. Januar 1937 einen *Deutschen Nationalpreis für Kunst und Wissenschaft* in Höhe von 100.000 RM gestiftet hatte,[25] ersetzte dieser »Alternativ-Nobelpreis« den bislang höchsten von der Partei verliehenen Kunstpreis. Allerdings kamen bei den Preisverleihungen auf den Reichsparteitagen von 1937 und 1938 keine Schriftsteller zum Zuge.[26] Obwohl Hanns Johst, der seit Oktober 1935 als Nachfolger Bluncks an der Spitze der Reichsschrifttumskammer stand, sowohl 1937 als auch 1938 vom Reichsführer-SS Heinrich Himmler persönlich vorgeschlagen wurde und seine Nominierung auch die Unterstützung von Goebbels gefunden hatte,[27] ging er jeweils leer aus. Als sich der ehrgeizige Schrifttumsfunktionär 1939 noch einmal von Himmler nominieren ließ[28] und zusätzlich den Vizepräsidenten der Kammer, Wilhelm Baur, einspannte, um sich nicht selbst vorschlagen zu müssen,[29] hatte er erneut Pech: Bei Kriegsbeginn wurde mit den Reichsparteitagen der NSDAP auch die Verleihung des *Deutschen Nationalpreises* ausgesetzt.[30] Nach diesem Zeitpunkt verlieh die NSDAP an wichtigen Literaturpreisen auf Reichsebene nur noch den *Hans Schemm-Preis für Jugendschrifttum* und den *Hilf mit!-Preis*, beide vom NS-Lehrerbund in Bayreuth gestiftet, sowie den *SA-Kulturpreis für Dichtung und Schrifttum*. Auf Landes-, Gau- und kommunaler Ebene war es dagegen seit 1933 zu einer wahren Flut von Auszeichnungen gekommen, mit denen Gauleiter, Reichsstatthalter, Oberpräsidenten und

Oberbürgermeister insbesondere das »landschaftlich gebundene Schrifttum« zu fördern beabsichtigten.[31]

III. Die Versuche zur Steuerung der Literaturpreise

Angesichts der inflationären und kulturpolitisch kaum mehr steuerbaren Entwicklung ordnete Goebbels in einem »Erlaß« an die Reichsstatthalter und Landesregierungen vom 24. August 1937 an, daß die Verleihung von Kunst-Preisen der öffentlichen Hand in Zukunft seiner Zustimmung bedürfe.[32] Die für eine Auszeichnung vorgesehenen Preisträger waren dem Propaganda-minister »rechtzeitig vor einer Verleihung« mitzuteilen.[33] Ähnlich wie bei der mühsamen Durchsetzung seiner Buchverbotskompetenz, die sich das Propagandaministerium erst 1936 sichern konnte,[34] mußte Goebbels allerdings auch im Fall der Kontrolle der Literaturpreise eine Reihe von Widerständen aus dem Weg räumen.

In einem ersten Erfahrungsbericht für den Minister vom 10. November 1937 kam die Rechtsabteilung des Propagandaministeriums zu dem Schluß, daß die Goebbelssche Anordnung vom August bislang noch wenig Beachtung gefunden hatte. In einer Reihe von Fällen war das Ministerium nicht wie vorgesehen an der Entscheidung der Preisgerichte beteiligt worden. Zudem machte das Reichsinnenministerium mit Schreiben vom 9. Dezember 1937 »im Interesse der kommunalen Selbstverwaltung« Bedenken gegen das von Goebbels angeordnete Verfahren geltend.[35] Reichsinnenminister Wilhelm Frick regte eine »Lockerung der Anweisung« an, »etwa in Form einer weit-gehenden Delegation [der Entscheidungen über die Verleihung von regiona-len Kunstpreisen] auf die Reichsstatthalter (Ober-Präsidenten)«.[36] Diese Berücksichtigung der regionalen Instanzen hätte jedoch eine Verwässerung der Zentralisierungsabsicht bedeutet, die Goebbels mit seiner Anordnung verfolgte. Die Intervention des Reichsinnenministeriums wurde daher noch im Dezember 1937 vom Propagandaministerium zurückgewiesen.

Allerdings war Goebbels damit noch keineswegs am Ziel. Die weit-gehende Mißachtung seiner Anordnung löste im Propagandaministerium neue Strategieüberlegungen aus. Am 13. Dezember 1937 faßte Schrifttums-referent Dr. Rudolf Erckmann in einer Denkschrift für den Leiter der ministe-riellen Schrifttumsabteilung noch einmal die negativen Auswirkungen der bislang völlig unkoordinierten Entwicklung des Literaturpreiswesens zusammen.[37] Aufgrund von Recherchen bei den Landesstellen des Propagandaministeriums hatte Erckmann herausgefunden, daß im gesamten Reich rund 70 Literaturpreise der öffentlichen Hand vergeben wurden. Da diese Quantität in keinerlei Relation zur Qualität der literarischen Produktion stand, waren zahlreiche Schriftsteller mehrfach und manche Nachwuchsautoren gleich für ihre ersten Buchpublikationen ausgezeichnet worden.[38] Die verhängnisvolle Folge dieser Entwicklung war nach Auffassung Erckmanns eine »Entwertung der Literaturpreise in der öffentlichen Meinung, die sich bis in die Spitzenpreise hinauf bemerkbar macht«.[39] Eine Abhilfe dieses Mißstands sei jedoch nicht über die von Goebbels angeordnete Vorabinformation über die Preisträger zu erreichen. Denn die Reichsstatthalter und Landesregierungen würden das Propagandaministerium in der Regel mit einem fait accompli konfrontieren, d.h. die Preisträger würden dem Minister erst zu einem Zeitpunkt mitgeteilt, zu dem die Preisgerichte bereits entschieden hätten.[40] Aus diesem Grund müsse das Ministerium seinen Einfluß bereits bei den Beratungen der eingesetzten Verteilungskommissionen über die Preisträger geltend machen können.[41] Die Leiter der Reichspropagandaämter beziehungsweise deren Kulturreferenten sollten die ins Auge gefaßten Kandidaten dem Ministerium rechtzeitig mitteilen. Das Ministerium sollte dann eine Entscheidung über die geeigneten Kandidaten treffen, für die sich dann wiederum die Reichspropagandaamtsleiter in den Preisgerichten stark machen sollten. Darüber hinaus hielt Erckmann eine grundlegende Reform des Literaturpreiswesens für erforderlich. Da eine Verminderung der Preise mit Rücksicht auf die schlechte wirtschaftliche Situation der Schriftsteller nicht in Frage käme, empfahl er die Umwandlung einer Reihe von Preisen in Stiftungen, die einmalige Förderbeträge auszahlen oder mehrmonatige Arbeitsstipendien finanzieren sollten.[42]

Die Vorschläge Erckmanns, die auch eine Kompetenzschmälerung der Reichsschrifttumskammer implizierten,[43] fielen bei Goebbels auf fruchtbaren Boden. Der Propagandaminister verschaffte sich zunächst bei den Landesregierungen und Oberpräsidenten einen genauen Überblick über die Literaturpreise, ihre Zielsetzung, ihre Höhe und die Zusammensetzung der Preisgerichte.[44] Nach Auswertung der Ergebnisse durch die Rechtsabteilung seines Hauses legte Goebbels – allerdings erst am 26. Januar 1939 – fest, daß die Verteilung sämtlicher Kunstpreise ab 2.000 RM aufwärts nur noch mit seiner Zustimmung erfolgen könne.[45] Die Leiter der Reichspropagandaämter waren an den Preisausschüssen zu beteiligen und die ins Auge gefaßten Preisträger dem Ministerium mindestens vier Wochen vor der Verleihung mitzuteilen.[46] Die Reichspropagandaämter wies Goebbels Anfang März 1939 an, in ihren Gauen auf die Schaffung eines Gaupreises zu dringen, dem »im Rahmen der Förderung des landschaftlich wichtigen Schrifttums die entscheidende Rolle« zukommen sollte.[47] Literaturpreise der Städte sollten nur dann bestehenbleiben, wenn sie »auf eine Tradition zurückblicken können und auch von der kulturellen Leistung der Stadt her gerechtfertigt erscheinen«. Sonstige Preise von Städten, Gemeinden und Stiftungen sollten hingegen mit dem Gaupreis zusammengelegt werden, »ohne daß die Städte aus falschem Einzelehrgeiz heraus die bereitgestellten Beträge zurückziehen«.

In seiner Denkschrift vom Dezember 1937 hatte Erckmann allerdings bereits darauf aufmerksam gemacht, daß »eine unmittelbare reichsgesetzliche Grundlage für diese Eingriffe in das Literaturpreiswesen nicht vorhanden« sei.[48] Dies gelte insbesondere für die von den Kommunen verliehenen Preise, da hier das »entsprechende Reichsgesetz den Eingriff anderer Verwaltungen« ausschließe.[49] Hinsichtlich der besonders erwünschten Reduzierung der Literaturpreise beziehungsweise deren Umwidmung in Stiftungen zur Förderung von Literatur blieb das Propagandaministerium daher von der Einsicht und dem Entgegenkommen der Kommunalverwaltungen abhängig. Doch nicht nur die kommunale Bürokratie stellte sich quer. Der Stab Stellvertreter des Führers bemühte sich darum, die Gauleitungen der Partei von der vorgeschlagenen Regelung auszunehmen. Am 3. Mai 1939 machte Martin Bormann gegenüber Goebbels geltend, daß die Partei aufgrund ihrer »beschränkten Mittel« keine Kunstpreise über dem vom Propagandaministerium festgesetzten Betrag von 2.000 RM verleihen würde.[50] Das war eine nachweislich falsche Behauptung,[51] mit der Bormann offenbar die Gauleiter für sich einzunehmen und die Einflußsphäre der Partei gegenüber den Zentralisierungsbestrebungen der staatlichen Kulturbürokratie abzuschirmen versuchte.

Die Folge war, daß sich Goebbels weiterhin mit der Problematik befassen mußte. Bis März 1939 war die Zahl der im Deutschen Reich verliehenen Literaturpreise auf mehr als 80 gestiegen – eine Entwicklung, die die Schrifttumsabteilung mit dem sorgenvollen Hinweis kommentierte, daß man in absehbarer Zeit vor der Verlegenheit stehen könne, überhaupt noch »würdige Preisträger« im deutschen Schrifttum zu finden. Dennoch mußte man 1942 im Propagandaministerium die seit Kriegsbeginn noch einmal gesteigerte

»Tendenz jeder kleineren Gemeinde oder auch von Parteigliederungen und Parteiämtern« registrieren, »sich durch Schaffung eines Kunstpreises in das kulturelle Leben einzuschalten«.[52] Goebbels ordnete daraufhin an, daß keine Kunstpreise unter 5.000 RM mehr gestiftet werden sollten.[53]

Um die immer noch diffuse Praxis der Preisverleihungen in den Griff zu bekommen, wurden im Juli 1942 die Kunstpreise in drei Kategorien eingeteilt: 1. reichswichtige Kunstpreise, 2. wichtige Kunstpreise von lokaler Bedeutung und 3. Kunstpreise von lokaler Bedeutung.[54] Vor der Verleihung von Preisen der ersten beiden Kategorien war grundsätzlich die Zustimmung des Reichspropagandaministers einzuholen. Das gleiche galt für die Stiftung neuer Preise. Selbst die Berichterstattung über die Preisverleihungen wurde dahingehend reglementiert, daß über die Preise der ersten Kategorie nur in der Reichspresse, über die Preise der zweiten Kategorie nur in der Gau- und Lokalpresse und über die Preise der dritten Kategorie nur in der Lokalpresse berichtet werden durfte.[55] Die Goebbelsschen Anweisungen scheinen allerdings wiederum wenig gefruchtet zu haben. Denn am 8. Februar 1943 sah sich der Minister dazu genötigt, ein generelles Verbot der Stiftung neuer und der Erweiterung bestehender Kunstpreise zu verfügen.[56]

IV. Die Literaturpreise im Kriege

Während des Krieges und insbesondere nach dem Überfall auf die Sowjetunion, der eine zunehmende Militarisierung nahezu sämtlicher Bereiche des gesellschaftlichen Lebens zur Folge hatte, wurde auch den Literaturpreisen eine zusätzliche Funktion zugewiesen. Neben der finanziellen Unterstützung der Schriftstellerschaft dienten die im Dritten Reich verliehenen Preise vor allem dazu, den Buchabsatz der literarischen Protagonisten des Nationalsozialismus zu fördern.[57] Insofern waren die Literaturpreise stets ein Teil der umfangreichen staatlichen »Schrifttumspropaganda«, die auf eine Verankerung der nationalsozialistischen Weltanschauung in der Bevölkerung abzielte. Während des Krieges kam als Novum hinzu, daß die Literaturpreise für die Kriegspropaganda vereinnahmt wurden.

Seit 1942 wurde eine Reihe von Preisen an Autoren verliehen, die als Wehrmachtsangehörige an der Ostfront gefallen waren.[58] Diese posthumen Auszeichnungen waren nicht nur Ausdruck einer bereits seit der zweiten Hälfte der 30er Jahre feststellbaren Militarisierung der deutschen Schriftstellerschaft; sie sollten nun auch die Verbundenheit der 'Heimat' mit der Front herausstellen. Zudem sollten die zahlreichen Preisverleihungen der deutschen Bevölkerung ebenso wie dem Ausland den Eindruck eines auch mitten im Kriege noch intakten kulturellen Lebens vermitteln.[59] Das war allerdings eine angesichts der Auswirkungen des »totalen Krieges« immer offenkundigere Fiktion, die Goebbels am 16. August 1944 unter anderem durch das generelle Verbot der Verleihung von Kunstpreisen selbst aufgab.[60] Diese »Anordnung« des von Hitler am 20. Juli neu eingesetzten »Reichsbevollmächtigten für den totalen Kriegseinsatz« hatte nun gesetzlich bindenden Charakter sowohl für die staatlichen und kommunalen als auch für die von der NSDAP verliehenen Literaturpreise.

Mit anderen Worten: Goebbels erlangte erst in dem Augenblick einen vollständigen Zugriff auf die Praxis der Literaturpreisverleihung, als der NS-Staat und die von ihm geförderte Literatur ihrem Ende entgegengingen. Bis zu diesem Zeitpunkt hatte sich auf dem Gebiet der Literaturpreise ein Partikularismus erhalten, der denjenigen der vielgescholtenen Weimarer Republik weit übertraf. Das geradezu hypertrophe Wachstum der von der NS-Diktatur gestifteten Literaturpreise stand jedoch in keiner vernünftigen Relation zur qualitativen Entwicklung der von Staat und Partei geförderten Literatur. Von der offiziell geehrten deutschen Literatur der Jahre 1933 bis 1945 ausgeschlossen blieb hingegen eine Vielzahl bereits arrivierter älterer oder talentierter jüngerer Autorinnen und Autoren, die zwar im Dritten Reich publizierten, deren Werke jedoch weder völkisch-nationalsozialistische noch national-konservative »Grundwerte« vertraten.[61] Zu erwähnen sind in diesem Zusammenhang u.a. Alfred Andersch, Stefan Andres, Werner Bergengruen, Peter Huchel, Hermann Kasack, Marie-Luise Kaschnitz, Wolfgang Koeppen, Karl Krolow, Horst Lange, Friedo Lampe, Hermann Lenz, Joachim Maass, Walter von Molo, Luise Rinser, Frank Thiess, Wolfgang Weyrauch, Ernst Wiechert. Ihnen war es jedoch wenigstens zum Teil noch vergönnt, die westdeutsche Literatur der Nachkriegszeit mitbestimmen zu können. Die Mehrzahl der von den Nationalsozialisten ins Exil vertriebenen Schriftsteller, deren Werke in Deutschland nach 1933 verbrannt und verboten worden waren, mußte dagegen auch in der Bundesrepublik lange Zeit vergeblich auf die öffentliche Rezeption ihrer Werke und auf Auszeichnungen staatlicher oder kommunaler Instanzen warten.[62]

Anmerkungen

1. Amtliche Bekanntmachung des Reichsministeriums für Volksaufklärung und Propaganda zur Stiftung des Preises, veröffentlicht in der Fachzeitschrift *Der Autor*, H. 7 (1933), S. 4. Zit. n. Joseph Wulf: *Literatur und Dichtung im Dritten Reich. Eine Dokumentation*. Frankfurt a.M., Berlin, Wien 1983 (Originalausgabe Frankfurt a.M. u.a. 1966), S. 292-293, hier S. 292.

2. Angaben in einer Zusammenstellung über »Deutsche Literaturpreise«, in: *Börsenblatt für den Deutschen Buchhandel* (im folgenden Bbl.) 105, Redaktioneller Teil, Nr. 40 vom 17.2.1938, S. 137-139, hier S. 138, sowie im Bericht über die Preisverleihung des Jahres 1939 »Kunst aus einem neuen Lebens- und Kulturgefühl«, in: Bbl. 106, Redaktioneller Teil, Nr. 102 vom 4.5.1939, S. 357-358.

3. Zu Stiftung und Konzeption dieser Preise s. Ernst Fischer: Der Schutzverband deutscher Schriftsteller 1909-1933, in: *Archiv für Geschichte des Buchwesens* 21 (1980), Sp. 1-666, hier Sp. 117-121. Eine Zusammenstellung der von 1914 bis 1932 mit dem *Kleist-Preis* ausgezeichneten Autoren findet sich in: Bundesarchiv (im folgenden BArch) Potsdam R 56 V/94 Bl. 24. Ebd., Bl. 23, wird auf die Beseitigung des Preises und die 1935/36 erfolgte Auflösung der *Kleist-Stiftung* hingewiesen.

4. S. dazu die Belege in dem Katalogband *Klassiker in finsteren Zeiten. Eine Ausstellung des Deutschen Literaturarchivs im Schiller-Nationalmuseum Marbach am Neckar*. 2 Bde. Marbach a.N. 1983, hier Bd. 2, S. 136-138.

5. Hinweis ebd., S. 136. S. auch das Ergebnis einer am 15.1.1935 gestarteten Umfrage des Deutschen Städte- und Gemeindetages bei Städten mit mehr als 50.000 Einwohnern betr. »Stiftungen für Schriftsteller«, hier S. 2, BArch Potsdam R 36/2406. Die Befragung ging auf eine Initiative der Reichsschrifttumskammer zurück.

6. Stiftungen für Schriftsteller (Anm. 5), S. 3, Barch Potsdam R 36/2406.

7. Ebd., S. 2.

8. S. das von Alfons Paquet, dem Sekretär des Preis-Kuratoriums, verfaßte »Vertrauliche Pro Memoria über Kandidaturen und Anträge zum Goethepreis 1933« vom 17.1.1933, wiedergegeben in *Klassiker in finsteren Zeiten* (Anm. 4) , Bd. 2, S. 142-143.

9. S. im einzelnen ebd., S. 142-147.

10. Angaben ebd., S. 147-148.

11. Ebd., S. 141-142.

12. Bekanntmachung über die Gliederung der Reichsschrifttumskammer vom 22.12.1933, in: Bbl. 100. Jg., Redaktioneller Teil, Nr. 298 vom 23.12.1933, hier S. 996. Zu Gründung und Aufbau der RSK s. meine Studie *Literaturpolitik im »Dritten Reich«. Institutionen, Kompetenzen, Betätigungsfelder*. Überarbeitete und aktualisierte Ausgabe. München 1995, S. 189-232.

13. Bekanntmachung über die Gliederung der Reichsschrifttumskammer (Anm. 12), S. 996.

14. S. die Geschäftsverteilungspläne der RSK von Ende 1935, BArch Potsdam R 56 V/35 Bl. 69, und von 1937, ebd. Bl. 76.

15. S. den an den Leiter der Schrifttumsabteilung und Vizepräsidenten der RSK, Dr. Heinz Wismann, weitergeleiteten Bericht über die Verhandlungen Bluncks sowie die Angaben über die Stiftung vom 10.12.1935, BArch Potsdam R 56 V/91 Bl.292-295 und Bl. 164. Ergänzend dazu die Darstellung in der Autobiographie von Hans Friedrich Blunck: *Unwegsame Zeiten. Lebensbericht*. Bd. 2. Mannheim 1952, S. 274.

16. Vgl. die Aufstellung über die von der *Goethe-* und der *Hansischen Stiftung* verliehenen Preise (Stand 30.11.1935) in BArch Potsdam R 56 V/91 Bl. 214 mit dem von der Schrifttumsabteilung des RMVP zusammengestellten »Verzeichnis der deutschen Literaturpreise« (Stand 1.3.1939), BArch Potsdam R 55/122 Bl. 320-323.

17. 1935 war die RSK in den Preis-Kuratorien der *Goethe-Stiftung* mit Hanns Johst (*Eichendorff-Preis*), Prof. Dr. Richard Suchenwirth (*Mozart-Preis*) und Dr. Heinz Wismann (*Herder-Preis*) vertreten. Heinz Steguweit vertrat die Parteiinteressen im Kuratorium des *Görres-Preises*, Gerhard Schumann beim *Steinbach-Preis*. Angaben in BArch Potsdam R 56 V/92 Bl. 178.

18. S. zum Kontext Volker Dahm: Nationale Einheit und partikulare Vielfalt. Zur Frage der kulturpolitischen Gleichschaltung im Dritten Reich, in: *Vierteljahreshefte für Zeitgeschichte* 43 (1995), S. 221-265.

19. Verzeichnis der deutschen Literaturpreise (Anm. 16), Bl. 320.

20. Stiftungen für Schriftsteller (Anm. 4), S. 5, BArch Potsdam R 36/2406.

21. S. im einzelnen das Verzeichnis der deutschen Literaturpreise (Anm. 16), S. 1-7.

22. S. zum folgenden die entsprechenden Beiträge in diesem Band.

23. *Das Archiv. Nachschlagewerk für Politik, Wirtschaft, Kultur.* Hrsg. von Alfred-Ingemar Berndt, Berlin, 2 (1935/36), S. 810.

24. [Erich Langenbuch]er: Verteilung des Preises der NSDAP. für Kunst und Wissenschaft, in: Bbl. 10, Redaktioneller Teil, Nr. vom 12.9.1936, S. 789-791.

25. S. die »Anordnung« Hitlers und die diesbezüglichen Ausführungen Görings in der Reichstagssitzung vom 30.1.1937 in: Bbl. 104, Redaktioneller Teil, Nr. 26 vom 2.2.1937, S. 97.

26. 1937 wurde der *Kunstpreis* an Alfred Rosenberg und posthum an Ludwig Troost verliehen, 1938 fanden nur Wissenschaftler und Techniker Berücksichtigung.

27. Vertrauliche Mitteilung Johsts an Wilhelm Baur vom 10.5.1938, BArch Potsdam R 56 V/155 Bl. 22.

28. Schreiben des Reichsführers-SS und Chefs der Deutschen Polizei im Reichsministerium des Innern an das Reichspropagandaministerium vom 17.5.1939, BArch Potsdam R 55/1017 Bl. 42-45, hier Bl. 43-44.

29. Vermerk von Gerhard Schumann, dem damaligen Leiter der RSK-Abteilung *Gruppe Schriftsteller*, für Geschäftsführer Wilhelm Ihde vom 30.3.1939 betr. *Deutscher Nationalpreis* 1939, BArch Potsdam R 56 V/155 Bl. 9, sowie das i.V. des Präsidenten der RSK verfaßte und mit einem Gutachten versehene Schreiben Wilhelm Baurs an das RMVP vom 29.4.1939, BArch Potsdam R 55/1017 Bl. 20-22.

30. Dennoch zählte Johst zu den im Dritten Reich hochdekoriertesten Schriftstellern: 1940 wurde ihm aus Anlaß seines 50. Geburtstags von Hitler die *Goethe-Medaille*

für Kunst und Wissenschaft verliehen; 1941 erhielt er den neu gestifteten *Kantate-Dichterpreis* der Reichsmessestadt Leipzig . S. die Berichte im Bbl. 107, Redaktioneller Teil, Nr. 165 vom 18.7.1940, S. 265, und 108, Nr. 109 vom 13.5.1941, S. 185-186.

31. S. im einzelnen das von der Schrifttumsabteilung des Reichspropagandaministeriums geführte »Verzeichnis der deutschen Literaturpreise« mit Stand von 1937, BArch Potsdam R 55/122 Bl. 142-145, von 1938, ebd. Bl. 300-308, und 1939, ebd. Bl. 320-323.

32. BArch Potsdam R 55/122 Bl. 1.

33. Ebd.

34. S. im einzelnen Barbian 1995 (Anm. 12), S. 517-533.

35. Der Hinweis auf ein entsprechendes Schreiben des Reichsinnenministeriums vom 9.12.1937 findet sich in einem Vermerk der Rechtsabteilung für Goebbels vom 28.2.1938, BArch Potsdam R 55/122 Bl. 4-6. Die Anregung des Frickschen Ministeriums, die auf eine Stärkung der Kompetenz der Mittelinstanzen hinausgelaufen wäre, wurde vom Reichspropagandaministerium entschieden abgelehnt. S. das Antwortschreiben ebd. Bl. 119-120. Vgl. zum Kontext Horst Matzerath: *Nationalsozialismus und kommunale Selbstverwaltung.* Stuttgart u.a. 1970 (= Schriftenreihe des Vereins für Kommunalwissenschaften e.V., Berlin, Bd. Verfassungsentwicklung und Verfassungs *29),* und Dieter Rebentisch: *Führerstaat und Verwaltung im Zweiten Weltkrieg. Verfassungsentwicklung und Verfassungspolitik 1939-1945.* Stuttgart 1989 (= Frankfurter Historische Abhandlungen, Bd. 29), insbesondere S. 231-293.

36. Vermerk der Rechtsabteilung für den Herrn Minister vom 28.2.1938, BArch Potsdam R 55/122 Bl. 4-6.

37. Erckmann an Herrn Leiter VIII vom 13.12.1937 betr. Literaturpreise, BArch Potsdam R 55/122 Bl. 137-141.

38. Ebd., Bl. 137. Aus der am 17.2.1938 im *Börsenblatt* veröffentlichten Übersicht über »Deutsche Literaturpreise« (Anm. 2), hier S. 138, geht hervor, daß die mittlere Generation der nach 1880 geborenen Schriftsteller am stärksten mit Preisen bedacht wurde. Ihr Anteil belief sich auf 2/3 der rund 100 bis zu jenem Zeitpunkt vergebenen Preise. Von den Nachwuchsautoren waren etwa fünfzehn bis zwanzig ausgezeichnet worden, von der älteren Generation genau zehn.

39. BArch Potsdam R 55/122 Bl. 137.

40. So Erckmann ebd. Bl. 138.

41. Ebd.

42. Ebd. Bl. 139.

43. Ebd. Bl. 141. Nachdem Goebbels mit dem Erlaß vom 24.8.1937 bereits die Zuständigkeit für die »Verteilung von Schrifttumspreisen« an sich gezogen hatte, wurde dieser Kompetenzbereich der Kammer endgültig im Zusammenhang mit dem großen Revirement vom 1.4.1938 entzogen. S. die Zweite Bekanntmachung über die Gliederung der Reichsschrifttumskammer vom 21.5.1938, wiedergegeben bei Wilhelm Ihde (Hrsg.): *Handbuch der Reichsschrifttumskammer.* Leipzig 1942, hier S. 45. Zu Entstehung und Entwicklung der ministeriellen Schrifttumsabteilung s.

Barbian 1995 (Anm. 12), S. 172-188.

44. Rundschreiben des Reichspropagandaministeriums (Abt. IB) an die Landesregierungen (außer Preußen) und Oberpräsidenten vom 26.4.1938, BArch Potsdam R 55/122 Bl. 9. Die Antworten sind ebd., Bl. 11ff. gesammelt.

45. »Erlaß« an die Reichsstatthalter, Landesregierungen (außer Preußen), Oberpräsidenten und Regierungspräsidenten vom 26.1.1939, BArch Potsdam R 55/122 Bl. 309-310.

46. Ebd.

47. »Runderlaß« an alle Reichspropagandaämter vom 1.3.1939, BArch Potsdam R 55/122 Bl. 316. Zum folgenden s. ebd.

48. BArch Potsdam R 55/122 Bl. 140.

49. Ebd.

50. BArch Potsdam R 55/122 Bl. 333.

51. Im »Verzeichnis der deutschen Literaturpreise« (Anm. 16) vom 1.3.1939, ebd. Bl. 320-323, sind eine Reihe von *Gaukulturpreisen* erfaßt, deren Preissumme zwischen 2.000 und 5.000 RM lag.

52. So die Auffassung der Personalabteilung des Reichspropagandaministeriums in einer internen Mitteilung an die Rechtsabteilung vom 11.2.1942, BArch Potsdam R 55/122 Bl. 372.

53. Hinweis ebd.

54. Mitteilung der Rechtsabteilung an die Fachabteilungen Film, Schrifttum, Musik und Bildende Kunst im Hause, an die Hauptgeschäftsführung der Reichskulturkammer sowie an die Reichspropagandaämter vom 31.7.1942, BArch Potsdam R 55/122 Bl. 386.

55. Ebd.

56. S. den »Erlaß« in BArch Potsdam R 55/122 Bl. 398.

57. Erich Langenbucher: Dichterpreis und Buchabsatz, in: Bbl. 106, Redaktioneller Teil, Nr. 66 vom 18.3.1939, S. 222-225, und Nr. 74 vom 28.3.1939, S. 252-253; Rudolf Erckmann: Deutsche Literaturpreise, in: *Großdeutsches Leihbüchereiblatt* 3 (1941), S. 58-59.

58. Dies gilt etwa für Richard Ganzer (*Kulturpreis der Stadt Passau* für 1941), für Franz Graf Zedtwitz (*Hans Schemm-Preis* für 1943), Kleo Pleyer (*Kant-Preis* der Stadt Königsberg für 1944), Kurt Eggers (*Oberschlesischer Schrifttumspreis* für 1943, Kantate-Preis der Stadt Leipzig für 1944), Bernhard Schwarz (*Oberschlesischer Schrifttumspreis* für 1943). S. die Angaben zu den Deutschen Literaturpreisen im Bbl. 111, Redaktioneller Teil, Nr. 10 vom 5.2.1944, S. 17, Nr. 11 vom 9.2.1944, S. 21, Nr. 50 vom 28.6.1944, S. 107, Nr. 57 vom 22.7.1944, S. 129. Zur Verleihung des *Kantate-Preises* für 1944 an Kurt Eggers, die vom SD und der Partei-Kanzlei der NSDAP lanciert wurde, s. die vertrauliche Mitteilung des Leipziger Oberbürgermeisters an die Beiräte des *Kantate-Dichterpreises* vom 21.7.1944, Sächsisches Staatsarchiv Leipzig Börsenverein der Deutschen Buchhändler/809.

59. Die seit 1942 im *Börsenblatt* veröffentlichten Zusammenstellungen der Preisträger wurden regelmäßig als Beweis für die ungebrochene Kraft des deutschen Geistes-

lebens und der deutschen Kultur interpretiert. Deutsche Literaturpreise, in: Bbl. 109, Redaktioneller Teil, Nr. 265 vom 21.11.1942, hier S. 242.

60. Der Hinweis auf den Erlaß findet sich in dem offiziellen Publikationsorgan *Die Reichskulturkammer*, 2, H. 8/9 (1944), S. 131.

61. S. hierzu vor allem Hans Dieter Schäfer: Die nichtnationalsozialistische Literatur der jungen Generation im Dritten Reich, in: ders.: *Das gespaltene Bewußtsein. Über deutsche Kultur und Lebenswirklichkeit 1933-1945*. München, Wien 1981, S. 7-54.

62. Vgl. Frithjof Trapp: Logen- und Parterreplätze. Was behinderte die Rezeption der Exilliteratur?, in: *10. Mai 1933. Bücherverbrennung in Deutschland und die Folgen*. Hrsg. von Ulrich Walberer. Frankfurt a.M. 1983, S. 240-259, und Hermann Glaser: Das Exil fand nicht statt. Schulwirklichkeit im Deutschunterricht 1945-1965, in: ebd., S. 260-284.

Der *Westfälische Literaturpreis* im Dritten Reich

Von Karl Ditt

I. Fragestellung

Nach der Machtübernahme im Jahre 1933 versuchten die Nationalsozialisten, ihre Herrschaft nicht nur politisch, sondern auch kulturell abzusichern und zu begründen. Sie schufen mehrere staatliche und parteipolitische Einrichtungen mit den Aufgaben, das kulturelle Leben zu kontrollieren und das zu fördern, was sie als Elemente »deutscher Volkskultur« ansahen.[1] Mit dieser doppelgesichtigen Kulturpolitik konnten relativ schnell die Kulturen der Moderne und der sozialistisch-kommunistischen Arbeiterbewegung ausgeschaltet und die religiösen Kulturen zurückgedrängt werden. Die mangels eigener Kultur geplante Vereinnahmung der völkisch-heimatorientierten Kultur bereitete jedoch Probleme, trafen die Nationalsozialisten doch auf nationaler wie regionaler Ebene auf eine breit etablierte konservative Kulturszene.[2] Teils stimmten deren Protagonisten, Werke und Förderer mit der nationalsozialistischen Ideologie überein, so daß es für die Nationalsozialisten weder ohne weiteres möglich noch opportun war, sie zu diskreditieren oder gar zu verbieten, teils folgten sie eigenen Zielsetzungen, so daß sie nicht vollständig vereinnahmt werden konnten.

Angesichts der Sicherheit, die ihnen die politischen Rahmenbedingungen und die kulturellen Kontrollinstanzen gaben, konnten die Nationalsozialisten jedoch darauf verzichten, das kulturelle Leben vollständig zu steuern, ja, es sollte sich auch gar nicht – wie die Entwicklung der Massenkultur zeigt – in einem ausschließlich nationalsozialistischen Sinne entwickeln. Deshalb erhielten auf lokaler und regionaler Ebene die etablierte konservative Kulturszene, ihre Künstler und ihre Förderer Freiheits- und Entfaltungsmöglichkeiten.[3] Wie groß dieser Freiraum, wie weit umgekehrt die Bereitschaft zur Übernahme nationalsozialistischer Ziele und Selbstzensur bzw. zu Konflikten oder zu Resistenz war, soll im folgenden an einem regionalen Fall, der Verleihung des *Westfälischen Literaturpreises* durch den Provinzialverband Westfalen während des Dritten Reiches, näher untersucht werden.

Zwar war auch dieser Verband im Jahre 1933 in seiner Spitze gleichgeschaltet worden,[4] er verfolgte aber auch im Dritten Reich unter nationalsozialistischer Führung durchaus eigenständige politische und kulturelle Interessen, da er sich als »Selbstverwaltungsorganisation« und »Sprecher« der Provinz verstand, über ein eigenes, kulturelles Aufgabenspektrum und entsprechende Kapazitäten verfügte und damit innerhalb Westfalens ein beträchtliches Eigengewicht hatte. Das bedeutete für die monopolartigen, tendenziell zentralistischen kulturellen Ansprüche der Partei und des Staates eine ernstzunehmende Konkurrenz. Die nachfolgende Untersuchung stellt dar, wie der Provinzialverband Westfalen sich in dieser nicht untypischen Konkurrenzsituation verhielt. Sie läßt einige Möglichkeiten und Grenzen einer konservativen Kulturpolitik im Dritten Reich erkennen und erlaubt Rückschlüsse auf deren Folgen, insbesondere auf die Entwicklung der westfälischen Literatur im Dritten Reich.

II. Kulturpolitische Programmatik des Provinzialverbandes Westfalen

Der Preußische Staat hatte gegen Ende des 19. Jahrhunderts für seine zehn Provinzen, so auch für die Provinz Westfalen, regionale Selbstverwaltungsorganisationen gegründet, die teils von den kreisfreien Städten und den Kreisen, teils von ihm selbst finanziert wurden.[5] Zu den Aufgaben der Provinzialverbände zählte u. a. die Förderung des »regionalen kulturellen Erbes«. Diese Förderung sollte, so der Grundgedanke, besser durch eine Instanz in der Region selbst als durch die Zentrale im entfernten Berlin erfolgen.

Aus diesem Auftrag heraus entwickelten während der 1920er und 1930er Jahre die Kulturdezernenten des Provinzialverbandes Westfalen, Karl Zuhorn und Ernst Kühl,[6] das Konzept der landschaftlichen Kulturpflege.[7] Danach sollte die vergangene Kultur eines Raumes erforscht, geschätzt und bekannt gemacht sowie seine »wesensgemäße« gegenwärtige Kultur gefördert werden. Unter einer regionalen Kultur verstanden die Kulturdezernenten nicht mehr nur – wie noch im Kaiserreich – die Spitzenleistungen im Bereich von Kunst und Wissenschaften, sondern auch alltägliche Verhaltensweisen und Eigenarten einer regionalen Bevölkerung, die durch die Einheitlichkeit von Stamm, Rasse, Raum und Geschichte in spezifischer Weise geprägt sei. Kultur war für Zuhorn und Kühl also – in der Sprache der Zeit – die Gesamtheit der Zeugnisse des »Volkstums«. Diese gerade in der zeitgenössischen Volkskunde, Germanistik, Geographie und Kulturraumforschung vielfach vertretene Vorstellung ging letztlich auf Gedanken Herders zurück, der Völker und Kulturen gleichsam als Organismen begriffen hatte. Zuhorn und Kühl übertrugen die Auffassung von der Existenz eines »Volkskörpers« und »-geistes« auf die regionale Ebene; hier dominiere die »echte« Kultur eines »Stammesvolkstums«.

Die Annahme der Existenz einer »wesenhaft« bestimmten Regionalkultur, die durch Austausch eher verwässert als gefördert würde, setzte der Provinzialverband Westfalen gegen Ende der Weimarer Republik zunehmend zur Realisierung eines machtpolitischen Anspruches ein. Über die Förderung einer »Westfälischen Kultur« der Vergangenheit und Gegenwart sollte ein »westfälisches Bewußtsein« erzeugt bzw. aktiviert werden. Dies wiederum sollte politisch zugunsten der Verteidigung und Erweiterung der westfälischen Provinzgrenzen eingesetzt werden, die seit den späten 1920er Jahren im Zuge der geplanten territorialen Reichsreform zur Debatte standen.[8]

Vor diesem kultur- und machtpolitischen Hintergrund ist auch die Aufnahme der Literaturförderung durch den Provinzialverband Westfalen zu sehen. Sie begann im Jahre 1928 mit der Subventionierung einer Gesellschaft, die sich der Untersuchung und Bekanntmachung des Lebens und Werkes von Westfalens bedeutendster Schriftstellerin, Annette von Droste-Hülshoff, widmete.[9] Im Jahre 1930 wurde dann zum ersten Mal der Vorschlag gemacht, der Provinzialverband solle die zeitgenössischen Dichter und Dichterinnen Westfalens durch die Verleihung eines *Droste-* bzw. *Westfälischen Literaturpreises* fördern. Damit sollte ihnen ein Anreiz zur Darstellung »westfälischer« Themen gegeben und die Identität Westfalens gestärkt werden.

Die NSDAP stand dagegen in Westfalen zu Beginn des Dritten Reiches vor einer Tabula rasa.[10] Sie konnte in dieser traditionell vom Zentrum bzw. der SPD und KPD dominierten Provinz kaum auf eigenen kulturpolitischen Aktivitäten aufbauen; vielmehr mußte sie nach der Machtübernahme primär darauf setzen, daß entsprechende Journalisten, Künstler und Wissenschaftler überliefen und daß sie die bestehenden Kulturorganisationen und -veranstaltungen würde beeinflussen, übernehmen oder eigene Aktivitäten entwickeln können. Das mußte zwangsläufig eine Konfrontation mit den Interessen des Provinzialverbandes Westfalen nach sich ziehen, der nach Aufgabenstellung und Zielsetzung wichtige kulturpolitische Kompetenzen für Westfalen besaß und beanspruchte sowie eine starke regionalpolitische Zielsetzung verfolgte.

III. Vergabe des Westfälischen Literaturpreises

1. Literaturszene in Westfalen

Das literarische Spektrum der Weimarer Republik spiegelte die unterschiedlichen Reaktionsformen auf die Kulturkrise der Jahrhundertwende und auf die zeitgenössische politische Situation wider. Es reichte von der rechts- oder linksorientierten politischen Tendenzdichtung über die völkische und Kriegsliteratur, die Heimatdichtung und den bürgerlichen Realismus bis hin zum Expressionismus und den Werken des l'art pour l'art – mit einem deutlichen Akzent auf der völkischen und Kriegsliteratur.[11] In Westfalen dominierte dagegen die Heimatliteratur. Sie baute auf einer Tradition auf, die in der Form literarisch-historischer Beschreibungen von Land und Leuten, von Humoresken und Satiren, aber auch von Verteidigungsschriften und Idyllisierungen bis zum Beginn des 19. Jahrhunderts zurückreichte.[12]

Gegen Ende des 19. Jahrhunderts war dieser Literaturtyp wieder aufgelebt und prägte die Literaturszene der 1920er und 1930er Jahre. Die entsprechenden Werke bestanden teils aus Gedichten und Erzählungen mit konkreten Schilderungen der westfälischen Landschaft, teils aus einer der häufigsten Literaturformen dieser Zeit, dem Bauernroman. Die jeweiligen Autoren stammten zumeist aus den gleichen Kreisen wie die treibenden Kräfte der Heimatbewegung, d. h., es waren Pfarrer und Lehrer.[13] Einige – so etwa Margarethe Windthorst (1884-1958),[14] Heinrich Luhmann (1890-1978), Ellen Soeding (geb. 1904) – schrieben gleichsam zeit- und raumlose Bauerngeschichten und -romane, in denen es um individuelle, durch die Leidenschaften (»die Liebe«, »der Ehrgeiz«) oder das Schicksal (»die Natur«) bedingte Vergehen gegen die (Arbeits-) »Verpflichtung« gegenüber dem Boden, der Autorität, der Hierarchie (»das Erbe«, »der Vater«) oder der Gemeinschaft ging sowie um die daraus erwachsende »Schuld« und

»Sühne«. Viele Konflikte waren zudem biologisch, zumeist rassisch, bestimmt. Schließlich verfehlten manche Autoren (Vollmer, Windthorst u.a.) auch nicht, in der Nachfolge Annette von Droste-Hülshoffs Spukelemente und »Gesichte« in ihre Werke aufzunehmen. Andere kontrastierten noch ganz im Sinne des 19. Jahrhunderts die bäuerliche mit der industriellen Welt, schilderten das Vordringen der Stadt und ihrer Werte sowie den Untergang oder die Selbstbehauptung des Dorfes und seiner Gemeinschaft, des Bauern und seiner Tugenden. Augustin Wibbelt (1862-1947) und Karl Wagenfeld (1869-1939) verbanden diese Thematik z. T. mit religiösen Aussagen und faßten sie in plattdeutsche Sprache.[15] Häufig wurde die bäuerliche Welt idealisiert, heroisiert und nicht selten als statischer, archaischer Kosmos beschrieben; gerade der Bauernroman zählte damit zur konservativen literarischen Reaktion auf die Industrialisierung und die Moderne.[16]

Geringere Resonanz erfuhr die Arbeiterliteratur, die in den 1920er Jahren vor allem im Ruhrgebiet entstand und die zumeist das Leben und Arbeiten der Bergleute beschrieb; hier reichte das Spektrum von einem literarisch einfach gestalteten Realismus der Alltagswelt bis hin zu kommunistischen Kampfaussagen.[17] Darüber hinaus gab es einzelne in Westfalen lebende Schriftsteller, bei denen die Provinz und das bäuerliche Leben nur am Rande eine Rolle spielten, so etwa bei Adolf von Hatzfeld (1892-1957). Er trat vor allem durch elegische Lyrik, Natur- und Liebesgedichte, hervor sowie durch Erzählungen und Romane, in denen er Autobiographisches verarbeitete; die Bezüge zur westfälischen Landschaft in seinen Werken waren nur ein – keineswegs dominierendes – Element; politische Aussagen fehlten.[18]

2. Wahl der Westfälischen Literaturpreisträger/innen

Nachdem im Jahre 1930 der erste Anstoß zur Schaffung eines *Westfälischen Literaturpreises* gegeben worden war, nahmen der Geschäftsführer des Westfälischen Heimatbundes (WHB), Wilhelm Schulte,[19] und der Gauführer Westfalen Nord/Friesland im neugebildeten *Reichsverband Deutscher Schriftsteller e.V.*, Josef Bergenthal – neben Friedrich Castelle einer der ersten Journalisten und Literaten aus der westfälischen Heimatbewegung, der zu den Nationalsozialisten überlief –, diese Anregung im Jahre

1933 wieder auf. Sie konnten den Landeshauptmann Karl Friedrich Kolbow, den neuen, nationalsozialistischen Leiter des Provinzialverbandes Westfalen, dazu bewegen, auf der westfälisch niederdeutschen Schriftstellertagung am 8./9. Dezember 1934 einen mit 2.500 Reichsmark dotierten *Westfälischen Literaturpreis* zu stiften.

Auf der Tagung hob Kolbow zur Begründung dieser Initiative hervor, daß sich der Provinzialverband gegenüber der westfälischen Literatur der Vergangenheit, d. h. den Werken Annette von Droste-Hülshoffs, Ferdinand Freiligraths, Friedrich Wilhelm Webers usw., sowie gegenüber den lebenden westfälischen Schriftstellern dazu verpflichtet fühle. Außerdem hoffe er, damit zur Verbreitung von deren Werken beizutragen.[20] Nach dem Vorbild Westfalens stifteten wenig später auch die Provinzen Rheinland, Hannover und Brandenburg Literaturpreise in ähnlicher Höhe. Sie zählten zu der »Preisinflation«, mit der im Dritten Reich auf allen Ebenen landschaftliche und nationalsozialistische Literatur angeregt und honoriert werden sollte.[21] Wie in Westfalen stand auch in den anderen preußischen Provinzen die Auffassung dahinter, daß es eine regionalspezifische, aus dem »Erlebnis« von Landschaft und »Volkstum« erwachsene Dichtung von eigenem Wert gäbe, die bislang gegenüber der »Asphaltliteratur« der Städte vernachlässigt worden sei und die gefördert werden müsse.

Bergenthal wollte die Entscheidung über die Preisverleihung einem einzigen Preisrichter überlassen, der von der NSDAP und der Provinzialverwaltung beraten werden sollte. Der Kulturdezernent des Provinzialverbandes Ernst Kühl lehnte diesen Vorschlag ab, da »dieser Weg [...] die Entscheidung gänzlich aus der Hand der Provinz legen« würde. Anstelle eines unabhängigen Gremiums wurde der Landeshauptmann als höchster Repräsentant des Provinzialverbandes Westfalen, d. h. des Stifterverbandes, die ausschlaggebende Instanz. Damit war die richtige Wahl der Preisträger und die Möglichkeit zur provinziellen Selbstdarstellung gesichert. Der Landeshauptmann sollte durch einen Beirat in der Entscheidungsfindung unterstützt werden, in dem u.a. Repräsentanten der NSDAP Westfalen-Nord und -Süd und der Schriftsteller vertreten waren.[22] Die Diskussionen bei den vorschlagsberechtigten Stellen und im Beirat sowie die von Kolbow getroffenen Entscheidungen zeigen, ob mehr nationalsozialistische oder mehr provinzialpolitische Interessen für die Auswahl der Preisträger/innen ausschlaggebend waren, deshalb seien sie für die einzelnen Preisverleihungen näher dargestellt.

In der Fachstelle Schrifttum des Westfälischen Heimatbundes wurden für die erste Preisverleihung, die im Jahre 1935 erfolgen sollte, Walter Vollmer, Prosper Heyl, Augustin Wibbelt, Christine Koch, Josefa Berens, Lene Bertelsmann, Fritz Nölle und Margarethe Schiestl-Bentlage vorgeschlagen. Ihre Mitglieder einigten sich zunächst darauf, nicht ein Lebenswerk, sondern das Werk eines jungen Dichters oder einer jungen Dichterin zu prämieren, um dieser Generation einen Ansporn zu geben. Der Vorsitzende der Fachstelle Schrifttum, gleichzeitige Geschäftsführer des WHB und Anreger des Literaturpreises, Wilhelm Schulte, schlug daraufhin die 44jährige Josefa Berens-Totenohl, vor allem aber den 73jährigen Augustin Wibbelt als Preisträger vor. Für Wibbelt – mit ihm war Schulte befreundet – spräche, daß er in seinen Schriften die »artechten westfälischen Menschen« gestalte, »die Krankheitserscheinungen der Neuzeit« bekämpfe, sich für die Erziehung zur Heimatliebe einsetze und Großes zur Erhaltung des Plattdeutschen leiste. Damit habe er »uns Frontsoldaten [...] Trost, Beglückung, Kraft gegeben« und sei »der meistgelesene niederdeutsche Dichter« geworden.[23]

Für Josefa Berens spräche, daß sie mit ihrem Roman *Der Femhof* ein Werk »von gesamtdeutscher Bedeutung geschaffen und damit die deutsche Literatur um eine Dichtung bereichert [habe], wie sie Westfalen in hochdeutscher Sprache sonst kaum, das Sauerland überhaupt noch nicht hervorgebracht hat«. Vor allem habe sie die Landschaft des Sauerlandes meisterhaft dargestellt. Schulte hätte Josefa Berens als alleinige Preisträgerin vorgeschlagen,

aber der seelische Raum des Geschehens, das Fühlen und Denken der Menschen, ist keineswegs dementsprechend charakterhaft das des sauerländischen Menschentums, es ist nicht einmal typisch westfälisch, auch nicht eigentümlich niederdeutsch, es ist schlechthin deutsch, um nicht zu sagen germanisch, in Bayern eben denkbar wie in Schweden. Im besonderen ist das zugrundeliegende Problem ein ganz allgemeinmenschliches, nicht aus eigenartig westfälischer Lebenshaltung oder westfälischer Geschichte oder sonstigen westfälischen Bedingungen hervorgerufen. Es gewinnt an Gehalt erst recht nicht dadurch, daß es in geschichtlichem Kostüm erscheint. Im Gegenteil, diese Verlegung in die Vergangenheit bildet die eigentliche Schwäche des Romans. Denn es handelt sich bei diesem Zusammenstoß zwischen subjektiver Liebe mit den objektiven Ordnungen des Bauerntums und der Tradition, so wie die Dichterin das sieht, um ein durchaus modernes Problem. Die Dichterin löst es, modernem Fühlen und Denken entsprechend, individualistisch, also in einer Auffassung, wie sie dem (von ihr ohne inneren Grund gewählten) patriarchalischen Zeit- und Kulturraum durchaus widerspricht. So ist auch das Wesen der Feme verkannt; diese spielt in der Dichtung nur äußerlich eine Rolle; die Lösung des Problems erfolgt keineswegs aus den seelischen Maßen und Ordnungen, deren Rechtsausdruck die Feme war.[24]

In diesen Charakterisierungen von Josefa Berens und Augustin Wibbelt kommt deutlich Schultes Kriterium zum Ausdruck, den Preis nach der möglichst adäquaten Erfassung dessen zu vergeben, was er als heimatbezogen, d. h. als westfälisch und niederdeutsch empfand. Außerdem sah er offenbar als Charakteristikum der Vergangenheit an, daß Konfliktlösungen zugunsten der Gemeinschaft und Ordnung und nicht zugunsten des Individuums ausgefallen wären: Vorstellungen, die aus dem Geiste der Zivilisationskritik und einem spezifischen Verständnis der Geschichte und der Aufgabe von Literatur entstanden wären. Die anderen Fachstellenmitglieder schlugen dagegen Josefa Berens vor, da der Preis vor allem an den dichterischen Nachwuchs zur Erziehung und Ermunterung und nicht zur Honorierung des Lebenswerks eines Dichters vergeben werden sollte.

Wurde die Diskussion in der Fachstelle Schrifttum des WHB primär von inhaltlichen Kriterien bestimmt, so berücksichtigte die am 30. November 1935 stattfindende Diskussion des Beirats des *Westfälischen Literaturpreises* weitere Gesichtspunkte und Kandidaten. Auf dieser Sitzung erklärte Wilhelm Schulte als Beiratsmitglied, man sei »zu der Ansicht gekommen, daß nicht nur das schriftstellerische Werk, sondern auch die kämpferische Betätigung in Wort und Schrift im Interesse der Neuerung des deutschen Volkes sowie die sonstige Arbeit auf dem Gebiete des Deutschtums für die Verleihung des Literaturpreises mit maßgebend sein müssen«. Er schlug deshalb Maria Kahle als erste Preisträgerin vor. Sie habe im Ausland für das Deutschtum geworben und sich in der Weimarer Republik »gegen die Verfallserscheinungen der Nachkriegszeit zur Wehr gesetzt«.

Richard Euringer, ein früher Nationalsozialist, Thingspieldichter und Mitglied des Reichskultursenats, des höchsten Gremiums der Reichskulturkammer[25], der im Beirat die Schriftsteller repräsentieren sollte, hob hervor, daß Maria Kahle nach Verdienst und Charakter nationalsozialistisch sei, obwohl sie früher dem *Jungdeutschen Orden* nahegestanden habe. Sie solle gefördert werden, aber nicht durch einen Literaturpreis. Statt dessen schlug er aus künstlerischen und politischen Gründen Josefa Berens vor. Euringer hatte in den 1920er Jahren die Volksschullehrerin und Malerin

Berens zum Schreiben bewegt; er galt als ihr »Entdecker« und Freund. Auch der Vertreter des Provinzialverbandes, Ludger Baumeister, sprach sich gegen Maria Kahle aus. Der Gaukulturwart der NSDAP Westfalen-Süd, der Zahnarzt Dr. Schwarzschulz, wies darauf hin, daß vor allem die künstlerische Leistung für die Vergabe des Literaturpreises in Frage kommen müsse. Maria Kahle wirke vor allem politisch. Christine Koch werde Deutschland nichts mehr geben können. Walter Vollmer habe noch ein langes Leben vor sich und sei gerade erst durch die Plakette der Stadt Dortmund geehrt worden, so »daß eine Übersteigerung vermieden werden müsse«. Adolf von Hatzfeld finde in Deutschland nur ungenügenden Widerhall. Lulu von Strauß sei finanziell saturiert.[26] Er sprach sich schließlich für Josefa Berens aus. Dieser Meinung schloß sich Josef Bergenthal an, der den Landesstellenleiter des Propagandaministeriums, Fritz Schmidt, vertrat. Gegen Maria Kahle spräche ihre Nähe zum *Jungdeutschen Orden*, gegen Lulu von Strauß[27] und Augustin Wibbelt ihre mangelnde finanzielle Bedürftigkeit.

Die meisten Mitglieder des Beirates tendierten dazu, Maria Kahle wegen der Dominanz der politischen vor der künstlerischen Aussage zu übergehen und Josefa Berens den Literaturpreis zuzuerkennen. Ihre Person und ihre Werke, besonders *Der Femhof*, repräsentierten das »junge gesunde Volkstum« und die nationalsozialistische Gesinnung; ihre Werke hätten zudem in der »Öffentlichkeit Beachtung gefunden«.[28] Angesichts dieser Argumentation schloß sich Landeshauptmann Kolbow dem Vorschlag des Beirates an und verlieh Josefa Berens den ersten *Westfälischen Literaturpreis* auf der Westfälischen Kulturtagung am 19. Januar 1936 in Dortmund.

Das erste Werk von Josefa Berens, *Der Femhof*, war im Jahre 1934, das zweite, *Frau Magdlene*, im Jahre 1935 erschienen. Beide lassen sich den »Blut-und-Boden-Romanen« zurechnen. Josefa Berens, die sich nach ihrem Wohnsitz Berens-Totenohl nannte, war eine der jüngeren Vertreterinnen einer Reihe von Dichtern, zu denen etwa Hans-Friedrich Blunck, Friedrich Griese oder Hans Grimm zu zählen sind.[29] *Der Femhof* wurde der größte Bucherfolg des Verlages Eugen Diederichs; er soll wie ihr folgendes Werk eine Auflage von 230.000 Exemplaren während des Dritten Reiches erreicht haben. Berens-Totenohl erlangte damit in dieser Zeit überregionale Bekanntheit.[30]

Das Weltbild von Josefa Berens-Totenohl (1891-1969), die bereits vor 1933 Parteigenossin geworden war, wurde vom dichotomischen Denken der Zivilisationskritik bestimmt. Sie hatte sich nicht zuletzt unter dem Einfluß Euringers seit Beginn der 1930er Jahre gegen die Weimarer Republik und deren Kunst, gegen »Bolschewismus« und »Judentum« gewandt und sich für eine »deutsche Kunst« ausgesprochen.[31] Die Thematik ihrer archaischen Bauernromane bestand teils in der Darstellung des bäuerlich geprägten, germanischen Menschen in seiner Arbeit und seinem heroischen Kampf mit der Natur und dem Schicksal, teils in der Darstellung der Frau als Erhalterin ihrer Art, in ihrer Hingabe und Pflichterfüllung, ihrem stillen Dulden und Opfersinn.[32] Die Spannung zwischen individuellem Glück und der Bindung an Rasse, Volk und Sippe löste sie nicht selten durch ein »Blutopfer«: Die Protagonisten wurden Opfer ihrer Leidenschaften und Instrumente des »Schicksals«.

Im Jahre 1937 sollte der zweite *Westfälische Literaturpreis* verliehen werden. Erneut diskutierte die Fachstelle Schrifttum als Preisträger Walter Vollmer, Fritz Nölle, Maria Kahle, Adolf von Hatzfeld, Walter Gottfried Klocke und Christine Koch, dann auch Richard Euringer, F. W. Meyer und Ellen Soeding. Wilhelm Schulte erklärte vorweg, der Preisträger solle nicht nur durch künstlerische Leistungen hervorragen, sondern auch »Hüter unserer nationalen Ideale sein«[33].

Deshalb schlug er wieder Maria Kahle vor und erklärte zur Begründung. sie habe »viele durch ihr gesprochenes Wort begeistert«. Daraufhin erklärte der Landesleiter der Reichskammer der bildenden Künste Westfalen-Süd, Edgar Maria Moog, »wenn das gesprochene Wort gelten soll, dann stünde der Preis Gauleiter Wagner zu«.[34]

Die Mitglieder der Fachstelle einigten sich schließlich auf Walter Vollmer und Christine Koch als Vorschläge für die Preisverleihung. Für Vollmer, einen relativ jungen Dichter, spräche, daß er das Ruhrgebiet dichterisch in seinen Werken *Ziege Sonja*, *Die Schenke zur ewigen Liebe* und *Land an der Ruhr* geschildert habe.[35] Für Christine Koch spräche, daß sie eine große niederdeutsche Lyrikerin sei und aus sozialen Gründen des Preisgeldes bedürfe. Deutlich wurde, daß sich die Fachstelle in Verlegenheit befand, wem der Literaturpreis zu verleihen sei. Beide Vorschläge waren letztlich Notlösungen.[36]

Auf der Sitzung des Beirates am 8. Mai 1937 referierte Schulte die Diskussion in der Fachstelle Schrifttum und schlug Walter Vollmer vor.[37] Ihm schlossen sich alle anderen Beiratsmitglieder an. In einer zweiten Wortmeldung setzte sich Wilhelm Schulte jedoch wieder für Maria Kahle, dann auch für Heinrich Luhmann anstelle Vollmers ein.

Kolbow erklärte gegenüber dem nahezu einmütigen Votum des Beirates,

daß er den Urteilen über den Inhalt der Werke von Walter Vollmer von seinem Standpunkt als politisch verantwortlicher Nationalsozialist aus nicht beitreten könne. Aus seinem eigenen Erlebnis des Bergmannsberufes vermisse er bei Vollmer die kämpferische Einstellung und die allgemeine Grundhaltung und Lebenshärte, die ein Dichter heute haben müsse. Der Inhalt seiner Werke ließe erkennen, daß Vollmer den Industriemenschen nicht richtig erkannt habe, zu viel ungesunde Sentimentalität und zu wenige Härte [habe] und er daher als Künder der westfälischen Arbeiter nicht gelten könne.

Kolbow wies statt dessen auf das Schauspiel *Freiherr vom Stein* von Anton Strambowski hin, das er als äußerst erzieherisch für die Gegenwart ansähe. Leider käme eine Verleihung des *Westfälischen Literaturpreises* an Strambowski wohl kaum in Frage, da das Werk noch nicht genügend bekannt sei. In dieser Meinung bestärkte ihn als Vertreter der Kulturabteilung Ludger Baumeister. Daraufhin entschied sich der Landeshauptmann gegen den Beiratsvorschlag Walter Vollmer und für Maria Kahle.

Maria Kahle, im Jahre 1891 als Tochter eines Bahnmeisters in Wesel geboren (gest. 1975), hatte ursprünglich den Beruf der Bürogehilfin erlernt. Während eines langjährigen Aufenthaltes in Brasilien begann sie, Deutschland literarisch zu beschreiben und Gedichte zu verfassen. Nachdem sie im Jahre 1920 nach Deutschland zurückgekehrt war, führte sie ein Leben als freie Schriftstellerin. In den 1920er und 1930er Jahren reiste sie mehrfach nach Südamerika und hielt dort vor ausgewanderten Deutschen Vorträge über Deutschland und das Dritte Reich.[38] Ihr Werk bestand zu Beginn der 1930er Jahre aus mehreren Gedichtbänden, deren Thematik sich mit der Natur und der Liebe, biblischen und germanischen Motiven sowie mit Westfalen und insbesondere dem Sauerland, ihrem Wohnsitz, befaßte.[39] Sie behandelte darüber hinaus wie Berens-Totenohl die Frau und Familie in ihrer Bodenverwurzelung, Heimat- und Vaterlandstreue, pries die germanische Zeit und das Bauerntum, prangerte die Zivilisation und den Liberalismus an und stellte Heimat und Volkstum als Prägekräfte dar, die das Schicksal des einzelnen bestimmen.[40] Im Zentrum standen jedoch die hymnische Verehrung Deutschlands und des Deutschen sowie die Probleme der Auslandsdeutschen, vor allem ihr Heimweh, ihre Leistungen und ihre Mission zugunsten des Deutschtums.[41] Stärker noch als Berens-Totenohl zählte sie damit zu den politisierenden, völkisch-heimattümelnden Gesinnungsdichterinnen, die sich bereits vor 1933 gegen den »Marxismus« eingesetzt und die im Dritten Reich Konjunktur hatten; einige ihrer Werke wurden von der NSDAP ausdrücklich empfohlen.[42]

Die Begründung für seine überraschende Entscheidung zugunsten Maria Kahles gab Kolbow anläßlich der Preisübergabe auf dem Westfalentag des Jahres 1937: Hier bezeichnete er sie als »Künderin eines sozialen Gewissens« und »einzigartige Kämpferin in allen fernen Landen deutscher Zunge«, die aus dem »tiefen Erlebnis der westfälischen, sauerländischen Heimat und dem Erbe des deutschen Dranges Volksgemeinschaft und Volkstum« besänge.[43] Damit zeichnete Kolbow mehr die Nationalsozialistin als die westfälische Dichterin aus.

Kolbows Entscheidung widersprach allen Erwartungen und Vorschlägen der Fachgremien, war aber satzungsgemäß gedeckt. In Dichterkreisen erregte das Übergehen Vollmers Aufsehen, zumal Maria Kahle bereits in der Diskussion um die erste Preisverleihung mehr als politische Propagandistin denn als Dichterin angesehen und deshalb zurückgestellt worden war. Der in den 1920er und 1930er Jahren zur etablierten Literaturszene Westfalens zählende Dichter Adolf von Hatzfeld brachte Kolbow die Kritik zur Kenntnis:

Ich war der Meinung, daß ein *Westfälischer Literaturpreis* Dichtung auszeichnen soll, die in eigentümlicher und wesentlicher Art in einer allgemein gültigen Form die Landschaft und Seele unseres Landes ausdrückt und die von einem Westfalen geschaffen wurde. Diese Meinung wurde in mir durch die Verleihung an Frau Berens vor zwei Jahren verstärkt. Sie sagten zwar in ihrer Begründung der Auszeichnung, der Preis an Frau Kahle wurde ihr wegen ihrer dichterischen Werke gegeben. Frau Kahles großes Verdienst liegt aber auf einem ganz anderem Gebiet als dem dichterischen. es liegt auf dem politischen.

Maria Kahle habe auch in ihrer Dankesrede auf dem Westfalentag eine politische Rede gehalten.

Ich will wahrhaftig nicht einer voraussetzungslosen Kunst das Wort reden und für sie eine Lanze brechen, ich weiß sehr gut, daß die schönen, die nur schönen Gedichte heute nicht im Vordergrund der Dichtung zu stehen haben, sie dürfen es nicht einmal, aber ich fühle mich verpflichtet, auf jene schöpferische Welt der Kunst hinzuweisen, die aus eigenen Gesetzen und eigenem Schicksal Werke zu schaffen vermag, die in wunderbarer Weise zur Freude der Menschen und eines Volkes geschaffen werden können und geschaffen wurden und die die Weltgeltung dieses Volkes auf diesem Gebiet hervorgebracht haben.[44]

Von Hatzfeld kritisierte also nicht eine Vernachlässigung des »Westfälischen« in der Dichtung Kahles, sondern sprach der Preisträgerin geradezu die dichterische Befähigung und Aussage selbst ab: eine Vorhaltung, die ohne Antwort, geschweige denn öffentliche Diskussion blieb.

Eine zweite Kritik ging vom Gauleiter Meyer aus. Er schrieb Kolbow, er habe Vollmer nicht als Literaturpreisträger vorgeschlagen. Die Ablehnung eines Vorschlages des Gauleiters bedeute eine Autoritätseinbuße. Er bat Kolbow, ihm den Namen desjenigen zu nennen, der in seinem Namen Vollmer vorgeschlagen hätte.[45] Das bedeutete zwar keine Kritik an der Auswahl, faktisch aber die Behauptung einer einvernehmlichen Abstimmung, wenn nicht sogar der letztinstanzlichen Entscheidung über den *Westfälischen Literaturpreis.*

Im Jahre 1939 feierte der schwerkranke Karl Wagenfeld, ein bekannter plattdeutscher Dichter und die treibende Kraft der westfälischen Heimatbewegung während der 1920er Jahre, seinen 70. Geburtstag. Wagenfeld hatte in seinen zum Teil in plattdeutscher Sprache geschriebenen Werken die Auseinandersetzung der bäuerlichen mit der städtisch-industriellen-kommerziellen Welt dargestellt und zum Teil ironisch das Scheitern der bäuerlichen Einfalt an dem Geschäftsgeist in den Städten thematisiert. Darüber hinaus hatte er die christliche Thematik des Verhältnisses von Gott, Teufel und Mensch in der Form mittelalterlicher Mysterienspiele behandelt.[46] Zu seinem Geburtstag wollte der Verlag Aschendorff dem Jubilar eine Festgabe widmen. Gauleiter Meyer sollte ein Vorwort, Landeshauptmann Kolbow eine Würdigung beisteuern. Meyer verweigerte jedoch das Vorwort, da sich die NSDAP nicht an einem Buch des als katholisch-kirchennah geltenden Verlages Aschendorff beteiligen wolle. Daraufhin zogen sich auch der WHB und der Provinzialverband von der geplanten Festgabe zurück.[47]

Gleichsam als Ersatz plante Kolbow, der ursprünglich Margarethe Windthorst auszeichnen wollte – sie schrieb »unpolitischere« Bauernromane als Josefa Berens und publizierte balladenähnliche Liebesgedichte –, Wagenfeld den dritten *Westfälischen Literaturpreis* »als Krönung seines

dichterischen Lebenswerkes« zu verleihen,[48] zumal »der Herr Reichsmini-
ster für Volksaufklärung und Propaganda und der Gauleiter von Westfalen-
Nord [...] den Wunsch ausgesprochen [hätten], daß Wagenfeld zu seinem
Geburtstag eine besondere Ehrung zu teil werden möge«. Über diesen
Vorschlag ließ Kolbow nicht abstimmen.[49]

Der dritte *Westfälische Literaturpreis* wurde Wagenfeld anläßlich der
Eröffnung der Niederdeutschen Tage und der Gaukulturwoche Westfalen-
Nord am 15. April 1939, d. h. wenige Tage nach seinem 70. Geburtstag.
verliehen. Der Gauleiter und Oberpräsident Alfred Meyer sandte Wagenfeld dazu ein Grußwort:

> Der Nationalsozialismus hat das neue Reich auf dem Fundament des deutschen
> Volkstums errichtet. Daher hat er manches wegräumen und alle Kräfte ausschalten
> müssen, die dem ewigen Lebensquell der Nation, dem Volkstum, schädlich waren.
> Männer aber wie Karl Wagenfeld betrachtete er rückschauend als Bundesgenossen.
> In den Jahrzehnten der Kriegs- und vor allem in der Systemzeit, als unser Volk und
> Volkstum bedrohlich dem Abgrund zugetrieben wurde, hat Karl Wagenfeld seine
> Warnerstimme erhoben und durch seine sprachgewaltige Dichtung wie durch seine
> zielweisende Heimat- und Volkstumsarbeit das Gewissen des Volkes aufgerufen,
> damit es sich selbst und seiner Art treu bleibe. Dafür dankt ihm Deutschland, ins-
> besondere aber seine westfälische Heimat. Wie wir in Westfalen das Vermächtnis
> unserer Dichter Christian Dietrich Grabbe und Annette von Droste-Hülshoff unse-
> rem lebendigen Kulturbesitz eingefügt haben, so fühlen wir uns erst recht den
> volkhaften Dichtern unserer Gegenwart verbunden. Es ist mir persönlich ein Her-
> zensbedürfnis, dem geraden und charaktervollen Manne Karl Wagenfeld zu seinem
> 70. Geburtstag für die unerschütterliche Treue zu danken, mit der er als Mensch
> und Dichter und Vorkämpfer des Volkstumsgedankens alle Zeit für Deutschland
> eingetreten ist.[50]

Die Grußadresse des Gauleiters zeigt das Bestreben der Nationalsozialisten, anerkannte Größen des Kulturlebens als Vorläufer oder Gesinnungs-
genossen zu vereinnahmen. Damit sollte nicht nur das Renommee dieser
Persönlichkeiten auf die Partei überstrahlen, sondern auch die Gefahr kritischer Äußerungen gemindert bzw. im Falle Wagenfelds der Verzicht auf
kritische Äußerungen honoriert werden. Aus der Sicht des Provinzialverbandes erfolgte die Ehrung Wagenfelds nicht nur aus der Anerkennung
seines dichterischen Lebenswerkes, sondern zweifellos auch aufgrund
seines Engagements in der Heimatbewegung und der daraus hervorgehen-
den gedanklichen Grundlegung der provinziellen Kulturpflege. Sie fand zu
einem Zeitpunkt statt, als sein Tod abzusehen war. Der *Westfälische Lite-*

raturpreis war gegenüber dem – fehlgeschlagenen – Versuch, Wagenfeld eine Festgabe zukommen zu lassen, eine höherwertige Ehrung; er wurde dazu gleichsam umfunktioniert, sollte er doch ursprünglich eine Honorierung und einen Ansporn für junge Dichter und Dichterinnen darstellen.

Die Verleihung des vierten *Westfälischen Literaturpreises* fiel in die Zeit des Zweiten Weltkrieges. Kolbow verlieh ihn ohne Einberufung des Beirates und ohne Kontaktnahme mit den vorschlagsberechtigten Stellen, aber in Absprache und im Einvernehmen mit den Gauleitern von Westfalen-Nord und -Süd, im Jahre 1941 an den Regierungs- und Schulrat Dr. Heinrich Luhmann[51] aus Arnsberg. Luhmann war ein sehr produktiver, seit den frühen 1920er Jahren tätiger Schriftsteller, der zahlreiche, häufig humorvolle Dorferzählungen über das bäuerliche Leben in Arbeit und Einfalt, Herrschen und Dienen, zum Teil mit volkskundlich wirkenden Beschreibungen des Landlebens[52], seit dem Dritten Reich dann auch Bauernromane[53] und historische Erzählungen[54] verfaßt hatte. Obwohl die Handlungen seiner Arbeiten zumeist im Sauerland spielen, bleibt die Darstellung der Landschaft und Gesellschaft in seinen Bauernromanen relativ diffus und spiegelt eher ideologisierte, weltfremde bis unmenschliche Konstellationen und Verhaltensweisen wider; seine Figuren werden durch Blut und Boden sowie durch die »Gesetze« des dörflichen Kosmos geprägt. Es geht um die Verpflichtung des einzelnen, insbesondere des Bauern, gegenüber Hof, Sippe, Familie und Dorfgemeinschaft, um »Versündigungen« gegenüber der Tradition, um unendliche Schuld und unmenschliche, gleichsam vom Schicksal auferlegte Buße; Glück und Zufriedenheit werden nicht in der Individualität, sondern in der Pflicht sowie der Einordnung in die Tradition und die Gemeinschaft gefunden.

Kolbow erklärte zur Begründung der Preisverleihung: Heinrich Luhmann sei dieses Preises würdig, weil er aus dem bäuerlichen Westfalen stamme, dieser Welt treu geblieben sei und ihre Gestalten in seinen Büchern geformt habe.

Heinrich Luhmann ist auch als Dichter bewußt Westfale, weil er erkannt hat, daß anders sein Dichtertum den Boden unter den Füßen verlieren und in Wahrheit blutlos werden würde, und weil er weiß, daß er mit den Kräften und Säften, die die Heimat ihm gibt, Volk und Reich am besten dienen kann. [...] Alle seine vielen Geschichten, Legenden und Märchen, Erzählungen, Anekdoten und Romane sind dem Herzen des Volkes, seinem Erleben und Empfinden, nahe geblieben. Es sind besinnliche Bücher, die Luhmann geschrieben hat. Eine tiefe Innerlichkeit strömt aus ihnen und macht nachdenklich. In anderen wieder macht ein echt volkhafter Humor heiter und froh.

In diesen Worten, deren Pathos den Aussagen der Luhmannschen Werke durchaus entsprach, erschien Luhmann als Prototyp des volkstümlichen westfälischen Dichters; die Verleihung des *Literaturpreises* an ihn war jedoch sowohl eine Honorierung sowie ein Entgegenkommen für seinen Einsatz in der Heimatbewegung des Sauerlandes[55] als auch ein Entgegenkommen an die NSDAP Westfalen-Süd[56].

Der fünfte *Westfälische Literaturpreis* wurde im Jahre 1944 verliehen. Kolbow gab ihn mit Zustimmung der westfälischen Gauleiter[57] aus sozialen Gründen an die »Sauerländische Nachtigall«, die Dichterin Christine Koch (1860-1951),[58] eine 70jährige Mundartdichterin. Aufgrund ihres schlechten Gesundheitszustandes verzichtete Kolbow auf eine öffentlich Ehrung und teilte ihr die Preisverleihung schriftlich mit. Zur Begründung führte er aus:

> Mit Ihrer feinsinnigen, volksliedartigen Lyrik haben Sie das plattdeutsche Schrifttum, insbesondere die Dichtung Ihres geliebten Sauerlandlandes so entscheidend bereichert, daß nach der Verleihung des *Klaus-Groth-Preises* nun auch Ihre Heimatprovinz nicht zurückstehen will, um Ihnen zu Ihrem Ehrentag ihre lebhafte Anerkennung öffentlich auszusprechen.[59]

Christine Koch war eine politisch »unverdächtige« Persönlichkeit, deren Ehrung keine Differenzen mit der Gauleitung erwarten ließ. Obwohl ihre Rezeption selbst in Westfalen eng begrenzt war, konnte die Preisverleihung von der Literaturszene Westfalen akzeptiert werden.

IV. Zusammenfassung

Die Nachzeichnung der Vergabe des *Westfälischen Literaturpreises* im Dritten Reich sollte Möglichkeiten und Grenzen erkennen lassen, die eine konservative, heimatorientierte Kulturpolitik innerhalb eines nationalsozialistisch kontrollierten Kulturlebens hatte. Zunächst bestätigte sich auch für Westfalen die These Strothmanns, daß Literaturpreise im Dritten Reich ein wichtiges Mittel waren, um die völkisch-heimatbezogene Literatur weiter zu popularisieren.[60]

Ferner wurde deutlich, daß es im Vorfeld der Auswahl weder offen noch intern zu ernsten Differenzen zwischen der NSDAP und dem Provinzialverband Westfalen kam. Sichtbare, im Konflikt durchgesetzte Eingriffe der NSDAP blieben aus. Die Erklärung hierfür liegt zum einen in der Dominanz der Heimatliteratur in Westfalen während der 1920er und 1930er Jahre und damit in dem engen Spektrum der Auswahlmöglichkeiten. Zum anderen sorgte die Selbstzensur der vorschlagsberechtigten Stellen, dann auch die Person der letzten Entscheidungsinstanz, des nationalsozialistischen Landeshauptmanns Karl Friedrich Kolbow, der wiederum dem Oberpäsidenten und Gauleiter von Westfalen Nord, Alfred Meyer, unterstand, dafür, daß vor allem Schriftsteller/innen berücksichtigt wurden, die sich zugunsten des Nationalsozialismus oder der Heimatbewegung exponiert und die völkische oder Heimatliteratur verfaßt hatten.

Innerhalb des völkisch-heimatorientierten Spektrums waren für die Preisverleihungen jedoch unterschiedliche Akzentuierungen möglich; in der Tat lassen sie in Westfalen eine gewisse Entwicklung erkennen. In der Preisverleihung an Berens-Totenohl trafen sich die Interessen von NSDAP und Provinzialverband sowie zeitgenössische Kriterien der literarischen Qualität und die Publikumsresonanz. Kahle war dagegen eine Literatin, die aufgrund ihrer nationalsozialistischen Propagandatätigkeit ausgezeichnet wurde. Letztlich waren beide Prototypen der NS-Literatur, nicht nur, da sie sich selbst als Nationalsozialistinnen verstanden und als solche von der Partei empfohlen wurden, sondern auch, da sie mit der besonderen Betonung der Bedeutung des »Blutes« bzw. des »Deutschtums« und seiner Sendung Auffassungen gestalteten, die im Spektrum der völkisch-heimatorientierten Literatur relativ nahe an den Idealtyp der nationalsozialistischen Literatur heranreichten.

Die folgenden Preisverleihungen gingen dann an Schriftsteller/innen, die die Weltanschauungselemente der NSDAP weniger explizit umsetzten und auch nicht im gleichen Maße von der Partei herausgestellt wurden. Die Ursache hierfür scheint weniger in einer bewußten Übergehung von Parteischriftstellern/innen gelegen zu haben als darin, daß es jetzt in Westfalen an entsprechenden Kandidaten/innen fehlte. So gab es hier keine bekannten Literaten, die die Kampfzeit der «Bewegung« oder die Kriegszeit verherrlichten. Deshalb standen dem Provinzialverband für seine Auswahl primär nur Persönlichkeiten zur Verfügung, die der westfälischen Heimatliteratur zugerechnet wurden.[61] Mit Wagenfeld, Luhmann und Koch wurden dann Preisträger/innen bestimmt, deren Werk zum Teil der NS-Weltanschauung entsprach (Luhmann) bzw. deren Werk nicht im Widerspruch zu ihr stand. Die Preisverleihungen dienten jedoch nicht mehr als Anreize, sondern vor

allem als Ehrungen von Lebenswerken bzw. wie bei Christine Koch zusätzlich der Abhilfe der sozialen Bedürftigkeit. Diese 1944 vorgenommene
Preisverleihung darf noch am ehesten als eigenständige Aktion des Provinzialverbandes angesehen werden, da damit politischere Literaten übergangen wurden. Durch die Ehrung von Lebenswerken sicherten der Provinzialverband und Kolbow ihre Entscheidungen zusätzlich gegenüber der
NSDAP ab. Letztlich hätte aber auch der NSDAP-Gau Westfalen-Süd die
gleichen Preisträger/innen bestimmen können; möglicherweise war die
Preisverleihung an Luhmann eine Maßnahme des Provinzialverbandes, um
einer Ehrung durch diesen Gau den Wind aus den Segeln zu nehmen.

Die jüngere Generation der westfälischen Literaten (Vollmer, Schiestl-
Bentlage, Bertelsmann, Windthorst, Nölle, Soeding etc.) kam im Dritten
Reich nicht mehr zum Zuge, obwohl sie nach völkisch-heimatlichen Krite-
rien durchaus hätte berücksichtigt werden können; eine entsprechende
Ehrung wurde jedoch wohl nur die begrenzte Dauer der nationalsozialistischen Herrschaft verhindert.[62] Unpolitische Kandidaten wie z. B. Adolf von
Hatzfeld, die sicherlich origineller als etwa Luhmann schrieben, blieben
unberücksichtigt; ebenso wurden Kandidaten wie Augustin Wibbelt, deren
Ehrung gleichsam eine Anerkennung der religiösen Strömung innerhalb der
westfälischen Literatur bedeutet hätte und deren Bedeutung sicher größer
als diejenige Kahles, Luhmanns oder Kochs war, übergangen. Das Bedürfnis, die Autonomie der Entscheidungen und das Eigeninteresse des Verbandes gegenüber der NSDAP zur Geltung zu bringen, war zu gering, um diese
durchaus diskutierten Kandidaten zu ehren; der Wille, Anstoß zu vermei-
den, zu groß. Diese Rücksichtnahme und Selbstzensur reduzierten die Zahl
der in Frage kommenden Literaten faktisch auf diejenigen, die innerhalb der
völkischen und heimatorientierten Literatur sowohl im nationalsozialistischen als auch im provinzialpolitischen Sinne schrieben.

Mit ihrer Vergabepraxis des *Westfälischen Literaturpreises* übte die
Provinzialverwaltung im Dritten Reich zweifellos Einfluß auf die westfälische Literatur aus; sie gab Anregungen, sowohl »westfälische« als auch
»nationalsozialistische« Themen zu behandeln. Damit wirkte sie auf die
Stärkung traditionalistischer Dichtung hin und förderte eine Strömung, die
bereits in der Weimarer Republik ausgeprägt war. Mit der Verleihung der
Literaturpreise auf Gaukulturwochen oder Westfalentagen prägte der Provinzialverband zugleich das Bild westfälischer Literatur im Bewußtsein
einer breiteren Öffentlichkeit.

Die Resonanz der Werke der westfälischen Literaturpreisträger/innen in der Öffentlichkeit läßt sich gleichsam als eine zweite Entscheidungsinstanz für die Bedeutung der Preisträger und als Kontrolle der provinzialpolitischen Preisvergabe ansehen. Diese Resonanz wird u. a. aus den Ausleihziffern der Bibliotheken während des Dritten Reiches deutlich. Bei den staatlichen Volksbüchereien der Provinz Westfalen, die dem Reichs- und Preußischen Ministerium für Erziehung, Wissenschaft und Volksbildung unterstanden und deren Bestände zu Beginn der nationalsozialistischen Herrschaft »gesäubert« wurden,[63] war das am häufigsten ausgeliehene Buch im Jahre 1938 *Der Femhof,* gefolgt von *Frau Magdlene,* beide von Josefa Berens-Totenohl. Diese Bücher erzielten auch die höchsten Auflagenziffern unter den Werken der westfälischen Literaturpreisträger; sie lagen in der Spitzengruppe der national-völkischen Werke.[64] Die Werke anderer westfälischer Literaturpreisträger/innen sind nicht unter den zehn am häufigsten ausgeliehenen Büchern vertreten. Von denjenigen, die als Preisträger zur Diskussion standen, erscheinen nur Walter Vollmers *Schenke zur ewigen Liebe* und Margarete Schiestl-Bentlages *Unter den Eichen* in einzelnen Bibliotheken je einmal unter den ersten zehn.[65] Auch die Listen der anzuschaffenden Bücher, die von den Staatlichen Volksbüchereistellen in Detmold und Arnsberg an die westfälischen Volksbüchereien ausgegeben wurden, verzeichnen die westfälische Heimatliteratur nur durch die beiden Bücher von Josefa Berens-Totenohl und z. T. durch die auflagenstarken Werke von Lulu von Strauß und Torney und Margarete Schiestl-Bentlage.[66]

Die Werke der meisten westfälischen Literaturpreisträger/innen im Dritten Reich scheinen innerhalb des nationalen Literaturspektrums in Westfalen – gemessen an den Ausleihziffern und den Empfehlungen der offiziösen Stellen – nicht besonders stark rezipiert worden zu sein. Die heutige Literaturgeschichtsschreibung hat die westfälischen Preisträgerinnen und Preisträger weitgehend vergessen, auch wenn die Ehrungen nach den gleichen Kriterien bis zur Mitte der 1950er Jahre fortgesetzt wurden.[67] Der *Westfälische Literaturpreis* honorierte somit im Dritten Reich eine gegen Ende des 19. Jahrhunderts entstandene, in den 1920er und vor allem 1930er Jahren konjunkturell auflebende und in den 1950er Jahren auslaufende antimoderne Dichtung, deren Aussagen eine kaum trennbare Mischung von völkisch-nationalsozialistischen Grundgedanken beinhaltete; er trug damit zur Retardierung der deutschen Kulturentwicklung bei.

Anmerkungen

1. Leicht überarbeitete Fassung eines Aufsatzes, der zuerst unter dem Titel: Der Westfälische Literaturpreis im Dritten Reich. Die Förderung westfälischer Schriftsteller/innen zwischen Literatur-, Heimat- und Parteipolitik, in der Zeitschrift *Westfälische Forschungen* (42 (1992), S. 324-345) erschien. Speziell zu der hier im Vordergrund stehenden nationalsozialistischen Literaturpolitik vgl. Dieter Strohmann: *Nationalsozialistische Literaturpolitik. Ein Beitrag zur Publizistik im III. Reich.* 2., verb. Aufl. Bonn 1963; Volker Dahm: Die nationalsozialistische Schrifttumspolitik nach dem 10. Mai 1933, in: Ulrich Walberer (Hrsg.): *10. Mai 1933. Bücherverbrennung in Deutschland und die Folgen.* Frankfurt/M. 1983, S. 36-83; Jan-Pieter Barbian: *Literaturpolitik im »Dritten Reich«. Institutionen, Kompetenzen, Betätigungsfelder.* München 1995.

2. Zur Abgrenzung völkisch-konservativer und nationalsozialistischer Kulturelemente auf dem Felde der Literatur vgl. Rolf Geißler: Dichter und Dichtung des Nationalsozialismus, in: *Handbuch der deutschen Gegenwartsliteratur.* Hrsg. von Hermann Kunisch. Bd. II. München 1970, S. 409-418; Klaus Vondung: *Völkischnationale und nationalsozialistische Literaturtheorie.* München 1973; Ralf Schnell: Was ist »nationalsozialistische Dichtung«? In: Jörg Thunecke (Hrsg.): *Leid der Worte. Panorama des literarischen Nationalsozialismus.* Bonn 1987, S. 28-45; Frank Westenfelder: *Genese, Problematik und Wirkung der nationalsozialistischen Literatur am Beispiel des historischen Romans zwischen 1890 und 1945.* Frankfurt/M. 1989; Uwe-K. Ketelsen: *Literatur und Drittes Reich.* 2. Aufl. Vierow bei Greifswald 1994.

3. Vgl. z.B. Kay Dohnke u.a. (Hrsg.): *Niederdeutsch im Nationalsozialismus. Studien zur Rolle regionaler Kultur im Faschismus.* Hildesheim 1994.

4. Vgl. Karl Teppe: *Provinz. Partei. Staat. Zur provinziellen Selbstverwaltung im Dritten Reich untersucht am Beispiel Westfalens.* Münster 1977.

5. Vgl. Hans-Joachim Behr: Die preußischen Provinzialverbände: Verfassung, Aufgaben, Leistung, in: Karl Teppe (Hrsg.): *Selbstverwaltungsprinzip und Herrschaftsordnung. Bilanz und Perspektiven landschaftlicher Selbstverwaltung in Westfalen.* Münster 1987, S. 11-44.

6. Vgl. Karl Teppe: Karl Zuhorn, in: Walter Först (Hrsg.): *Land und Bund.* Köln 1981, S. 147-168; Karl Ditt: Der Kulturdezernent Ernst Kühl 1888-1872, in: *Westfälische Forschungen* 38 (1988), S. 273-296.

7. Vgl. Karl Ditt: *Raum und Volkstum. Die Kulturpolitik des Provinzialverbandes Westfalen 1923-1945.* Münster 1988.

8. Vgl. generell: Karl Ditt: Regionalismus in Demokratie und Diktatur. Die Politisierung der kulturellen Identitätstiftung im deutschen Reich 1919-1945, in: Stephan Lennartz (Red.): *Auf der Suche nach regionaler Identität. Geschichtskultur im Rheinland zwischen Kaiserreich und Nationalsozialismus.* Bensburg 1997, S. 13-29.

9. Vgl. Ditt (Anm. 7), S. 350ff.

10. Vgl. Bernd Hey: Die nationalsozialistische Zeit, in: Wilhelm Kohl (Hrsg.): *West-*

fälische Geschichte. Bd. 2: *Das 19. und 20. Jahrhundert. Politik und Kultur.* Düsseldorf 1983, S. 211-268.

11. Vgl. zur Literatur der Weimarer Republik Jan Berg u. a.: *Sozialgeschichte der deutschen Literatur von 1918 bis zur Gegenwart.* Frankfurt/M. 1981; Anton Kaes (Hrsg.): *Weimarer Republik. Manifeste und Dokumente zur deutschen Literatur 1918-1933.* Stuttgart 1983; Viktor Žmegač u.a. (Hrsg.): *Geschichte der deutschen Literatur vom 18. Jahrhundert bis zur Gegenwart.* Bd. III: *1918-1980.* Königsstein 1980; Bernhard Weyergraf (Hrsg.): *Literatur der Weimarer Republik 1918-1933.* München 1995.

12. Vgl. Renate von Heydebrand: *Literatur in der Provinz Westfalen 1815-1945.* Münster 1983, S. 8ff. Die Darstellung der westfälischen Literatur in den 1920er und 1930er Jahren, die im folgenden nur skizzenhaft nach Personen und Thematik angedeutet werden kann, wäre ein lohnendes, im regionalen Vergleich fruchtbares Dissertationsthema, für das eine Fülle von Werken und biographischen Materialien, z. B. in der Universitätsbibliothek Münster sowie der Stadt- und Landesbibliothek Dortmund zur Verfügung stünde.

13. Vgl. Peter Zimmermann: *Der Bauernroman. Antifeudalismus – Konservatismus – Faschismus.* Stuttgart 1975, S. 22, 1180; Günter Hartung: Geschichtlicher Abriß des deutsch-faschistischen Schrifttums, in: ders.: *Literatur und Ästhetik des deutschen Faschismus.* Berlin 1984, S. 36; Gerhard Schweizer: *Bauernroman und Faschismus. Zur Ideologiekritik einer literarischen Gattung.* Tübingen 1976.

14. Vgl. Margarethe Windthorst: *Das Jahr auf dem Gottesmorgen. Novelle.* Augsburg 1921; dies.: *Der Basilisk.* Berlin 1924; dies.: *Die Sieben am Sandbach.* Berlin 1937; dies.: *Mär und Mythe.* Berlin 1943; dies.: *Höhenwind.* Mönchengladbach 1926; dies.: *Auswahl und Einführung.* Mönchen-Gladbach 1929. Zu Windthorst und den im folgenden genannten Dichterinnen und Dichtern vgl. Wilhelm Schulte: *Westfälische Köpfe. 300 Lebensbilder bedeutender Westfalen.* 3., erg. Aufl. Münster 1984; Walter Gödden, Iris Nölle-Hornkamp: *Dichter – Stätten – Literatouren.* Münster 1992, und jetzt vor allem die reich mit Literaturangaben versehenen Kurzbiographien in: *Westfälisches Autorenlexikon 1850 bis 1900.* Im Auftrag des Landschaftsverbandes Westfalen-Lippe hrsg. und bearb. von Walter Gödden und Iris Nölle-Hornkamp unter Mitarbeit von Annette Gebhardt. Paderborn 1997.

15. Vgl. generell Lotte Foerste: *Westfälische Mundartliteratur des 19. und frühen 20. Jahrhunderts.* Münster 1981; Karl Schulte Kemminghausen: Westfälische Eigenzüge in der plattdeutschen Dichtung, in: *Der Raum Westfalen.* Bd. IV, 1: *Wesenzüge seiner Kultur.* Hrsg. von Hermann Aubin, Franz Petri und Herbert Schlenger. Münster 1958, S. 136ff.; Siegbert Pohl: *Augustin Wibbelt als niederdeutscher Lyriker.* Köln 1962.

16. Vgl. Anm. 13 und Franz Schonauer: Deutsche *Literatur im Dritten Reich. Versuch einer Darstellung in polemisch-didaktischer Absicht.* Freiburg/Br. 1961, S. 82ff.

17. Vgl. Heydebrand (Anm. 12), S. 177ff.; Friedrich Wilhelm Saal: Persönlichkeiten und Vereinigungen im Dortmunder Kulturleben 1900-1933, in: Alois Klotzbücher

(Hrsg.): *Literarisches Leben in Dortmund. Beiträge zur Geschichte von Literatur, Buchhandel und Vereinen.* Dortmund 1984, S: 104ff.

18. Vgl. z. B. Adolf von Hatzfeld: *Gedichte.* Leipzig o. J. [1916]; ders.: *Aufsätze.* Hannover 1923; ders.: *Gedichte.* Hannover 1923; ders.: *Positano.* Freiburg/Br. 1925; ders.: *Das glückhafte Schiff.* Stuttgart 1931; ders.: *Felix Timmermans. Dichter und Zeichner seines Volkes.* Berlin 1935; ders.: *Gedichte des Landes.* Potsdam 1936; ders.: *Flug nach Moskau.* Potsdam 1942; ders.: *Franziskus und andere Dichtungen. Lyrik, Prosa, Aufzeichnungen.* Mit einem Nachwort hrsg. von Dieter Sudhoff. Paderborn 1992. Ein Verzeichnis seiner Werke findet sich in: *Adolf von Hatzfeld: 3. September 1892–25. Juli 1957.* Mit einem Essay von Friedhelm Baukloh und einer Adolf-von-Hatzfeld-Bibliographie von Ludwig Bieber. Dortmund 1959. Vgl. ferner Adolf von Hatzfeld: Meine Heimat, in: *Die Neue Literatur* 42 (1941), S. 167-171; Dieter Sudhoff: Adolf von Hatzfeld, in: Autorenlexikon (Anm. 14), S. 239-1247.

19. Vgl. Protokoll der Sitzung des Hauptausschusses für Literatur vom 22.5.1933, in: Verwaltungsarchiv des Landschaftsverbandes Westfalen-Lippe [VA LWL], C III, Nr. 85. Zu Schulte vgl. Karl Ditt: Wilhelm Schulte 1891-1986, in: *Westfälische Forschungen* 36 (1986), S. 204f.; zum WHB ders.: »Mit Westfalengruß und Heil Hitler«. Die westfälische Heimatbewegung 1918-1945, in: Edeltraud Klueting (Hrsg.): *Antimodernismus und Reform. Beiträge zur Geschichte der deutschen Heimatbewegung.* Darmstadt 1991, S. 191-215.

20. In der Satzung der Stiftung heißt es darüber hinaus: »Die völkische Erneuerung Deutschlands spiegelt sich in einer neuen Entwicklung des arteigenen deutschen Schrifttums wider. Mitgerissen von der nationalen Erhebung und gefördert von einer neuen deutschen Kulturpolitik schöpft unser Schrifttum wieder aus den Quellen deutscher Volksseele, deutscher Landschaft und deutscher Geschichte. Die wenigen Künstler, welche in einer Zeit der Internationalisierung, der Befreiung von allen Bindungen des Volkes und der Heimat in ihrem Schaffen heimattreu und volksverbunden geblieben waren, finden die verdiente Anerkennung als Bewahrer deutscher Art. Sie sind der jungen Generation von Künstlern Vorbild und Mahner geworden. Das niederdeutsche Schrifttum erlebt in dieser Zeit eine neue Wertung, an der auch das westfälische Schrifttum beachtlichen Anteil hat. Der Provinzialverband von Westfalen, als landschaftliche Selbstverwaltung zu einer gestaltenden westfälischen Kulturpolitik berufen, will sich die Förderung des westfälischen Schrifttums in Zukunft besonders angelegen sein lassen.« Westfälischer Literaturpreis, in: *Heimat und Reich* 2 (1935), S. 102; Ludwig Klug: Schriftstellertag in Münster. Stiftung des *Westfälischen Literaturpreises,* in: ebd., S. 31f.

21. Im Jahre 1935 kam es zu einer Inflationierung der Literaturpreise. Anfang 1936 stellte ein Kritiker in der *Deutschen Zukunft* fest, daß im Jahre 1935 mehr als 50 Literaturpreise existierten: unter den ausgezeichneten Dichtern hätten jedoch die bekanntesten Namen von Ina Seidel und Hans Carossa gefehlt. Vgl. *Hannoverischer Kurier* vom 26.2.1935, 30.4.1935; *National-Zeitung* vom 12.4.1935; *Kölnische Zeitung* von 26.10.1935; *Frankfurter Zeitung* vom 23.2.1936; in: VA LWL, C 70, Nr. 222; Heinz Haake: Rheinischer Literaturpreis, in: *Die Rheinprovinz* 11

(1935), S. 245. Bis zum Jahre 1943 hatten nahezu alle preußischen Provinzen Literatur und Kunstpreise gestiftet. Vgl. die Aufstellung im Schreiben des Deutschen Gemeindetages an die Oberpräsidenten vom 24.2.1943, in: VA LWL, C 70, Nr. 161; Bundesarchiv Koblenz, R 55, Nr. 122. Vgl. generell Barbian (Anm. 1), S. 458ff..

22. Zum Beirat gehörten die »beiden Landesstellenleiter des Ministeriums für Volksaufklärung und Propaganda in Westfalen, die beiden Kulturwarte der NSDAP für Westfalen-Nord und -Süd, die beiden Gauführer des Reichsverbandes Deutscher Schriftsteller Westfalen-Nord und -Süd, der Vorsitzende des Literaturausschusses des Westfälischen Heimatbundes, der Direktor der Stadt- und Landesbibliothek Dortmund, der Schriftleiter der Zeitschrift *Heimat und Reich* sowie zwei freie Schriftsteller«. Zusätzlich wurden noch die beiden Landesreferenten der Reichsstelle zur Förderung des deutschen Schrifttums, eine Abteilung des Amtes Rosenberg, berufen. Vgl. das Schreiben Kühls an Wagenfeld vom 4.3.1935, in: VA LWL, C 70, Nr. 222.

23. »Wibbelt ist ein Erzähler, der aus dem Vollen schöpft mit tiefem Blick in das Herz der Menschen seiner Heimat. Die Personen, die er schildert, hat er gekannt; die Schicksale, die er darstellt, hat er miterlebt. Aber nicht so – das, ist das entscheidend Wertvolle bei ihm –, daß er nun rein persönliche Erlebnisse eines Einzelmenschen oder gar Literaten wiedergäbe: Aus Wibbelt spricht das Volk, der ganze Volksstamm zeigt hier sein innerstes Denken und Fühlen, sein Hassen und Lieben, seine Vorzüge und Schwächen. Wibbelt würde nicht nur realistisch schildern, sondern würde immer verantwortungsbewußt als Erzieher der Heimat schreiben. Wenn ein westfälischer Dichter für die Erhaltung echten Bauerntums gewirkt hat, dann Wibbelt. Selbst Bauernsohn, gab er sich nicht damit zufrieden, die Gefährdung des schollenhaften Menschentums irgendwie sentimental-romantisch zu schildern. Jeder seiner Romane redet den Menschen auf dem Lande aufrüttelnd ins Gewissen [...] Mit blutendem Herzen sieht er [...]. die Krankheitserscheinungen der Neuzeit. Meist bekämpft er sie mit der Waffe des Spottes, nie mit Ironie oder Possenreißerei, sondern mit jenem echten deutschen Humor, der unter Tränen lächelt. So wirken Wibbelts Bücher erziehend und veredelnd in breitestem Ausmaß. Kein westfälischer Dichter, auch kein hochdeutscher, ist derart ins Volk gedrungen; er ist der meistgelesene niederdeutsche Dichter auch in der Industriebevölkerung [...].« Zwar habe Wibbelts Mundart verhindert, daß er in der deutschen Literatur allgemein Fuß gefaßt hätte, auf der anderen Seite habe er aber durch seine plattdeutsche Sprache einen Beitrag zur Erhaltung der Mundart geleistet. Schreiben Schultes an die Provinzverwaltung vom 21.5.1935, in: VA LWL, C 70, Nr. 222. Vgl. die Verhandlungren der Fachstelle Literatur vom 18.5.1939, in: ebd.

24. Schreiben Schultes an die Provinzialverwaltung vom 31.5.1935, in: VA LWL, C 70, Nr. 222.

25 Vgl. Strothmann (Anm. 1), S. 28.

26. Protokoll der Beiratssitzung vom 30.11.1935, in: VA LWL, C 70, Nr. 759.

27. Lulu von Strauß und Torney (1873-1956), Gattin des Verlegers Eugen Diederichs, zählte zu der älteren Generation der westfälischen Schriftstellerinnen; sie

schrieb vor allem historische Romane, die hohe Auflagenziffern erreichten. Vgl. Paul Fechter: Lulu von Strauß und Torney, in: *Die Neue Literatur* 34 (1933), S. 500-504; Lulu von Strauß und Torney, in: Autorenlexikon (Anm. 14), S. 715-724.

28. Vgl. das Protokoll der Sitzung der Fachstelle Literatur des WHB vom 18.5.1935, in: VA LWL, C 70, Nr. 213.

29. Vgl. Uwe-K. Ketelsen: *Völkisch-nationale und national-sozialistische Literatur in Deutschland 1890-1945.* Stuttgart 1976, S. 76f.; Ernst Loewy: *Literatur unterm Hakenkreuz. Das Dritte Reich und seine Dichtung. Eine Dokumentation.* Frankfurt/M. 1983, S. 305; Hellmuth Langenbucher: *Volkhafte Dichtung der Zeit.* 3. Aufl. Berlin 1937, S. 340f.; ders.: *Die deutsche Gegenwartsdichtung. Eine Einführung in das volkhafte Schrifttum unserer Zeit.* Berlin 1939, S. 66f.; Arno Mulot: *Die deutsche Dichtung unserer Zeit.* 2. Aufl. Stuttgart 1944, S. 126f.; Kurt Ziesel: Josefa Berens-Totenohl, in: *Deutsches Volkstum* 19 (1937), S. 221-233; von Heydebrand (Anm. 12), S. 200ff.; Westenfelder (Anm. 2), S. 224ff.; Peter Bürger: Josefa Berens, gen. Berens-Totenohl, in: Autorenlexikon (Anm. 14), S. 84-94.

30. Vgl. Strothmann (Anm. 1), S. 343, 398; Donald Ray Richards (*The German Bestseller in the 20th-Century. A complete Bibliography and Analysis 1915-1940.* Bern 1968, S. 62-65) gibt niedrigere Zahlen an.

31. Vgl. ihre Rede bei der Eröffnung der Kunstschau Sauerländischer Künstler in Arnsberg im Jahre 1935, worin es u. a. über die Weimarer Republik hieß: »Wie aber der politische Bolschewismus eine Ehe darstellt des kalten, jüdischen Instinkts mit dem Steppenmenschen der mongolischen Rasse, so waren beide Elemente auch in unsere Kunst gekommen.« *Zeitschrift der westfälischen HJ, Unsere Fahne,* Nr. 9, Oktober 1935, in: VA LWL. C 70. Nr. 222.

32. Vgl. Josefa Berens-Totenohl: *Die Frau als Schöpferin und Erhalterin des Volkstums.* Jena 1938; Ketelsen (Anm. 29), S. 77.

33. Vgl. das Protkoll der Sitzung des Literaturausschusses des WHB vom 22.2.1937, in: VA LWL, C 70, Nr. 222.

34. Protokoll der Fachstelle Literatur des WHB vom 27.2.1937 (dort sind die verschlüsselten Wortbeiträge namentlich aufgelöst), in: VA LWL, C 70, Nr. 222.

35. Walter Vollmer (1903-1965), Sohn eines Rektors, hatte eine Zeitlang als Bergmann gearbeitet, dann Bergbauwissenschaften studiert und sich als Journalist betätigt, bevor er 1929 mit seinem ersten Roman an die Öffentlichkeit trat. Zu Beginn der 1930er Jahre erreichte er mit *Die Ziege Sonja* (1933) und der *Schenke zur ewigen Liebe* (1935), die eine Auflage von 300.000 Exemplaren erzielen sollten, seinen höchsten Bekanntheitsgrad. Vgl. Dietmar Rost: *Sauerländischer Schriftsteller des kurkölnischen Sauerlandes im 19. und 20. Jahrhundert.* Schmallenberg-Holthausen 1990, S. 201; Heinz Kindermann: Walter Vollmer. Der Dichter des Ruhrgebiets, in: *Heimat und Reich* 7 (1940), S. 289-292; Friedhelm Kaiser: Die Schenke zur ewigen Liebe. Der neue Roman von Walter Vollmer, in: ebd. 2 (1935), S. 268-270; Walter Vollmer: Herkunft und Heimat, in: *Die Neue Literatur* 42 (1941). S. 263-165; Erich Schulz: Walter Vollmer, in: ebd. 41 (1941), S. 266-268; von Heydebrand (Anm. 12), S. 212. Seine leicht märchenhaften Romane und Erzählungen spielen im Raum Dortmund; es sind einfache Erzählungen. die von Angehörigen

der Unterschichten, speziell Bergmannsfamilien, handeln. Trotz einiger Anleihen bei den Bauernromanen, deren Aussagen auf die bergmännische Arbeitsweit übertragen wurden (»Bergmann sein heißt ja nichts anderes als Bauer sein unter der Erde, die beiden Brot und Mühe gibt.« Walter Vollmer. *Die Schenke zur ewigen Liebe*. Berlin 1935, S. 111), sind Vollmers Werke »leichter«, weniger ideologisiert als etwa die Werke von Berens-Totenohl oder Luhmann. Im Vordergrund stehen nicht soziale, völkische oder rassische Probleme, sondern individuelle Schicksalsschläge und die Liebe. Darüber hinaus verfaßte Vollmer geschichtlich-geographisch bestimmte Schilderungen des Ruhrgebiets (*Land an der Ruhr*. Münster 1935).

36. Schreiben von Schwarzschulz an Kolbow vom 13.4.1937. in: VA LWL, C 70, Nr. 222.

37. »Die Diskussion habe sich auf Adolf von Hatzfeld, Christine Koch, Maria Kahle, Walter Vollmer und Fritz Nölle konzentriert. [Zu Nölle vgl. Ernst Heiss: Fritz Noelle. Ein westfälischer Erzähler und Dramatiker, in: *Heimat und Reich* 5 (1938), S. 181-183]. Man sei dort der Meinung gewesen, daß von Hatzfeld mit seinen Werken zwar zu Deutschland stehe, seine Lyrik jedoch zu sehr an das Ich gebunden sei und ein Bekenntnis zur Gemeinsamkeit vermissen lasse. Auch seine Prosawerke zeigten eine weltanschauliche Haltung, die in der Gegenwart abgelehnt werden müßte. Christine Koch müsse abgelehnt werden, weil sie in ihren Werken noch nicht über das Sauerland hinausgekommen sei. Sie besitze zwar eine große Lyrik, aber ihre Sprache ließe zu wünschen übrig. Bezüglich ihrer Notlage sei man der Auffassung, daß das soziale Moment für die Verleihung des Literaturpreises nicht mit ausschlaggebend sein dürfte. »Ferner habe sich die Fachstelle sehr stark für Maria Kahle eingesetzt, die in ihrem dichterischen Wirken sehr viel für Deutschland geleistet habe. Überwiegend sei man jedoch für die Verleihung an Walter Vollmer eingetreten, der in seinen Werken *Ziege Sonja* und *Schenke zur ewigen Liebe* namentlich die Seele des Industriemenschen erfasse. Nölle stecke noch zu sehr in der Entwicklung, so daß er dieses Mal für eine Preisverleihung noch nicht in Frage kommen könne.« Protokoll der Sitzung der Fachstelle Literatur des WHB, in: VA LWL, C 70, Nr. 759.

38. Vgl. *National Zeitung vom 7.8.1937.* in: VA LWL, C 70, Nr. 222.

39. Vgl. z. B. Maria Kahle: *Sauerländische Bergheimat. Geschichte und Geschichten aus dem Sauerland.* Iserlohn 1941; dies.: *Ruhrland. Gedichte.* Mönchen-Gladbach 1923.

40. Maria Kahle: *Liebe und Heimat.* Bigge 1928; *Die deutsche Frau und ihr Volk.* Warendorf o. J. [1934]; dies.: *Akkordarbeiterin. Aus meinem Tagebuch.* 2. Aufl-, Warendorf o. J. [1937]. »Volkstum ist Schicksal wie die Heimat, in die wir hineingeboren werden. Aber in viel vertiefterer Bedeutung als bei der oft vom Zufall bedingten Geburtsstätte dürfen wir behaupten, daß wir nicht nur hinein-, sondern aus dem Volkstum herausgeboren sind. Die Heimat können wir wechseln, können eine neue Wahlheimat erküren und erleben. Aber das Volkstum, aus dem wir wurden, gibt uns seine Wesensgesetze mit; durch Rasse und Stammesart, Sprache und Geschichte sind wir in ihm verhaftet. Unser Volkstum wird unser Schicksal. Was Volkstum ist, läßt sich nur vom Verstande her nicht völlig erklären und begreifen. Volkstum ist etwas Organisches, Naturhaftes wie ein Baum. Wir sehen ihn wachsen, knospen,

blühen, verkümmern, wir wissen, welche Kräfte sein Leben mitbestimmen oder ihn siechen lassen. Aber das Letzte und Tiefste ist Gottes Schöpfung und Gottes Geheimnis [...] Volkstum ist mitbestimmt durch den Raum.« Maria Kahle: *Die deutsche Frau und ihr Volk.* Warendorf 1934, S. 11ff.

41. Vgl. Maria Kahle: *Urwaldblumen.* Mönchen-Gladbach 1921; dies.: *Volk, Freiheit, Vaterland.* Hagen 1923; dies.: *Deutsches Volkstum in der Welt.* Weimar 1930; dies.: *Deutsche Heimat in Brasilien.* Berlin 1937; dies.: *Westfälische Bauern im Ostland.* Berlin 1940; dies.: *Umweg über Brasilien.* Berlin 1941; dies.: *Die Schule im Urwald.* Berlin 1942.

42. Vgl. Strothmann (Anm. 1), S. 256. Zu Kahle vgl. von Heydebrand (Anm.12), S. 209; Heinz Vöpel: Maria Kahle, eine deutsche Frau und Dichterin, in: *Heimat und Reich* 4 (1937), S. 9-12; Josef Bergenthal: Maria Kahle. Die Trägerin des 2. *Westfälischen Literaturpreises,* in: ebd., S. 241f.; Langenbucher: Gegenwartsdichtung (Anm. 29), S. 98ff.; ders. Dichtung (Anm. 29), S. 360f.; Autorenlexikon (Anm. 14), S. 340-348.

43. In: VA LWL, C 70, Nr. 222; Jb. WHB, 1937, S. 26f.

44. Schreiben A. von Hatzfelds an Kolbow vom 8.6.1931, in: VA LWL, C 70, Nr. 759. Der Professor für Germanistik an der Universität Münster, Heinz Kindermann, entschuldigte sich in einem Schreiben an den Landeshauptmann gleichsam für seinen Einsatz zugunsten Walter Vollmers und teilte auch die Haltung des unterlegenen Kandidaten mit: »Vollmer selbst trägt, wie ich höre, sein Los sehr tapfer.« Schreiben Kindermanns an Kolbow vom 3.6.1937, in: VA LWL, C 70, Nr. 222.

45. Schreiben Meyers an Kolbow vom 21.8.1937, in: VA LWL, C 70, Nr. 222.

46. Vgl. die Inhaltsangaben der wichtigsten Werke Wagenfelds, in: August Kracht: *Die Weltanschauungsdichtungen Karl Wagenfelds.* Diss. Rostock 1933; R. Möller: Wagenfelds religiöse Dichtungen, in: *Westfälischer Heimatkalender* 17 (1963), S. 59-65.

47. *Karl Wagenfeld. Eine Festgabe zur Vollendung seines 70. Lebensjahres.* Münster [1939]. Die Festgabe enthält eine Bibliographie zum Schrifttum. Eine wissenschaftliche Monographie über Wagenfeld als Dichter und Heimatschützer steht noch aus. Vgl. vorerst Autorenlexikon (Anm. 14), S. 767-783.

48. Schreiben Kolbows an Meyer vom 1.4.1939, in: VA LWL, C 70, Nr. 222.

49. Schreiben Kolbows an Schulte vom 3.4.1939, in: WHB, Ordner: Fachstelle Schrifttum.

50. Westfälische Kultur- und Heimatpflege. Pressedienst des WHB und des Provinzialverbandes, in: VA LWL, C 70, Nr. 222. Meyers Einsatz dafür, daß Hitler Wagenfeld ein Glückwunschtelegramm schicke, scheiterte angeblich an einer Terminverzögerung.

51. Heinrich Luhmann war am 22. Dezember 1890 als Sohn eines Maurermeisters in Hultrop, Kreis Soest, geboren. Er wurde Lehrer, dann Rektor in Soest, Münster und Warendorf, schließlich Regierungs- und Schulrat in Arnsberg. Zeitlebens arbeitete er für die Heimatbewegung und war Vorstandsmitglied des Sauerländischen Gebirgsvereins. Vgl. zu Luhmann das Nachwort von Josef Bergenthal, in: Heinrich

Luhmann: *Käuze. Kinder. Könige. Geschichten und Anekdoten.* Iserlohn 1956, und Anton Aulke: Das Werk Heinrich Luhmanns, in: *Korn und Brot. Auswahl aus dem Werk von Heinrich Luhmann.* Iserlohn 1941, S. 3-10; Edmund Starkloff: Heinrich Luhmann. Zum 50. Geburtstag des Dichters, in: *Heimat und Reich 7* (1940), S. 322-326; von Heydebrand (Anm. 12), S. 210f.; Autorenlexikon (Anm. 14), S. 454-461

52. Vgl. z. B. Heinrich Luhmann: *Das hungrige Leben.* Leipzig 1933; ders.: *Das Bauernjahr.* Münster 1937; ders.: *Die Abendstube.*, München 1927; ders.: *Wo die Wälder Wache halten ... Geschichten aus dem westfälischen Berglande.* Bad Pyrmont 1925.

53. Vgl. z. B. Heinrich Luhmann: *Der Bauernreiter.* 2.. Aufl. Bielefeld 1936; ders.: *Pflug im Acker.* Bielefeld 1941; ders.: *König Vogler. Sagen vom Bauern, Reiter und König.* Bielefeld 1938.

54. Vgl. Heinrich Luhmann: *Lob des Landes.* Bielefeld 1941.

55. Vgl. VA LWL, C 70, Nr. 222.

56. Vgl. Schreiben Schultes an Rave vom 25.10.1944, in: VA LWL, C. 70, Nr. 211.

57. Vermerk Kolbows vom 22.4.1944, in: VA LWL, C 70, Nr. 222.

58. Christine Koch, geboren am 23.4.1869 in Hershagen (Kreis Meschede), wurde im Jahre 1944 75 Jahre alt. (*Tremonia* vom 22./23.4.1944, in: VA LWL, C 70, Nr. 222). Bis zu ihrer Verheiratung mit einem Landwirt war sie Volksschullehrerin gewesen. Ihr Werk bestand aus mehreren Gedichtbänden in sauerländischer Mundart, die ihr den Namen »Sauerländische Nachtigall« eintrugen. Aufgrund der Mundartdichtung war die Rezeption ihrer Dichtung selbst in Westfalen eng begrenzt. So schrieb J. Bergenthal: »Als der Verfasser [...] die von Josefa Berens-Totenohl und Heinrich Luhmann herausgegebenen Gedichte *Wille Räosen* (1937) der Christine Koch in der Stadtbücherei zu Münster entlieh, erhielt er ein noch völlig neues Exemplar ausgehändigt. Es war laut Eintragung 1938 in die Bücherei eingestellt und wurde im Jahre 1949 zum erstenmal entliehen. Und das in der westfälischen Provinzialhauptstadt und nach einem Jahrzehnt, in dem oft rühmend von Christine Kochs Lyrik- die Rede war und der Dichterin 1939 der *Klaus-Groth-Preis* und 1944 der *Westfälische Literaturpreis* verliehen sind.« Josef Bergenthal: Westfälische Literatur im 20. Jahrhundert, in: *Jb. der Droste-Gesellschaft* 11 (1948/50), S. 277. Vgl. auch die Aufstellung für die Stadtbücherei Münster aus dem Jahre 1938, in der Koch nicht auftaucht: Die meist gelesenen westfälischen Dichter, in: *Heimat und Reich 6* (1939), S. 115. Vgl. zu Koch Schulte-Kemminghausen (Anm. 15), S. 138; Josefa Berens-Totenohl: Christine Koch. Eine sauerländische Dichterin, in: *Heimat und Reich 3* (1936), S. 59-61. Vgl. zu Koch: Peter Bürger: Christine Koch, in: Autorenlexikon (Anm. 14), S. 371-382.

59. Vgl. LWL VA, C. 70, Nr. 222.

60. Vgl. Strothmann (Anm. 1), S. 100ff.

61. Dies ist auch der Auffassung von Uthoff entgegenzusetzen, der schreibt: »Aber der *Westfälische Literaturpreis* erhielt in der Zukunft [nach der Verleihung an Berens-Totenohl] mehr und mehr den Charakter einer kulturpolitischen Heimat-

auszeichnung, und nicht die charakteristische und große westfälische Dichtung, die über die Grenzen einer geistigen Landschaft hinaus wuchs in ein gesamtdeutsches Bekenntnis, wurde mit ihm geehrt, sondern eher die rühmenswerten Verdienste, sei es um das heimatliche, auch dialektgebundene Schrifttum selbst (Heinrich Luhmann und Karl Wagenfeld), oder die bedeutsame Kulturmission, die eine Frau wie Maria Kahle in aller Welt erfüllte.« Kurt Uthoff: Schrifttum der deutschen Gaue und Landschaften. IV. Dichtung aus Westfalen, in: *Die Neue Literatur* 43 (1942), S. 229.

62. Nur Margarete Schiestl-Bentlage wurde vom Amt Rosenberg als »bedingt positiv« eingestuft, von anderen Partei- und Staatsinstanzen jedoch empfohlen; sie erreichte relativ hohe Auflagenziffern unter den westfälischen Literaten/innen. Vgl. Strothmann (Anm. 1), S. 248, 398; Mulot (Anm. 29), S. 142; Walter Vollmer: Margarete Schiestl-Bentlage. Eine westfälische Dichterin, in: *Heimat und Reich* 2 (1935), S. 73-75; Josef Nadler: *Literaturgeschichte des Deutschen Volkes. Dichtung und Schrifttum der deutschen Stämme und Landschaften.* Bd. 4: *Reich (1914-1940).* 4. Aufl. Berlin 1941, S. 262f.

63. Vgl. generell Strothmann (Anm. 1), S. 33ff., 139ff.

64. H. Grimms *Volk ohne Raum* erschien 1926, erreichte bis 1933 eine Auflage von 265.000; W. Beumelburgs *Gruppe Bosemüller* erschien 1930 und erreichte bis 1933 eine Auflage von 75.000, sein 1928 erschienenes Werk *Sperrfeuer um Deutschland* 166.000 Exemplare. Vgl. Strothmann (Anm. 1), S. 376ff.

65. Vgl. Fritz Steffens: Meistgelesene Bücher. Das Ergebnis einer Umfrage, in: *Westdeutsche Blätter für Volksbüchereien* 9 (1938), S. 24-26, mit einem Ausleihverzeichnis nach Orten, in: VA LWL, C 70, Nr. 240. Vgl. ebenso die Liste der meistgelesenen Bücher des Jahres 1939 in der Bücherei Hagen-Wehringhausen, in der nur die beiden Werke von J. Berens-Totenohl auftauchen, in: *Westdeutsche Blätter für Volksbüchereien* 11 (1940), in: VA LWL, C. 70, Nr. 237, sowie für die münsterische Stadtbücherei: Die meistgelesenen westfälischen Dichter, in: *Heimat und Reich* 6 (1939), S. 115.

66. Vgl. die Listen der Jahre 1937 und 1939 der Staatlichen Volksbüchereistelle für Lippe, Detmold, in: STAD, D 100, Lemgo, Nr. 1490-1492, für den Kreis Minden im Jahre 1940: STAD, M 2 Minden, Nr. 2046; vgl. auch Strothmann (Anm. 1), S. 148f., 239, 398; Volksbüchereien und Nationalsozialismus, S. 194ff.

67. Vgl zur Geschichte des *Westfälischen Literaturpreises* nach 1945, der zunächst an die »übergangenen« Schriftsteller verliehen wurde (A. Wibbelt, A. von Hatzfeld, W. Vollmer, M. Windthorst), bis zur Neuformierung einer Zielsetzung im Jahre 1956 den Beitrag von Walter Gödden in diesem Band.

Dagegen gibt es seit einiger Zeit im Sauerland regionalpatriotische Bestrebungen, mit Maria Kahle und Josefa Berens-Totenohl gerade diejenigen Schriftstellerinnen der Vergessenheit zu entreißen, die im Westfalen der 1930er Jahre am stärksten im nationalsozialistischen Sinne schrieben und die auch von den Nationalsozialisten am stärksten herausgestellt wurde. Vgl.: Gedanken zum 100. Geburtstag von Maria Kahle, in: *Sauerland, Zeitschrift des Sauerländischen Heimatbundes*, Nr. 3, Sept. 1991, S. 87f.; Rost (Anm. 35).

Der *Rheinische Literaturpreis* 1935-1944

Von Gertrude Cepl-Kaufmann

Als der Landeshauptmann der Rheinprovinz, Heinz Haake, am 9. April 1935, dem 70. Geburtstag des Generals Ludendorff, des »Schirmers der rheinischen Heimat«, wie es in der Stiftungsurkunde heißt[1], im Kontext einer Gauverbandstagung des Reichsverbandes Deutscher Schriftsteller in Wuppertal einen *Rheinischen Literaturpreis* auslobte, bediente er sich eines kulturhistorisch markanten Traditionszweiges im Rheinland. Dies zeigte sich spätestens im Oktober des gleichen Jahres. Vom 26. bis 28. Oktober fand auf Veranlassung der Schriftstellergruppe Düsseldorf in der Reichsschrifttumskammer eine »Rheinische Dichtertagung« in Düsseldorf und Krefeld statt. Zum Auftakt verlieh Haake am 26. Oktober im Düsseldorfer Ständehaus den *Rheinischen Literaturpreis* an Heinrich Lersch[2]: »Dichtertagungen« hatten seit der informellen Gründung des *Bundes rheinischer Dichter* 1926 in Koblenz einen bemerkenswerten gesellschaftlichen und kulturpolitischen Rang erhalten. Heinrich Lersch zählte wie sechs der acht folgenden Preisträger zum *Bund rheinischer Dichter.* So erhielten den *Rheinischen Literaturpreis*:

1935	Heinrich Lersch
1936	Josef Ponten
1937	Wilhelm Schäfer
1938	Heinz Steguweit
1939	Hermann Stegemann
1940	Curt Langenbeck
1941	Wilhelm Schmidtbonn
1942	Otto Brües
1943	Ernst Bertram

Lediglich Stegemann und Langenbeck erscheinen auf keiner der Mitglieder- oder Besucherlisten des Bundes.[3]

Waren also Dichterpreis und Dichtertagung ein geschicktes Manöver der Nationalsozialisten, auch hier mit der Vereinnahmung vorhandener Strukturen ihr Ideologiereservoir anzureichern?

Ich möchte die Frage zum Ausgangspunkt nehmen, um die Institution *Rheinischer Literaturpreis* in historischer und ideologiekritischer Hinsicht zu betrachten, und zwar unter folgenden Aspekten:

– Kontinuität versus Diskontinuität. Der *Bund rheinischer Dichter* und was daraus wurde.

– Individualität versus Kollektivität. Vom fundamentalen und existentiell bedrohlichen Mißverständnis zwischen Schriftstellern und dem Nationalsozialismus.

Es blieb nicht bei der »Dichtertagung« zur Verleihung des *Rheinischen Literaturpreises* an Heinrich Lersch. 1937 trafen sich die rheinischen Dichter, begleitet und in der 'Obhut' von viel Parteiprominenz, in Oberwesel. Josef Ponten sprach am zweiten und letzten Tag des Dichtertreffens am 11. Juni »zu den Dichtern und zu der gastlichen Stadt«. Hanns Heinz Lux hat darüber berichtet:

Ein landschaftlich gebundenes Dichtertreffen hier im Westen sei seit der Jahrhundertwende zum ersten Male vor dreizehn Jahren geschehen. Das Koblenzer Vorbild habe im weiten Umkreis gezündet. Die Schwaben seien zusammengekommen, die Franken, die Niederländer und die Schweizer. Daß der Künstler dem Künstler persönlich begegne, daß das Wort und der fröhliche Klang sie eine, habe größere Bedeutung, als es für den ersten Augenblick erscheinen möge. Solche Begegnungen seien ohne laute Auswirkungen: 'Geheim sind solche Beziehungen und wirksam von Mensch zu Mensch. Nicht das silberne Haar des älteren Dichters ist entscheidend in dieser Begegnung; die Alten und Jungen finden einander von den verschiedensten Wegen her in gleichen Gedanken für das große Volk, aus dem sie stammen.'[4]

Pontens Blick ist hier gleich mehrfach getrübt; allzu sehr hat ihn sein Lebenswerk »Volk auf dem Wege« ins Sentimentale abgleiten lassen. Die Traditionslinie, die er zur ersten Tagung rheinischer Dichter zieht, hat er nicht nur um zwei Jahre verschoben – tatsächlich fand sie vor nur elf Jahren, 1926, statt –, sondern unterstellt ihr auch ganz andere Motive, als sie für sich in Anspruch nehmen darf:

1. Es einte sie nicht die landschaftliche Gebundenheit, sondern eine gleichlautende, auf der Erfahrung des Ersten Weltkrieges basierende, politische und gesellschaftliche Lagebeurteilung, aus der das Postulat einer für die Westregion – und eben nicht für das preußische Berlin – aufgegebenen Mission erwuchs. Der Versuch einer Antwort lag z.B. in der im Bund vorhandenen Europaprogrammatik.[5]

2. Die Rede vom »ernsten Wort und dem fröhlichen Klang«, der sie angeblich verband, übersah, daß der *Bund rheinischer Dichter*, der sich nach dem ersten Koblenzer Treffen herausbildete, ein Interessenverband Intellektueller war, dem es neben vielen berufsständischen Problemen auch um die Diskussion eines gegenwartsadäquaten dichterischen Selbstverständnisses ging und dessen Existenz keinesfalls darauf hindeutete, daß er als Ideologie-, Angebots- und Selbstbedienungsladen nach 1933 mißbräuchlich funktionieren sollte; daß er in seiner genuinen Form also keineswegs dazu taugte, als ideologisch-dekorative Funktionsgröße ge- und mißbraucht zu werden.

3. Sie waren keineswegs, wie Ponten behauptete, »ohne laute Auswirkungen« und sie wollten es auch nicht sein. Der Berichterstatter des Oberweseler Treffens verweist in seinem »Erlebnisbericht« darauf, daß die – und das scheint er als sehr positiv zu empfinden – 'Tagung' eigentlich gar keine war, »weil Tagesordnung, Protokoll, festgefügte Ansprache, ein Vorsitzender, der Schreiber und eine Schelle fehlten.«[6] Eine Schelle besaß der *Bund rheinischer Dichter* meines Wissens zwar nicht, wohl aber eine Form der Selbstorganisation, die den Meinungsaustausch und die Willensbildung begünstigten, etwa um zum Problem einer europäischen Arbeitslandschaft im Sinne von Alfons Paquet Stellung zu nehmen, oder zur Frage des Reichsehrenmals, in der es galt, gegen die Heroisierung des Heldentums das Humane und Pazifistische ins Feld zu führen.[7]

Ich möchte hier keine Geschichte des *Bundes rheinischer Dichter* ausbreiten, verweise aber auf eine demnächst erscheinende Publikation zum Thema.[8] Doch scheint es mir wichtig, den Bund in meine Überlegungen miteinzubeziehen, um deutlich herauszustellen, daß die These vom bruchlosen Übergang eines spezifischen Schriftstellerkreises in die Zeit des Nationalsozialismus, soweit dies auch möglicherweise für einzelne Autoren zutreffen mag, zu kurz greift. Wir haben es bei der Frage nach dem Verhältnis von Literatur und Politik durchaus mit einem Paradigmenwechsel mit weitreichenden Folgen zu tun. Dies zeigt nicht zuletzt der Blick auf das Thema Literaturpreise, denn entgegen anderslautenden Meldungen in der zeitgenössischen Presse gab es keinen Rheinischen Dichterpreis, den die Nationalsozialisten als *Rheinischen Literaturpreis* fortgeführt hätten.

Der *Bund rheinischer Dichter* hat keinen eigenen Literaturpreis gestiftet und sich doch in bemerkenswerter Weise mit diesem Thema beschäftigt.

In der ersten internen Beratung während der Duisburger Dichtertagung 1930, am Samstag, dem 11. Oktober, brachte Adolf von Hatzfeld einen Antrag ein, der »einstimmig zum Beschluß erhoben«[9] wurde:

<u>Antrag</u>

Der B. r. D. richtet an die Stadt Düsseldorf das dringende Ersuchen, die Errichtung eines Heinedenkmals in einer Form zu vollziehen, die des Andenkens Heines würdig ist; in einer Form also, die im Geiste Heines ist. Die vielen Denkmäler der Stadt Düsseldorf um ein weiteres zu vermehren, würde nie im Sinne Heines sein. Der Bund schlägt vor, das Denkmal in einer der Zeit entsprechenden Form zu errichten. Die Zinsen des jetzt schon vorhandenen Kapitals würden genügen, um alljährlich einem rheinischen Dichter eine mehrmonatliche Studienreise durch Frankreich zu gestatten, ebenso reichen sie zur Errichtung eines *Heinepreises* aus, der alljährlich von den Verwaltern des Kapitals verteilt werden kann. In einer Zeit, da es fast allen Dichtern schwer wird, über die kleinen Möglichkeiten des täglichen Lebens hinaus die Welt kennen zu lernen, glaubt der Bund in einer solchen Form eine würdigere Ehrung Heines zu erblicken. Der Bund drückt den Wunsch aus, dass eines seiner Mitglieder in die Verwaltung des Preises hereingenommen werde.

Die Formulierung des Antrages entsprach der grimmigen Art der Hatzfeldschen Argumentationsführung. Der Beschluß aber war nicht mehr als ein Appell an die Stadt Düsseldorf, 1. mit der leidigen Denkmalfrage angemessen umzugehen, 2. die armen Dichter bei alledem nicht zu vergessen, und 3. überschüssige Gelder sinnvoll, z.B. für ein Reisestipendium einzusetzen. Im Hinweis auf die erhoffte Studienreise nach Frankreich spiegelt sich die europäische Perspektive, die in dieser Phase der Bundesgeschichte eine dominante Rolle spielte.[10]

Wenig später gibt es eine ganz anders motivierte Preisdiskussion. Sie steht im Zusammenhang mit der problematischen Endphase des Bundes. Die katastrophale wirtschaftliche Lage, in der sich Deutschland Anfang der dreißiger Jahre befand, wirkte sich natürlich auch auf die Situation des Bundes und seiner Mitglieder aus. Eine Analyse der Situation, die der Bund nach der Freiburger Tagung von 1931 vornahm,[11] ergab, daß die Städte zu einer Bezuschussung der Dichtertagungen nur bereit waren, wenn sie sich einen Werbeeffekt davon versprechen konnten. Zwei Probleme ließen sich so miteinander verbinden: notleidenden Schriftstellern konnte geholfen werden und Städte erhielten eine Werbechance. Beim Freiburger Dichtertreffen hatte Hanns Martin Elster in einer Sitzung am 4. Oktober vorgeschlagen, einen »rheinischen Dichterpreis« zu schaffen.[12] Paquet begrüßte diesen Vorschlag, der allerdings in der Sitzung weder beraten noch beschlossen wurde, und bereitete eine Lösung vor: die rheinischen Städte, in denen bereits Dichtertagungen veranstaltet worden waren, sollten je 100,- Mark in einen Fond zahlen. Das Protokoll der Mitgliederversammlung in Trier vom 19. Juli 1932 verzeichnet den Erfolg der Aktion.[13] Da Koblenz sich ausgeschlossen hatte, waren 400,- Mark zusammengekommen, die der Vorstand auf Heinrich Lersch und Ernst Fuhrmann verteilt hatte. Auf ein weiteres Splitting hatte man verzichtet. Es handelte sich in diesem Fall also nicht um einen Dichterpreis im eigentlichen Sinne, sondern um einen Unterstützungsfond für bedürftige Autoren. Auf die Ausarbeitung von Modalitäten und die repräsentativen Möglichkeiten einer Preisverleihung verzichtete man.[14] Man hatte, so läßt sich zugespitzt sagen, Sinnvolleres zu tun, als sich selbst zu feiern.

Trotz der Schwierigkeiten, in die der *Bund rheinischer Dichter* in seiner Endphase ab 1931 geriet, blieb er als demokratisch strukturierte Standes- und Interessenorganisation frei von Bindungen an politische Parteien. Der *Rheinische Literaturpreis* dagegen stand von Anfang an in einem grundsätzlich anderen Kontext.

Der *Rheinische Literaturpreis* wurde als Preis von einer politischen Institution der Nationalsozialisten ausgelobt. Die Initiative ging von einem streng hierarchisch ausgerichteten Staatswesen aus, dem demokratische Strukturen völlig wesensfremd waren. Dies zeigt z.B. ein Blick auf die Verleihpraxis, die in der Stiftungsurkunde des Preises festgelegt war. Der § IV der Stiftungsurkunde nennt die aus Naziorganisationen rekrutierten Mitglieder des »Beirates«.[15] An der Spitze der acht Kulturfunktionäre steht der »Abteilungsdirigent des Kulturdezernates der Provinzialverwaltung«. Erst in § 5 wird auf die Beiratschaft zweier Schriftsteller verwiesen, die vom Landeshauptmann für jeweils ein Jahr berufen werden: Ein Blick auf die Verleihpraxis zeigt, daß mit der gesamten Beiratsregelung sehr großzügig umgegangen wurde:

So wurden die Schriftsteller in der ersten Phase von vornherein für zwei Jahre eingesetzt. Heinz Steguweit machte nach zweijähriger Tätigkeit als Beirat seinem Unmut Luft, daß er wegen seines aufopferungsvollen Einsatzes in dieser Funktion selber um die Chance auf den Preis komme und mit ansehen müsse, daß andere für eine Literatur geehrt würden, die er schon viel früher geliefert habe und für die er vor der Umbruchzeit »mit Gelée und dicker Sauermilch« beworfen worden sei (gemeint ist sein Roman

Der Jüngling im Feuerofen).[16] Paul Joseph Cremers, der von 1935 bis 1938 gleich dreimal um sein Votum gebeten wurde, weist in einem aus Erstaunen und Servilität gemischten Brief eine neuerlich an ihn ergangene Aufforderung für 1939 zurück.[17]

Der Beirat war nicht als eine Jury gleichberechtigter Mitglieder gedacht. Laut § VI wird seine Funktion auf die einer Empfehlungsinstanz reduziert. Der Landeshauptmann bezieht ihn zunächst durch schriftliche »Anhörung«, dann im Rahmen einer zumindest formal vorgesehenen Beiratssitzung in das Entscheidungsverfahren mit ein. Eine solche Sitzung läßt sich nur für das Jahr 1937 in den Akten nachweisen. Die vorhandenen Akten deuten darauf hin, daß Haake von der Möglichkeit einer Beiratssitzung keinen weiteren Gebrauch gemacht hat.[18] Die Entscheidungskompetenz des Landeshauptmanns wurde generell nicht durch den Beirat beschränkt, darüber ließ § IV keinen Zweifel: »Der Landeshauptmann ist an die Vorschläge des Beirates nicht gebunden; er kann nach seinem Ermessen die Preisverteilung vornehmen«.[19] Erst nachdem Goebbels sich 1937 direkt in die Verleihpraxis von Preisen einmischte, verlor Haake diese absolute Entscheidungskompetenz.

In der Praxis geriet die Rolle des Beirates völlig zur Farce. Schon bei der Preisvergabe an Lersch läßt sich, obwohl Richard Euringer und Heinz Steguweit in der Urkunde als erste Vertreter der Schriftsteller genannt werden, keine Beiratstätigkeit nachweisen. Bei der Vergabe des Preises an Hermann Stegemann 1939 gibt es nicht den geringsten Einfluß des Beirates. Es gehen zwar Voten des Beirates ein, doch Stegemann wird nicht einmal erwähnt. Im Zuge der zunehmenden Kriegsaktivitäten verzichten vor allem die Funktionäre im Beirat auf ein Votum, ohne daß dies den Gang der Preisverleihung unterbrochen hätte.[20] Geradezu grotesk entwickelt sich die Preisverleihung 1943. Hier weiß sogar der Preisträger Ernst Bertram um sein Glück und Otto Brües ist schon um Hinweise über Bertrams Leben und Werk für die Laudatio gebeten worden, als die Aufforderung an die Beiratsmitglieder ergeht, ihr Votum abzugeben.[21] Noch am 15. Oktober spricht sich Hanns Johst als Präsident der Reichsschrifttumskammer – ungefragt – für Heinrich Zerkaulen aus.[22]

So sehr sich Haake von den im übrigen sehr unterschiedlich vorgebrachten Voten, die zum Großteil über eine bloße Namensnennung nicht hinausgehen, unabhängig machte, so sehr sah er sich von Institutionen, deren Beteiligung an der Preisentscheidung nicht vorgesehen war, in Zugzwang gesetzt. So schaltet sich der »Altpräsident e.h. der Reichsschrifttumskammer«, Hans Friedrich Blunck, 1938 von seinem Holsteinischen Wohnsitz Möllenhoff ein und bittet Haake, wenn auch »ungerufen«, um Berücksichtigung von Heinz Steguweit, dessen »schönes und reiches Wirken um die Wiedererhebung deutschen Schrifttums vor dem Umbruch« bereits bemerkenswert gewesen sei. Sein Ziel versucht er durch eine subtile Unterstellung zu erreichen: »[...] weil ich weiß, daß in meiner Heimat, wie es meistens der Fall ist, manche Einsprüche erfolgen und erfolgt sind, halte ich es für notwendig, von draußen her die Stimme für den Dichter Steguweit zu erheben.«[23] Diesen Vorwurf, der Prophet gälte im eigenen Lande nichts, möchte sich Haake nicht machen lassen und bestimmt Steguweit zum Preisträger 1938. Auf diesen Vorgang bezieht sich Kornfeld offensichtlich in einem Schreiben an den Düsseldorfer OB vom 7. Juli 1939, in dem er darum bittet, Curt Langenbeck nicht wie geplant den *Immermann-Preis* zu verleihen, damit dieser für den Empfang des *Rheinischen Literaturpreises* zur Verfügung stehe und damit für einen Preis, den er bereits im Vorjahr hätte erhalten sollen, doch, so Kornfeld, »aus zwingenden Gründen wurde damals Heinz Steguweit als Träger des Preises bestimmt«.[24] Blunck setzte sich überdies noch ein weiteres Mal für einen Preisträger ein: für Otto Brües.[25] Hier wußte er sich einig mit Hanns Johst, der sich ebenfalls als Nicht-Beiratsmitglied einmischte und Haake mitteilte, daß es ihm »ein innerstes Bedürfnis« sei, den »prachtvollen Rheinländer Otto Brües« vorzuschlagen.[26]

Haake sah sich aber andererseits auch gezwungen, von sich aus die Hilfe höherer Parteiinstanzen zu suchen. Dies zeigte sich im Zusammenhang mit der Vergabe des Preisgeldes.

In der Stiftungsurkunde wurde der *Rheinische Literaturpreis* mit 2.500 Reichsmark ausgelobt. Im Jahre 1939 wurde das Preisgeld auf 5.000 Mark erhöht. Von der Erhöhung profitieren sollte als erster der Preisträger von 1939, Hermann Stegemann. Der aber war nicht nur seit 1911 Korrespondent beim *Berner Bund*, sondern auch seit langer Zeit Schweizer Staatsbürger.[27] Wegen geltender Devisenbestimmungen wurde der Transfer der Preissumme zum Problem. Ein Versuch, über Goebbels die Umgehung der Devisenbestimmungen zu erreichen, scheiterte[28], so daß Stegemann letztlich sein Preisgeld dem Roten Kreuz stiftete, wie die Deutsche Gesandtschaft am 9. Februar 1940 der Provinzialverwaltung mitteilte.[29] Auch bei der Verleihung des Preises an Ernst Bertram gab es Komplikationen. Der Fall Ernst Bertram sensibilisierte Haake offensichtlich für die Steuerproblematik, die mit dem Preisgeld verbunden war. Bertram konnte nachweisen, daß ihm von der Preissumme aufgrund der Einkommenssteuerpflichtigkeit von Preisen kein Gewinn blieb.[30] Nachdem der Versuch, Bertram auf dem 'kleinen Dienstweg', nämlich durch direkte Einschaltung von Goebbels von der Steuerpflicht des Preises zu entbinden, gescheitert war, stockte Haake rückwirkend das Preisgeld auf 10.000 Mark auf und ließ, trotz der desolaten wirtschaftlichen Situation, in der sich Deutschland zu dieser Zeit befand, allen Preisträgern die Differenz zwischen dem erhaltenen Preisgeld und der neuen Preissumme nachzahlen. Es gelang sogar, Stegemann die ihm nun zustehenden 5.000 Mark zu transferieren.

Nach den bisherigen Ausführungen erscheint es so, als sei Haake der Allwalter in Sachen *Rheinischer Literaturpreis* gewesen.

Landeshauptmann Haake nutzte zwar als Entscheidungsträger für die Preisvergabe sein Recht, wie gezeigt wurde, beschränkte sich aber darüber hinaus auf die Übernahme offizieller Verpflichtungen, z.B. die Briefwechsel mit dem Reichspropagandaministerium, und vor allem auf die repräsentative Funktion. Diese allerdings lebte er voll aus, wie noch zu zeigen sein wird. Faktisch überließ er die Umsetzung des *Rheinischen Literaturpreises* aber dem Provinzialverwaltungsrat und späteren Provinzialoberverwaltungsrat Dr. phil. Hans Kornfeld.

Als Nicht-Historiker kann ich mir die Freiheit erlauben, Kornfeld nur nach dem zu beurteilen, was mir im Aktenmaterial zum Literaturpreis die Möglichkeit bot, einen Eindruck zu gewinnen. Kornfeld gab dem gesamten Preisgeschehen Kontur, er war die 'Seele' des Preises. In seinen Briefen zeigt sich Kornfeld als moderater Nazi, der dem Parteijargon, vor allem der ideologischen Überhöhung, die der Gegenstand jederzeit möglich machte, durchaus fern stand. Seine Briefe sind weitgehend frei von nationalsozialistischen Sprachstereotypen. Ich würde ihn für einen jener fehlgesteuerten Idealisten halten, die, geprägt vom degenerierten Bildungsideal der Klassik, nach wie vor nach dem Ideal eines Dichters suchten, der zumindest literarisch eine Welt kohärenten Sinns und geistiger Harmonie zu vermitteln vermochte. Seine Vorstellung von der Rolle, die er als Verwaltungsbeamter bei der Organisation des *Rheinischen Literaturpreises* zu spielen hatte, war weit von jeglichem Funktionärstum entfernt. Er betreute 'seine' Schriftsteller, deren Familien und das Werk. So kümmerte er sich um die Versorgung von Heinrich Lerschs Witwe und unterstützte die Stadt Mönchen-Gladbach im Aufbau eines Lersch-Archivs.[31]

Er besuchte 'seine' Dichter bzw. deren Witwen, wurde der, wie man Mitarbeiter von Literaturarchiven zuweilen bezeichnet, »Witwentröster«, der sich um anstehende Nachlässe rührend kümmerte, so im Fall Ponten, in dem er Julia Ponten von Broich durch einen Besuch davon abhielt, Manuskriptbestände Pontens an die Stadt München bzw. an die Münchner Staatsbibliothek zu geben und sie stattdessen ermunterte, den Nachlaß im Rheinland zu deponieren.[32]

Kornfeld setzte sich in problematischen Preisvergabesituationen persönlich ein. Ponten, der den Preis nicht persönlich in einer Feier entgegennehmen konnte, motivierte er in einem Briefwechsel zur Angabe von alternativen Verleihmöglichkeiten. Sie scheiterten schließlich, so daß Kornfeld Ponten vor der darauffolgenden Preisvergabe die Urkunde postalisch weiterleitete. Auch für Stegemann kam eine persönliche Übernahme des Preises nicht in Betracht. Im Dezember reiste Kornfeld nach aufwendigen Genehmigungsmanövern in die Schweiz, wo er am 19. Dezember1939 Stegemann die Preisurkunde überreichte.[33] Auch Wilhelm Schmidtbonn, der wie immer mit seinem Hang zur Larmoyanz und Hypochondrie kokettierte, erhielt von Kornfeld persönlich die Nachricht in Bad Godesberg, daß er den Preis für 1941 zugesprochen bekommen hatte.[34]

Eine spontane Sympathie verband Kornfeld mit dem Preisträger von 1942, Otto Brües. Beide bekennen nach der Preisvergabe, daß sie für weitere Gemeinsamkeiten offen sind. Sie beschließen eine Veröffentlichungsreihe über die junge Kunst im Kölner Staufen-Verlag, der auch Brües' Preisrede »Über die Volkstümlichkeit« als Broschüre herausgegeben hatte.[35] Mit Schäfer plante Kornfeld die Herausgabe einer Zeitschrift. Doch 1941 war bereits erkennbar, daß dieser Plan erst nach dem Kriege verwirklicht werden könnte.[36]

Kornfelds Engagement ging vor allem im Fall Schäfer weit über das hinaus, was zur Abwicklung eines Literaturpreises notwendig gewesen wäre. Es entwickelte sich eine Art Vater-Sohn-Verhältnis. Die Vertrauensbeziehung begann mit einem Besuch Kornfelds auf der Sommerhalde am 11. Juni 1938. Sein »Bericht« über diese Begegnung enthält ein Bekenntnis über den tiefen Eindruck, den Schäfer auf ihn gemacht hatte, zeigt aber zugleich, wie sehr Schäfer auf Kornfeld angewiesen war. Es gab Versuche von seiten der Gestapo, Schäfer anzugreifen. Kornfeld scheint die Reise an den Bodensee eigens unternommen zu haben, um diese für Schäfer unangenehme Situation zu klären:

Längere Zeit haben wir über die Angriffe gesprochen, denen er gegenwärtig ausgesetzt ist. [...] Inzwischen haben sich auch andere Stellen von Partei und Staat für den Dichter ausgesprochen und Verwahrung gegen diese Angriffe aus dem Hintergrunde eingelegt. Dr. Schäfer wünscht persönlich reinen Tisch. S. E. nach ist es für ihn untragbar, einen Zwiespalt zwischen Werk und Mann bei ihm festzustellen. Persönlich hat er sich so weit gefasst, daß er die Ruhe wiedergefunden hat.

Bei diesem ersten Besuch wird die Einrichtung eines *Wilhelm-Schäfer-Archivs* in Köln beschlossen.[37] In Sachen Dichtung galt Schäfer Kornfeld als höchste Instanz. So war Schäfer wesentlich bei der Auswahl des Preisträgers Curt Langenbeck beteiligt.[38] Dabei setzte sich Kornfeld mit diesem Preisträger der Kritik höchster Stellen aus. Niemand Geringeres als der Reichsdramaturg versuchte die Preisverleihung zu verhindern mit dem Hinweis auf die keinesfalls linientreue Theaterkonzeption Langenbecks, die Zweifel aufkommen lasse, »inwieweit der betont nationalsozialistische Kulturpolitiker auf die Dauer den weltanschaulichen Maximen Langenbecks bedingungslos noch wird folgen können.«[39] Langenbecks Rezeption der griechischen Tragödie hatte Schäfer gerade anläßlich der Uraufführung des Dramas *Das Schwert* am Münchner Prinzregententheater, bei dem Langenbeck als Dramaturg arbeitete, herausgestellt.[40] Kornfeld wies entsprechend die Vorhaltungen des Reichsdramaturgen zurück. Unerkannt blieb von beiden Seiten, daß Langenbeck die bellizistische Grundstruktur des Nationalsozialismus in hervorragender Weise stabilisierte. Schäfer nutzte die Bewunderung, die ihm Kornfeld entgegenbrachte, auf seine Weise. Er schaltete ihn nach dem Verkauf seines Verlages, des Münchner Langen-Müller Verlages, ein und bat um Vermittlung, um eine für ihn günstige Verlagsregelung zu erreichen.[41] Er brachte Kornfeld dazu, sich dafür einzusetzen, den Bau einer Straße, die sein Grundstück in Vallendar erheblich betroffen hätte, zu verhindern. Dies gelang Kornfeld nach Einschaltung höchster Dienststellen.[42] Goebbels selber wurde bemüht, um Schäfers Sohn von der Front in eine Nachschubbasis in der Nähe der Sommerhalde versetzen zu lassen.[43] Auch dies gelang, wenn auch mit kriegsbedingten Schwierigkeiten und Verzögerungen.

Kornfelds Identifikation mit Schäfer war mit dem Kriege und dem Ende der Naziherrschaft nicht abgeschlossen. 1951 gründete er einen *Freundeskreis um Wilhelm Schäfer e.V.*, der erst 1965 aufgelöst wurde.[44]

Im April 1943 wurde Kornfeld zum Landesschützen-Ersatzbataillon nach Osnabrück eingezogen. Seine Nachfolger im Amt, Landesrat Hilgers und dessen Vertreter, Assessor Zilliken, betrieben das Preisgeschäft rein sachlich. Die souveräne Amtsführung Kornfelds ersetzten sie durch nüchterne Geschäftsmäßigkeit, etwa akribische Verlaufsprotokolle von Sitzungen, die auch Peinlichkeiten aufnahmen wie die Information, daß sich die Probleme aus dem Fehlen eines festlichen Anzugs im Besitz des Preisträgers Ernst Bertram ergaben, dadurch lösen ließen, daß der Rektor der Kölner Universität ihm hilfreich einen solchen verschaffte.[45]

Wieweit Kornfelds idealistisches Engagement ging, mag die Tatsache beweisen, daß er die Zeit seines Urlaubs vom Heer von August bis 10. September 1943 dazu nutzte, die Preisverleihung an Ernst Bertram genauestens vorzubereiten.[46] Der Vorgang zeigt, daß Haake Kornfelds Kompetenz und Engagement durchaus zu schätzen wußte, denn ohne dessen zähem Festhalten an der Preisverleihung überhaupt und an der Realisierung – auch wenn die Verleihung zeitbedingt erst am 6. Februar 1944 stattfinden konnte – wäre der *Rheinische Literaturpreis* 1943 nicht mehr verliehen worden. Bei seinem gesamten Engagement in dieser Schlußphase muß man bedenken, daß er nur deshalb kurzfristig von seinem Einsatz in Italien freigestellt worden war, weil er in Düsseldorf total ausgebombt wurde. Einen Teil seiner Dienstgeschäfte erledigte er vom Wohnsitz der Familie aus.

Letzlich konnte auch Kornfeld das Ende nicht aufhalten. Für 1944 wurde zwar der Preis noch einmal ausgelobt und die Beiratsmitglieder am 27. März 1944 um ihre Voten gebeten.[47] Doch am 3. November 1944 erhielten sie die schriftliche Nachricht, daß von der Preisvergabe für 1944 »im Hinblick auf die Zeitverhältnisse [...] abgesehen« werde.[48]

Man mag es als makaber oder als unfreiwilligen Zynismus ansehen, wenn in dieser Situation das »Hauptamt Schrifttum bei dem Beauftragten des Führers für die Überwachung der gesamten geistigen und weltanschaulichen Schulung und Erziehung der NSDAP« Hermann Stahls Roman *Und langsam steigt die Flut* vorschlug,[49] und damit unfreiwillig der Wahrheit Rechnung trug. Auch der Brief des Reichspropagandaamts Düsseldorf, inzwischen kriegsbedingt nach Kaiserswerth verlegt, mutet im Nachhinein recht grotesk an. Am 17. Juli 1944 schlug man dort Will Vesper für den Preis vor und appellierte an die Einsicht des Landeshauptmanns im Verweis auf Vespers eindringliche und 'zeitangemessene' Verse:[50]

Nun schweigt ein jeder von seinem Leid
und nach so großer Not.
Sind wir nicht alle zum Opfer bereit
und zu dem Tod?

Eines steht groß in den Himmel gebrannt:
Alles darf untergehn,
Deutschland, unser Kinder- und Vaterland,
Deutschland muß bestehn!

Was er aber mit »alles« gemeint hatte, hat uns Vesper nicht verraten. Vespers Appell half bekanntlich wenig.

Wie sehr vor allem auch Schriftsteller in den Untergang ihres »Kinder- und Vaterlandes« und des Landes ihrer Kinder verwickelt waren, kann man bei der Lektüre des Romans *Die Reise* von Vespers Sohn Bernward nach-empfinden. Von einem Eingeständnis der Schuld der Schriftsteller-Väter aber ist wenig bekannt.

Zur Beurteilung der Bedeutung des Preises ist es notwendig, einen Blick zu werfen auf den Kontext, in dem er in seiner Zeit stand. Während des Dritten Reiches kam es offensichtlich zu einer Inflation der Kunst- und Literaturpreise. Hierzu zählte auch der Förderpreis, den Haake anläßlich der Verleihung des *Rheinischen Literaturpreises* an Heinz Steguweit 1938 ausgelobt hatte. Die Idee dazu kam von Kornfeld, der mit Landeskultur-walter Brouwers und PG Schmidt von der Landesverwaltung des Gaues die Möglichkeit der Förderung junger Künstler, denen die finanzielle Aus-stattung zur Beschickung von Ausstellungen fehlte, reflektiert hatte. Dar-aus wurde ein weiter gefaßter Förderpreis, der auch an Literaten gehen sollte.[51] Zwar wurde der Preis im Juli 1939 vom HJ Bannführer der NSDAP für das Gebiet Ruhr-Niederrhein, Erich Wenzel, noch einmal angemahnt[52], doch der Preis wurde niemals vergeben. Er war damit aber keineswegs aus dem Blickfeld verschwunden. Noch 1942 teilt Kornfeld Ewald Remy, einem Literaturwissenschaftler, der eine Liste »aller deut-schen Literaturstiftungen« veröffentlichen wollte, mit, daß »die Absicht« besteht, »einen Förderpreis nach dem Kriege zu stiften«.[53] Die Inflation der Literaturpreise erregte offensichtlich Besorgnis. So zählte das *Börsenblatt für den deutschen Buchhandel* über fünfzig Preise, die in der Zeit von 1933 bis 1938 ins Leben gerufen worden waren.[54] Auch die unterschiedli-chen Modalitäten der Preisverleihungen provozierten im Propaganda-

Ministerium Unmut. Am 26. April 1938 greift Goebbels direkt in das inflationäre Preisgeschehen ein, da »deren Stiftung und Verteilung die erforderliche einheitliche Linie vermissen läßt«. Goebbels beabsichtigt, »die bestehenden Preise nach einheitlichen Gesichtspunkten zu ordnen« und bittet um Meldung der Art und Höhe des Preisgeldes, die Voraussetzung für die Preisvergabe, die Zusammensetzung der Preisgerichte und die Beteiligung des zuständigen Reichspropagandaamtes.[55] Haake befleißigt sich am 20. Mai, die Seriösität seines Preises umfassend zu dokumentieren.[56] Goebbels ging es aber nicht nur um eine Vereinheitlichung der Modalitäten, sondern auch um eine stärkere Kontrolle. Schon am 24. August 1937 hatte er klargestellt, daß die »Verleihung von Kunstpreisen aus öffentlicher Hand meiner Zustimmung bedarf und daß mir zu diesem Zweck jeweils rechtzeitig vor einer Verleihung Mitteilung über die Person des in Aussicht genommenen Preisträgers zu machen ist.«[57] Es gab zwar zuweilen Komplikationen, so 1939, als Kornfeld am 4. Dezember Landesrat Hans Joachim Apffelstaedt per Eilboten bat, telefonisch die Zustimmung für Stegemann von Goebbels einzuholen[58], doch der Preis war niemals gefährdet. Ganz im Gegenteil läßt sich sagen, daß er die besondere Gunst von Goebbels hatte. Auf Anfrage von Haake antwortet Goebbels, daß ihm gerade dieser Preis »besonders am Herzen liege«.[60]

Man kann also, systemimmanent, von einer erfolgreichen Geschichte des *Rheinischen Literaturpreises* sprechen, nicht zuletzt durch die wirkungsvolle repräsentative Verleihpraxis.

In drei Phasen entwickelte sich das endgültige Feierritual der Preisverleihung. Diese Entwicklung ging zu Lasten eines kooperativen Zusammengehens von Schriftstellern und Partei zugunsten einer rein repräsentativen politischen Schauveranstaltung und zeigt, wie schnell sich die Machtansprüche der Nationalsozialisten gegenüber den genuinen Interessen der Schriftsteller durchsetzten.

Der am 26. Oktober 1935 an Heinrich Lersch verliehene Preis wurde noch im Rahmen einer *Rheinischen Dichtertagung* verliehen, auch wenn sich deren Charakter, wie skizziert, wesentlich geändert hatte. Die Initiatoren der Dichtertagung waren zumindest formal die Schriftsteller selber, auch wenn sie als Gruppe an die Reichsschriftkammer bzw. ihre Düsseldorfer Unterorganisation gebunden waren. Auch im Verlauf der Tagung gab es Anklänge an die bisherigen Veranstaltungen des »Bundes rheinischer Dichter«. Der Preisverleihung folgte am Abend die Aufführung von Hanns Johsts Grabbe-Drama *Der Einsame* und am darauffolgenden Tag, einem Sonntag, die obligate Morgenfeier mit literarischen Beiträgen der anwesenden Dichter. Wie bei den Dichtertagungen üblich, fand am Montag ein gemeinsamer abschließender Ausflug statt, diesmal ins niederrheinische Land mit Ziel Stadthalle Krefeld, in der die Dichtertagung mit einer literatur- und musikbestückten Feier ausklang. Der Bericht darüber in der *Rheinprovinz* bemerkt denn auch mit einem gewissen Recht: »Die Dichtertagung war ein deutlicher Beweis verantwortungsbewußter Mitarbeit der rheinischen Dichter am kulturellen Aufbau des Dritten Reiches«.[61]

Bei der Verleihung des Preises an Ponten, der wegen eines Auslandsaufenthaltes im Zusammenhang seiner Recherchen zum Roman *Volk auf dem Wege*, für dessen erste Fassung ihm der Preis zuerkannt worden war, nicht an der Feier teilnahm, verzichtete man auf die Anbindung an eine »Dichtertagung«, minimierte das Ganze zu einer »Dichterstunde« im Rahmen der Gaukulturwoche im Düsseldorfer Schauspielhaus.[62] Das literarische Beiprogramm wurde nicht mehr von den Schriftstellern selbst gestaltet, sondern durch professionelle Kräfte des Schauspielhauses. Das war ein entscheidender qualitativer Sprung, der unmittelbar an die Entstehungszusammenhänge des *Bundes rheinischer Dichter* erinnerte. Damals hatte die Stadt Koblenz zunächst Rezitatoren des Düsseldorfer Schauspielhauses zur Gestaltung der Dichtertagung engagiert, darunter den auch hier 1936 verpflichteten Peter Esser. Die Schriftsteller selbst hatten dann aber ihre gemeinsamen Interessen soweit erkannt, daß sie durch eigene Lesungen und Gestaltung der Tagung der neugewonnenen Gruppenidentität Ausdruck zu verleihen vermochten. Dieses Selbstverständnis aber war 1936 nicht mehr gefragt. Doch erst mit der Preisvergabe an Wilhelm Schäfer am 13. November 1937 fand man den endgültigen Ort und die auf tausend Jahre angelegte Form der Feier. Die Preisvergabe wurde zu einer eigenständigen Veranstaltung, die nicht mehr der Präsentation rheinischen Schrifttums diente, sondern der Selbstweihe der Nazis. Sie reihte sich damit ein in die Flut vergleichbarer Selbstdemonstrationen mit ihrem Hang zur Ästhetisierung der Politik bzw. dem Ersatz des Politischen durch das Ästhetische. Der angemessene Ort dafür wurde der Kölner Gürzenich. Noch am 6. April 1937 hatte der Krefelder OB für seine Stadt geworben und in der Annahme wechselnder Verleihorte auf die Bedeutung seiner Stadt als »Mittelpunkt des kulturellen Lebens am linken Niederrhein« verwiesen.[63] Doch Haake hatte sich mit Gauleiter Grohé auf Köln geeinigt. 1939 wird Köln als »Hauptstadt des Rheinlandes« auf ewig für die Preisverleihung vorgesehen.[64]

Mit großer Akribie wurden umfangreiche Gästelisten zusammengestellt. Sie umfaßten außer den Parteifunktionären der Region, Reichsminister Goebbels, die Staatsräte, Landräte, Oberbürgermeister, die Spitzen der Provinzialverwaltung, hohe Militärs, die Spitzen der Wirtschaft, Universitäten und überregionalen Kulturinstitute, die Chefredakteure der Presse, den Beirat des Literaturpreises, die Mitglieder der Sektion Dichtkunst in der Preußischen Akademie der Künste und eine Gruppe von Schriftstellern, auf deren Zusammensetzung der Preisträger selbst Einfluß nehmen konnte. Er wurde zudem um eine Liste der persönlichen Gäste gebeten. Insgesamt ergab sich so eine Gesamtzahl von ca. 300 Gästen. Sie fanden sich zusammen »in Kölns stolzem Gürzenich, der traditionellen Stätte rheinischen Kulturlebens«.[65] Der Bericht der *Rheinprovinz* vermittelt etwas vom Bedeutungshaften, das Raum und Programm ausstrahlten:[65]

Von den Wänden des großen Saales grüßten die schweren brokatnen Banner des mittelalterlichen Köln und das Hoheitszeichen und die Fahnen der Bewegung herab. Reicher Blumenschmuck säumte das Podium, auf dem die Mitglieder des Orchesters der Stadt Köln Platz genommen hatten. Das farbenprächtige Bild bekundete eindeutig den Zusammenklang der alten und neuen Zeit. [Es] erklang in wuchtigen Tönen Beethovens Hohelied der Treue, die Leonoren-Ouvertüre Nr. III, und verstärkte die feierliche Stimmung, die schon beim Betreten des Saales jeden einzelnen umfing. Die Töne des rheinischen Genius hatten stärkste innere Bezogenheit zu dem, was sich in der Feierstunde ereignete.

Die Programmgestaltung entsprach im wesentlichen einem bürgerlichen Feierritual. Doch wie eine Klammer wurde der Komplex aus klassischem Musikrepertoire, der Begrüßungs- und Verleihrede des Landeshauptmannes, der Festrede des Preisträgers und einem Schlußwort Haakes eingeschlossen vom »Fahneneinmarsch« und »Fahnenausmarsch«, der die militaristisch determinierte ästhetische Erwartung der Nazis bediente. Auf diese Praxis wollte man auch nicht im Kriegsjahr 1944 bei der Preisverleihung an Ernst Bertram verzichten. Der Gürzenich war inzwischen ausgebrannt. So mußte man auf den einzigen noch vorhandenen großen Saal, die Aula der Universität ausweichen. Sie stand aber nur bis 12 Uhr zur Verfügung, da der Saal vertragsgemäß danach von der UFA als Kinovorführraum genutzt wurde. Kürzungen des Programms wären deshalb unvermeidlich gewesen. Doch Haake wies das Anersinnen, auf den Fahneneinmarsch zu verzichten und die Fahnenträger bereits vor Veranstaltungsbeginn im Saal zu postieren, persönlich zurück.[66]

Der Verzicht auf den demonstrativen Fahneneinmarsch wäre gerade in dieser politischen Situation des Frühjahrs 1944, in der der Zusammenbruch sich abzeichnete, einem Einbruch in die Symbolstrukturen und damit in die Grundfesten des Systems gleichgekommen. Ihm galt es in Nibelungentreue bis zum Untergang ergeben zu sein.

Was aber hatten die Schriftsteller damit zu tun? Ich greife meine zweite These wieder auf: »Individualität versus Kollektivität. Vom fundamentalen und existentiell bedrohlichen Mißverständnis zwischen Schriftstellern und dem Nationalsozialismus.«

Es kann sicher nicht Aufgabe und Ziel der folgenden, einem kritischen Verständnis der literaturwissenschaftlichen Betrachtungsweise verpflichteten Überlegungen sein, eine nachträgliche und verspätete Rechtfertigungsschrift vorzulegen. Unzweifelhaft nämlich darf gelten, daß die Autoren, die aus gegebenem Anlaß auf den Kreis der Preisträger des *Rheinischen Literaturpreises* zu beschränken sind, dem faschistischen Unrechtssystem gedient haben – was sich nicht zuletzt im Kontext des Literaturpreises hinreichend veranschaulichen läßt. Ihre Namen finden sich weder im breiten ästhetischen wie weltanschaulichen Spektrum der deutschen Exil-Literatur, noch konvergieren die von ihnen gepflegten Schreibweisen und Denkhaltungen mit denen der Inneren Emigration. Was also, so wäre zu fragen, brachte die genannten Schriftsteller, die im Gegensatz zu den Preisträgern des *Immermann-Preises* oder des *Westfälischen Dichterpreises* bereits in den Jahren der Weimarer Republik zu Ansehen gelangt waren, dazu, sich ungeachtet bisweilen weitreichender ideologischer und ästhetischer Differenzen dem faschistischen Herrschaftssytem anzuschmiegen? Anders gefragt: welche Motive innerhalb des (literarisch wie politisch) konservativen Vorstellungshorizonts der rheinischen Autoren ermöglichten jenen selektiven, entdifferenzierenden Zugriff, mit dem die nationalsozialistische Literaturpolitik ihre Werke als ganze instrumentalisierte und total verfügbar machte?

Die folgenden Überlegungen gehen dieser Frage aus wechselnden Gesichtspunkten nach und suchen sie in thesenartig zugespitzten Sätzen zu beantworten.

1. Auf einer abstrakt-allgemeinen Ebene wird man bei allen genannten rheinischen Autoren zunächst eine ausgeprägte Sympathie für all jene aus der deutschen Geistesgeschichte des 18., 19. und beginnenden 20. Jahrhunderts bekannten Denkbewegungen zu konstatieren haben, die man gemeinhin und oftmals auch, wie vor allem das Beispiel Lukács lehrt, zu voreilig unter dem Stichwort des Irrationalismus versammelt. Entscheidend für die Rezeptionshaltung der hier genannten Schriftsteller ist allerdings der Umstand, daß die fundamentale Differenz zwischen einer Ideologisierung der antirationalen Denkmotive und ihrer kritischen Mobilisierung, die im Angesicht einer positivistisch verkümmerten Moderne erfolgt, im Akt der Aneignung zusehends auf Kosten der letzteren eingeebnet wird, d.h. zu regressiven Varianten führt.

2. Organismusgedanke und Ganzheitsutopien als Heilungsstrategien für die umfassende Krankheit Moderne/Entfremdung wurden zunehmend im Rekurs auf antizivilisatorische Gesellschaftsmodelle befriedigt, wie sich durch einen Blick auf die Argumentationsmuster der kulturkonservativen Intelligenz der zwanziger Jahre leicht zeigen ließe. Es ist hinlänglich bekannt, daß die nationalsozialistische Propaganda sich solche obsoleten Eigentlichkeitsphantasien zu eigen machte und etwa in der mythisch aufgeladenen Idee der Volksgemeinschaft oder im Zuge einer agrarkulturellen Schollen-Romantik einzulösen versprach. Wie sehr dieser Appell an archaische Instinkte, dem auch unsere Autoren einen vorschnellen Tribut zollten, faktisch im Widerspruch zur kriegsorientierten wirtschaftlichen und industriellen Aufrüstung stand, blieb vielen Zeitgenossen augenscheinlich verborgen.

3. Es war aber nicht nur der Grundton einer insgesamt kulturkonservativen Haltung, der die rheinischen Schriftsteller zur faschistischen Vereinnahmung disponierte, sondern darüber hinaus waren es auch ganz konkrete Denkmotive, ästhetische Verfahrensweisen etc., die sich in besonderer Weise in die ideologisch-propagandistischen Raster der nationalsozialistischen Politik einspannen ließen:

– Heinrich Lerschs Mythisierung des Arbeitsbegriffs entsprach der Arbeitsideologie der Nationalsozialisten.

– Josef Ponten war nicht nur aufgrund seines Verwerfungsgestus gegenüber dem Weimarer »Intellektualismus« anschlußfähig (dies zeigt seine Rede zum 50. Geburtstag im Aachener Stadttheater besonders deutlich), sondern eignete sich vorzüglich zur ideologischen Stabilisierung der nationalsozialistischen Expansionspolitik. Hans Grimms Roman *Volk ohne Raum* und Pontens Romanfolge *Volk auf dem Wege* konnten als komplementär ausgegeben werden.

– Wilhelm Schäfers *Dreizehn Bücher der deutschen Seele*, die in der Laudatio besonders gewürdigt wurden, bestätigten das deutsche Ausnahmewesen.

– Heinz Steguweit machte sich als Kulturfunktionär, als Landesleiter der Reichsschrifttumskammer beliebt und war schon deshalb der protegierte nationalsozialistische Mustersohn.

– Hermann Stegemann wußte 1939 mit seinen kriegsideologischen Schriften den kommenden Ereignissen vorzuarbeiten.

– Curt Langenbeck, wohl die Ausnahme, reussierte als Schäfers Protegé.

– Otto Brües, der »prachtvolle Rheinländer«, verstand sich vor allem in den beginnenden vierziger Jahren als Produzent jener heiter-unschuldigen Literatur, die, ähnlich den vom System bevorzugten Unterhaltungsfilmen, den realhistorischen Schrecken durch die Banalität des trivialen Scheins zu überblenden suchte.

– Ernst Bertrams Werk dagegen ergänzte literarisch jene Art von Filmkunstwerken, in denen die mythische Verstrickung, das heroisch-tragische Geworfensein, die Götterdämmerung, die sich 1944, dem Zeitpunkt der Preisverleihung, abzeichnete, umgesetzt wurde.

4. Hinzu kam bei den Autoren, die sich auf die Nationalsozialisten einließen, ein hohes Maß an unpolitischem Denken. Die so grassierende Naivität ließ zu, daß man sich allzuspät erst von der »Mörderin Wirklichkeit« eingeholt sah, wie dies unlängst Norbert Oellers in seinem differenzierten Porträt Ernst Bertrams herausstellte.[67] Eitelkeit, Angst und mangelnde Zivilcourage, auch die eigene autoritätsfixierte Sozialisation mögen ein übriges getan haben.

5. Schließlich wird man, um die Interessenlage der rheinischen Autoren angemessen gewichten zu können, nicht unterschlagen dürfen, daß die nationalsozialistische Literaturpolitik ein gleich in doppelter Hinsicht attraktives Identifikationsangebot zu offerieren schien. Denn erstens elimi-

nierte sie qua Gesetzgebung und Verfolgung mit der deutschsprachigen Moderne einen nicht nur ästhetisch unliebsamen Konkurrenten, und zweitens versprach gerade die totale Verklammerung der ausdifferenzierten Wertsphären und ihrer Subjekte/Objekte zu einem mythischen Kollektivsubjekt die Rückerstattung jener durch die rheinischen Autoren stets eingeforderten umfassenden Wirkungsmächtigkeit von Literatur, die als Verlusterfahrung den Prozess ihrer Autonomisierung von Beginn an begleitet hatte.

Die im Kreis der rheinischen Autoren gehegte Hoffnung, ästhetische Individualität und flächendeckende gesellschaftliche Wirkung verwerfungsfrei zu harmonisieren, war, das ist längst kein Geheimnis mehr, eine trügerische, naive und als solche letztendlich wohl Resultat eines durchgängig unpolitischen Konservatismus. Denn ihr individuelles Schöpfertum, auf das sie als »Geistige« zuvor so viel Wert gelegt hatten, wurde ebenfalls nicht nur ignoriert, sondern mit der Volkstumsideologie der Nationalsozialisten und deren bellizistischer Grundstruktur wurden sie zu »Kriegern des Wortes«[68] und »Sprechern völkischer Gemeinschaft« degradiert.[69]

Die Stiftungsurkunde bewertet die Weimarer Republik als »Zeitalter eines schrankenlosen Individualismus«. Individualismus[70] im Schöpferischen aber zählte unbestritten zu den Grundfesten dichterischen Selbstverständnisses, selbst da, wo kollektive produktionsästhetische Perspektiven propagiert wurden, wie etwa im Genossenschaftsroman.[71] Die Erwartung der Schriftsteller, als »Geistige« aktiv gestaltend gesellschaftlich zu wirken, hatte seit der Zeit des Expressionismus zu einer Fülle von Manifesten und Programmen geführt, an denen unsere Autoren ihren Anteil hatten. S i e fühlten sich als geistige Führer.

Die historische Stunde der vermeintlichen Einlösung dieses Anspruchs aber gebar einen anderen Paradigmenwechsel als den erhofften. Denn nicht die Vorherrschaft des Geistes und die Führerschaft der Geistigen stand von diesem Augenblick an auf der Tagesordnung deutscher Literaturpolitik, sondern Hitler selbst avancierte nun zum »künstlerischen und schöpferischen deutschen Menschen schlechthin«, wie dies Staatsrat Hinkel anläßlich der Preisverleihung an Heinrich Lersch formulierte[72] – womit sich der vielfach (und wohl nicht nur von Heidegger) gehegte Wunsch, den Führer selbst noch führen zu können, frühzeitig als hybrides Phantasma entpuppte. Die Aufgabe, »planmäßig alle Lebensbezirke mit seinem Geiste zu durch-

dringen«,[73] wie es wiederum die Stiftungsurkunde als Wesen des Nationalsozialismus signalisierte, forderte die Aufgabe selbstbewußten Schöpfer-
tums zugunsten bedingungsloser Gefolgschaft. Die Quelle der Schöpferkraft selbst aber, die etwa Ponten in seiner Auseinandersetzung mit Thomas Mann aus der Identitätsphilosophie Schellings und dem Erlebnis-
begriff Diltheys abzuleiten verstand und die Ernst Bertram im Rekurs auf
Nietzsches Artistenmetaphysik glaubhaft zu machen versuchte, fiel, meta-
phorisch gesprochen, vom Kopf in den Bauch. Die Synonyme Geist und
Schöpfertum wurden getrennt: »arteigen« war nicht mehr der Geist, auch
wenn er mit aufklärerischer Rationalität nichts mehr gemein hatte, sondern
»deutsches Schrifttum, das aus der Tiefe der Volksseele kommt und Heimat
und Volkstum als den Quell ewiger Schöpferkraft« vertritt.[74]

Die mythische Kategorie Volk, die als Denkfigur auch in der vorna-
tionalsozialistischen Literatur bereits vielfach vorhanden war, und zwar
nicht nur im konservativen Lager – ich verweise hier auf Heinrich Mann –,
wurde abgeleitet aus einer überholten, nur im sentimentalen Klischee
gegebenen, bäuerlich geprägten Lebenswelt. Die Erwartungen der Nationalsozialisten an die Schriftsteller, diese retrospektive Utopie mit Leben
zu füllen, beantworteten sie mit der Selbstverpflichtung zur »Volkstümlichkeit«, einer Kategorie, die die Festrede Wilhelm Schäfers ebenso bestimmte
wie die des ihm nahestehenden Otto Brües, der sein Nachdenken über eine
zeitgemäße Literatur unter dem Titel »Über die Volkstümlichkeit« in seiner
Festrede zur Preisverleihung ausführte.

Gegen die Vereinnahmung und faktische geistige Nivellierung und
Kollektivierung haben sich unsere Schriftsteller nicht zur Wehr gesetzt, im
Gegenteil, sie haben einen geradezu servilen Echostil entwickelt, wie die
Festreden der Preisempfänger und Bekundungen im Umfeld der Preis-
vergabe im Vergleich mit den Lobreden der Partei zeigen.

Außer zur Dekoration und zur gelegentlichen ideologischen Aufrüstung
konnten die Nationalsozialisten nicht viel mit unseren Dichtern anfangen. Welche Verrenkungen diese aber für ihre Anerkennung zu machen bereit waren,
zeigt der Fall Ponten, auf den ich abschließend eingehen möchte.

Am 19. Februar 1938 erscheint in der Zeitschrift *Der SA-Mann* ein
Artikel unter dem Titel »Von Dichtern und Dichterpreisen«.[75] Zunächst
erfährt der Leser die literarischen Normen der Nationalsozialisten bzw.
deren Erwartung an das Wohlverhalten von Schriftstellern, die »in unserem
Staat weitestgehendste Förderungen erhalten, wenn ihr Schaffen in Ein-

klang zu bringen ist mit den Gesetzmäßigkeiten, unter denen sich das Leben unseres Volkes vollzieht und die ihren Ausdruck gefunden haben in der nationalsozialistischen Weltanschauung.« Offen wird denen gedroht, denen eine positive Einstellung zur Partei fehlt und die auf einer früheren gegnerischen Einstellung beharren. Eine Anspielung auf den »bürgerlichen Brei«, der schon immer vom »Nationalen bis zur intimsten Liebäugelei mit dem Kommunismus reichte«, folgt. In Sperrlettern erfährt man nun, wer Ziel der Attacke ist: »Herr Dr. Josef Ponten«. Dieser hat angeblich Ausführungen des Führers auf einer Kulturtagung als »alte Binsenwahrheiten« bezeichnet und muß sich nun gefallen lassen, daß sein Werk nach antinationalsozialistischen Einsprengseln abgelaust wird: Er habe Errungenschaften der Sowjets gelobt und sei in seiner Broschüre *Der Rhein* Verfechter eines paneuropäischen Gedankens; man bezichtigt ihn, »unseren deutschen Strom als den Strom eines Gebildes paneuropäischen Völkermischmasches proklamiert zu haben«. Die Mission der Deutschen hatte Ponten damals als eine »den Juden ähnliche« bezeichnet. Das bringt ihm nun den Vorwurf ein, seine Familie sei jüdisch versippt. Seine Freundschaft mit Thomas Mann mache ihn gänzlich suspekt, so daß man fragen müsse, nach welchen Kriterien er denn den *Rheinischen Literaturpreis* und den *Münchner Dichterpreis* erhalten habe.

Die Presseattacke hat praktische Folgen: die Gestapo entzieht Ponten den Reisepaß, was für den Weltreisenden einem Berufsverbot gleichkommt. Ein Glück für Ponten, daß die Parteischnüffler nicht auch den zweiten Essay »Rheinstrom – Weltstrom« gelesen hatten, denn dort hieß es: »von den Ideologien, namentlich dem faschistischen Nationalismus, aber wollen wir nichts wissen.«[76] Aus dem Artikel wurde ein Skandalfall, der erst im Laufe des Sommers beigelegt war. Ponten wendet sich bereits am 23. Februar hilfesuchend an Kornfeld. Am 25. Februar reicht er ihm eine 17seitige Verteidigungsschrift, »Bemerkungen zu dem Artikel ʻVon Dichtern und Dichterpreisenʼ«[77], ein. Im Aachener Nachlaß befindet sich ein umfangreiches Konvolut von Entwürfen und Fassungen der Schrift, die ermessen lassen, wie sehr sich Ponten betroffen fühlte, wie sehr er wohl auch faktisch bedroht war. Ponten versucht, Souveränität zu beweisen, klopft den Bericht sprachkritisch ab, um dem anonymen Schreiber schulmeisterlich sprachliche Inkompetenz nachzuweisen. Er betreibt eine Gratwanderung zwischen harter Zurückweisung der Schreibermeinung und einer Um- und Neudeutung seiner eigenen Schriften. So rechtfertigt er das von ihm beschriebene, auf Tolstoischem Ideal basierende Reintegrations-modell des Russischen Strafsystems und konzediert der nationalsozialisti-schen »Sicherheitsverwahrung« das gleiche Ziel. Die Europaorientierung seines »Rhein-Essays«, die die Zeitschrift attackiert, deutet er ins Nationale um und vergißt auch nicht, den »unromantischen Juden« mangelnden »Na-tionalismus« vorzuwerfen. Seine aus nationalsozialistischer Sicht verwerf-lichen Fehldeutungen erscheinen nun in historischer Relativierung: »man ist immer klüger, wenn man (1938) vom Rathaus kommt, als wenn man (1922) aufs Rathaus geht.«

Bezogen auf die privaten Attacken beteuert er, gegen die Heirat seiner Geschwister mit Juden gewesen zu sein. Seine damalige Freundschaft mit Thomas Mann versucht er dadurch abzusegnen, daß auch Hanns Johst und Hans Grimm Anhänger des frühen Th. Mann gewesen seien. Er betont die Scharfsicht, mit der er schon früh die literarische Fehlentwicklung Manns gesehen und seine den Nationalsozialisten genehme Kunstdoktrin entwik-kelt habe: die Einsicht, »dass Kunst nie und nimmer eine Angelegenheit der hellen krittelnden Vernunft und gar der Kritik selbst, sondern des dunklen schöpferischen, aus Erlebnis und Leidenschaft kommenden Antriebs sei.«

Ponten war bei seiner Verteidigung nicht ungeschickt vorgegangen, spielte die »Erteiler« der Literaturpreise, die »in dem Angriff natürlich mitgemeint sind«, gegen die SA aus. Kornfeld reagierte sofort und bat Goebbels schon am 25. Februar um eine Stellungnahme. Am 13. Septem-ber teilte Ponten Kornfeld mit, »dass mir halbe Genugtuung geworden ist, indem nämlich das Propaganda-Ministerium mich hat wissen lassen, dass dem *SA.-Mann* Veröffentlichungen über literarische Persönlichkeiten, ohne ihm vorher vorgelegt zu haben, verboten sind. Ferner hat man mir meinen Pass zurückgegeben.«[78]

Fassen wir zusammen:

Mit dem Nationalsozialismus wurde eine Gesprächs- und Streitkultur abgelöst, die, wenn auch in einem durchweg konservativen Denken be-fangen, die Kommunkationsstruktur im Rheinischen Dichterbund geprägt hatte. Der *Bund rheinischer Dichter*, der sich mit hohem Ethos der gesell-schaftlichen Mitverantwortung zu stellen bereit war, wurde durch ein ideologieangepaßtes Kulturfunktionärstum verdrängt. Jedes Individuell-Schöpferische wurde vom Zwang zur Erfüllung ideologischer Normen eingeholt. Friedhofsruhe, die sich ausbreitete, wurde von der anderen Seite als Seelengemeinschaft umgedeutet und ins Zeitlose verklärt. Ein letztes Mal kehre ich zur Dichtertagung in Oberwesel 1937 zurück. Der Berichterstatter der *Kölnischen Zeitung* entlarvt in seinem Bericht, naiv und ideologisch verblendet zugleich, diesen fundamentalen Wandel. [79]

Er verweist zunächst darauf, »daß das Bewußtsein für jene echte Rheinromantik, die vor anderthalb Jahrhunderten die Schönheiten der Mittelrheinlandschaft entdeckte, in dieser Gegend erhalten blieb und auch im neuen Reich sich fruchtbar zu entfalten strebt«. Auf eben diese verlogene Traditionsschiene hatte der Bund bewußt verzichten wollen. Die Idee des Bürgermeisters von Oberwesel, der »die rheinischen Dichter für ein sommerliches Wochenende zu Gast« bat, wird gewürdigt:

Er nimmt damit, vielleicht bewußt, vielleicht unbewußt, eine Überlieferung wieder auf, die in den letzten Jahren eine größere Pause unterbrach: jene jährlichen Zusammenkünfte rheinischer Dichter und Schriftsteller, die früher vielfach zu wesentlichen Anregungen und Auseinandersetzungen führten. Um es gleich zu sagen: das Bild hat sich gewandelt. Standen früher oft hitzige Köpfe gegeneinander, weil die drängenden Fragen und Probleme der Zeit keine Ruhe ließen und man sich in vielfach heftigen Geistesfehden um eine Lösung bemühte, so machte das Treffen in Oberwesel einen ausgeglichenen Eindruck. Nicht etwa so, daß sich die Dichter den Sorgen des Tages nunmehr enthöben und sich wieder gleichsam auf den Parnaß zurückzögen, aber ihre Sorgen sind nicht mehr die vordergründigen des Tages, sie werden in stillem und tiefem Gesprächen durchdacht. Wo der Meinungsaustausch früher die Geister und Gemüter gegeneinanderstellte, entfaltet er sich jetzt in einer stillen Gemeinschaft. Das ist auch der tiefere Grund dafür, daß keine großen Reden und Erörterungen angesetzt wurden. Man darf heute vertrauen, daß sich aus einem solchen zwanglosen Treffen organisch Fruchtbares entwickelt.

Anmerkungen

Eine wissenschaftliche Forschung zum *Rheinischen Literaturpreis* liegt bisher nicht vor. Ich danke dem Ministerium für Wissenschaft und Forschung NRW, das durch seine Forschungsförderung meine Arbeiten zu diesem Thema ermöglicht hat. Danken möchte ich auch dem Archiv des Landschaftsverbandes Rheinland (im folgenden ALVR), das mir Einsicht in umfangreiches Aktenmaterial gewährte, der Stadtbibliothek Aachen, die mir den Nachlaß von Josef Ponten, und der Stadt- und Universitätsbibliothek Frankfurt, die mir den Nachlaß von Alfons Paquet zugänglich machte.

1. Rheinischer Dichterpreis, in: *Die Rheinprovinz* 11 (1935), S. 245.

2. Rheinische Dichtertagung. Verleihung des *Rheinischen Literaturpreises* an den Arbeiterdichter Heinrich Lersch, in: ebd., S. 756. Im Nachlaß Alfons Paquet (im folgenden NLP) befindet sich ein Prospekt der Dichtertagung, verschickt vom Leiter des Schriftstellerkreises Düsseldorf-Niederrhein in der Reichsschrifttumskammer, Karl Hörsterey. Jakob Kneip hatte diese Einladung vom 10. Oktober 1935 am 20. Oktober an Paquet geschickt, »für den Fall, daß man dich aus irgend einen Grund übersehen hat!« Er kommentiert weiter handschriftlich: »natürlich gehe ich n i c h t hin. Diese 'Dichter' läßt man am besten unter sich tagen. Aber ich fürchte, daß Leute wie Winckler, Hatzfeld p.p., um den Anschluß nicht zu verpassen, doch erscheinen.« NLP A 8 IV, Korrespondenz Rheinischer Dichterbund. Kneips Kommentar spiegelt die veränderte Stimmungslage, die seit 1933 im Kreis rheinischer Dichter herrschte.

3. Stegemann war auch dem Kreis der rheinischen Schriftsteller, die in einer Vielzahl von Texten die historische und politische Bedeutung des Rheinlandes thematisiert hatten, bekannt durch sein Werk *Der Kampf um den Rhein.* Alfons Paquet gratulierte Stegemann auch im Namen des Bundes *rheinischer Dichter* am 28. Mai 1930 zum 60. Geburtstag, NLP A 8 IV.

4. Hanns Maria Lux: Rheinische Dichter in Oberwesel am 10. Und 11. Juni 1937. Ein Erlebnisbericht, in: *Der Grenzgau Koblenz-Trier* (1937), S. 67-73, hier S. 72f.

5. Gertrude Cepl-Kaufmann: Phönix aus der Asche. Europavisionen westdeutscher Schriftsteller nach dem 1. Weltkrieg, in: *Eurovisionen. Vorstellungen von Europa in Literatur und Philosophie.* Hrsg. von Peter Delvaux und Jan Papiór. Amsterdam und Atlanta 1996, S. 39-60 (=Duitse Kroniek 46).

6. Lux 1937 (Anm. 4), S. 73.

7. Im Rahmen der 3. Jahrestagung des *Bundes rheinischer Dichter* 1928 in Frankfurt wurde am 23. Juni 1928 auf Antrag René Schickeles der Vorschlag Paquets positiv abgestimmt, den Ehrenbreitstein, der im Kontext der Reichsehrenmaldebatte im Gespräch war, friedlichen Zwecken zuzuführen. NLP A I, F 169.

8. Gertrude Cepl-Kaufmann: »Europas Jordan ist der Rhein.« Der Bund *rheinischer Dichter* zwischen Europaidee und Volkstumdenken, in: *Geschichte im Westen* 10 (1995), H. 2, S. 149-167.

9. NLP A I, Nr. 19, S. 3.

10. Die Meldung über einen *Heine-Preis*, so wie sie in der Zeitschrift *Das literarische Echo* (33, 1931, H. 4, S. 240) erscheint, ist irreführend. Der *Bund rheinischer Dichter* hatte natürlich keinen Einfluß darauf, ob und an wen die Stadt Düsseldorg den Heine-Preis zu vergeben habe.

11. NLP A I B, Nr. 31, Bl. 211.

12. NLP A I B, Nr. 22, Bl. 148.

13. NLP A I B, Nr.26, Bl. 172f.

14. Die Zeitschrift *Das literarische Echo* 34 (1932, H. 11, S. 659) suggeriert einen eigenständigen Dichterpreis und nennt fälschlicherweise G. Fuhrmann, dies wohl deshalb, weil Fuhrmann in der Schriftstellerszene weitgehend unbekannt war. Die Auswahl der Empfänger der Geldsumme dürfte auf Paquet zurückgehen, vor allem in Fall Fuhrmann. Fuhrmann, Inhaber des kleinen Folkwang-Auriga-Verlages in Friedrichssegen/Lahn, hatte, auf wessen Veranlassung auch immer, eine Einladung zur Freiburger Dichtertagung 1931 erhalten und Paquet in einem zornigen Brief am 21. September Vorwürfe gemacht über das Versagen der europäischen Intellektuellen, die es zuließen, daß China, Indien und Rußland als europäische Sklaven gehalten würden. Gegen diese Fundamentalkritik versuchte sich der Asienkenner Paquet zwar zu wehren, im Briefwechsel aber zeigen sich seine Schuldgefühle, so daß man die Geldvergabe zweifellos als eine Art materieller Entschädigung für die seelischen Leiden Fuhrmanns interpretieren kann. NLP A I, Nr. 43, Bl. 257-260.

15. Rheinischer Literaturpreis 1935 (Anm. 1), S. 245. Zur Beiratstätigkeit vgl. Anhang.

16. Steguweit hatte sich beim *Westdeutschen Beobachter* beschwert, daß »immer nur die Spätlinge gekrönt werden«. Der *Westdeutsche Beobachter* teilt dies am 14. Juni 1937, Partei für Steguweit ergreifend, Landesverwaltungsrat Peters-Krothe in Düsseldorf mit. ALVR, Akte 11196.

17. ALVR, Akte 11197.

18. Umfangreiches Aktenmaterial dazu im ALVR, Akte 11196. Der Aktenvorgang für 1935 und 1936 ist nicht vollständig.

19. Rheinischer Literaturpreis 1935 (Anm. 1), S. 245.

20. ALVR, Akte 11196. Vgl. dazu die Aufstellung im Anhang.

21. ALVR, Akte 11201.

22. Ebd.

23. ALVR, Akte 11196.

24. ALVR, Akte 11197.

25. ALVR, Akte 11200.

26. Ebd.

27. ALVR, Akte 11197.

28. Brief vom 28.12.1933 und 4.1.1940, ALVR, Akte 11197.

29. ALVR, Akte 11197.

30. ALVR, Akte 11201.

31. Seit 1. Dezember 1936 (Heinrich Lersch war am 18. Juni 1936 verstorben) erhielt Erika Lersch 120 Mark von der *Deutschen Arbeitsfront*, 130 Mark vom

Provinzialverband und 50 Mark von der Stadt MönchenGladbach. Diese zunächst auf drei Jahre befristete Unterstützung wurde auf Betreiben Kornfelds, der zunächst die Reichsschrifttumskammer und die Schiller-Stiftung vergeblich um Unterstützung ersucht hatte, verlängert, allerdings nur in einer Gesamthöhe von 200 Mark. Erst ab 1. Dezember 1942 gestand man ihr, wiederum auf Kornfelds Initiative hin, eine lebenslage monatliche Unterstützung von 350 Mark zu. ALVR, Abt. IV, Bewilligung einer Beihilfe aus »Kulturpflege«, 1936-1943, Akte 12778.

32. ALVR, Akte 11200. Der reichhaltige Nachlaß liegt heute in der Stadtbibliothek Aachen.

33. ALVR, Akte 11197.

34. ALVR, Akte 11199.

35. ALVR, Akte 11200. Brief Brües an Kornfeld vom 15.12.1942.

36. ALVR, 16.6.1941, Akte 11199.

37. ALVR, Akte 11196.

38. ALVR, Akte 11198. Schon beim Besuch Kornfelds auf der Sommerhalde war die Entscheidung für Langenbeck faktisch gefallen. Akte 11197.

39. ALVR, Akte 11198, Brief vom 24.10.1940.

40. *Programm des Bayerischen Staatsschauspiels München.* November 1940. Spielzeit 1940/41, H. 3.

41. ALVR, Akte 11201, Schäfer an Kornfeld am 7.3.1943.

42. ALVR, Akte 11201.

43. ALVR, Akte 11200.

44. ALVR, Nachlaß Kornfeld, Akte MA 18/12.

45. ALVR, Akte 11201.

46. Ebd.

47. ALVR, Akte 11202.

48. Ebd.

49. Ebd.

50. Ebd.

51. ALVR, Akte 11237.

52. ALVR, Akte 11197.

53. ALVR, Akte 11200.

54. *Kölnische Volkszeitung* vom 26.8.1938. Die Preisinflation verstärkte sich noch, so daß in den 40er Jahren ca. 80 Preise zur Verfügung standen. Es wurde schwierig, geeignete Autoren zu finden. Gegenüber einer Zahl von weit über 300 Preisen heute, davon über 90 in NRW, nimmt sich die damaligen Preisinflation bescheiden aus. Vgl. dazu den Beitrag von Jan-Pieter Barbian in diesem Band.

55. ALVR, Akte 11196.

56. Ebd.

57. Ebd.

58. ALVR, Akte 11197.

59. ALVR, Akte 11197, Brief Goebbels vom 15.11.1939.

60. Rheinische Dichtertagung 1935 (Anm. 2), S. 759.

61. Rheinischer Literaturpreis, in: *Die Rheinprovinz* 12 (1936), S. 760-7.

62. ALVR, Akte 11196.

63. ALVR, Akte 11197.

64. *Die Rheinprovinz* 13 (1937), S. 810.

65. Ebd.

66. ALVR, Akte 11201.

67. Norbert Oellers: Ernst Bertram. Mit dem Strom und gegen ihn, in: *Moderne und Nationalsozialismus im Rheinland.* Hrsg. von Dieter Breuer und Gertrude Cepl-Kaufmann. Paderborn 1997, S. 213-227.

68. Karl Hörsterey bei der Preisverleihung an Lersch, in: Rheinische Dichtertagung 1935 (Anm. 2), S. 758.

69. Ebd., S. 757.

70. Rheinischer Literaturpreis 1935 (Anm. 1), S. 245.

71. Der *Bund rheinischer Dichter* verhandelte auf seiner Frankfurter Tagung 1928 die »Möglichkeit der Kollektivarbeit«, z.B. zum Thema Separatistenbewegung. NLP A I B, Nr. 9, Bl. 41, Protokoll der Sitzung vom 23.6.1928. Winckler und Paquet planten einen gemeinsamen Genossenschaftsroman, vgl. Paquet an Winckler, 14.10.1930; Winckler an Paquet, 17.10.1939, abgedruckt in: *Josef Winckler. Briefwechsel 1912-1966. Eine Auswahl.* Bearbeitet und Kommentiert von Wolfgang Delseit. Köln 1995, S. 282-289.

72. Rheinische Dichtertagung 1935 (Anm. 2), S. 758.

73. Rheinischer Literaturpreis 1935 (Anm. 1), S. 245.

74. Ebd.

75. Von Dichtern und Dichterpreisen, in: *Der SA-Mann* (München), Ausgabe Niederrhein, 7, 8. Folge vom 19.2.1938.

76. *Der Rhein. Zwei Aufsätze. Gabe zur Feier der Tausend Jahre der Rheinlande.* Stuttgart 1925. Darin: Der Rhein, eine geographisch-historische Betrachtung, S. 5-20; Rheinstrom-Weltstrom, S. 21-52, hier S. 30. Vgl. dazu auch Cepl-Kaufmann 1996 (Anm. 2).

77. ALVR, Akte 11196.

78. Ebd.

79. *Kölnische Zeitung*, Nr. 348 vom 13.7.1937.

Anhang

Der Anhang vermittelt einen exemplarischen Einblick in die Beiratstätigkeit und die abgegebenen Voten, die deutlich machen, wer damals als preiswürdiger Schriftsteller anerkannt war. Erfaßt werden allerdings nur die Jahrgänge 1937-1943, da für die ersten beiden Jahre kein ausreichendes Aktenmaterial zur Verfügung steht. Unterschieden wird zwischen der Möglichkeit der Beiratsmitglieder, nicht zu reagieren (keine Angabe = k.A.) und dem bewußten Verzicht einer Nennung eines preiswürdigen Kandidaten (Verzicht auf Nennung = V.N.)

Zu bemerken ist:

– Statistisch unberücksichtigt blieb die zuweilen hierarchisch angeordnete Vorschlagsliste, da dies von den Modalitäten her nicht vorgesehen war.

– Entgegen der ursprünglichen Konzeption von zehn Beiratsmitgliedern wurden regelmäßig hinzugezogen der Gauwalter der DAF Koblenz und der HJ-Bannführer für das Gebiet Niederrhein-Ruhr. Dieser sehr engagierte PG Wenzel bereicherte die Skala der genannten Autoren durch absolute Außenseiter, die weder zur rheinischen Literaturszene noch zu einem am Rheinland orientierten Werk beigetragen haben.

– Die Einschaltung von Hans Blunck und Hanns Johst wurde berücksichtigt, nicht aber die Vorschläge von Verlagen und die Eigenbewerbung von Schriftstellern.

– Ein sehr ungenaues Bild ergibt sich für die Schriftstellervoten. Nach der Aktenlage ist die Beiratstätigkeit von Schriftstellern zunehmend zum Erliegen gekommen. Es liegen nur folgende Voten vor:

> 1937: Paul Joseph Cremers; Franz Peter Kürten
> 1938: Paul Joseph Cremers; Josef Ponten
> 1939: Franz Peter Kürten
> 1940: –
> 1941: Heinz Steguweit (war kein offizielles Beiratsmitglied)
> 1942: –
> 1943: Wilhelm Schäfer

– Berücksichtigt werden muß bei der Auswertung, daß Autoren, die den Preis bereits erhalten hatten, nicht mehr genannt werden.

Alphabetische Liste der genannten Autoren	Vorgeschlagene Autoren	Anzahl der Voten
1. Beielstein, Felix Wilhelm	1. Beumelburg	11
2. Bertram, Ernst	2. Bertram	8
3. Beumelburg, Werner	Oppenburg	8
4. Bloem, Walter	3. Steguweit	7
5. Bockemühl, Erich	4. Brües	6
6. Brandenburg, Hans	5. Brautlacht	5
7. Brautlacht, Erich	Gmelin	5
8. Brües, Otto	Kneip	5
9. Gabele, Anton	6. Beielstein	4
10. Gmelin, Otto	Schmidtbonn	4
11. Helke, Fritz	7. Langenbeck	3
12. Jansen, Werner	Schäfer	3
13. Kneip, Jakob	Zerkaulen	3
14. Koll, Kilian	8. Helke	2
15. Langenbeck, Curt	Koll	2
16. Oppenberg, Ferdinand	Vesper	2
17. Rothe, Karl	Zilkens	2
18. Schäfer, Wilhelm	9. Bloem	1
19. Schmidtbonn, Wilhelm	Bockemühl	1
20. Stahl, Hermann	Brandenburg	1
21.. Steguweit, Heinz	Gabele	1
22. Vesper, Will	Jansen	1
23. Vollmer, Walter	Rothe	1
24. Weller, Tüdel	Stahl	1
25. Zerkaulen, Heinrich	Vollmer	1
26. Zilkens	Weller	1

Beiratsvoten:	1937	1938	1939	1940	1941	1942	1943
1. Landesleiter des Ministeriums für Volksaufklärung und Propaganda, Gau Essen	V.N.	Beumelburg	k.A.	k.A.	Brautlacht	Brautlacht	Beumelburg Bertram Oppenberg
2. Landesstellenleiter des Ministeriums für Volksaufklärung und Propaganda, Gau Düsseldorf	Steguweit Beielstein Zilkens	k.A.	Gmelin Bertram	Beumelburg	k.A.	k.A.	Beumelburg Bloem Vesper
3. Landesstellenleiter des Ministeriums für Volksaufklärung und Propaganda, Gau Köln-Aachen	Steguweit	Steguweit	k.A.	Gmelin	Schmidt-bonn Bertram	Brües	Zerkaulen
4. Landesstellenleiter des Ministeriums für Volksaufklärung und Propaganda, Gau Koblenz/Trier	Beumelburg	Steguweit	k.A.	k.A.	V.N.	Beumelburg	Gabele
5. Leiter der Landesstelle der Reichsschrifttumskammer, Wuppertal-Elberfeld	Steguweit Beielstein	Beumelburg Gmelin	Beumelburg Bertram Gmelin	Zerkaulen	Brautlacht Bockemühl	Kneip	Stahl
6. Leiter der Reichsstelle zur Förderung deutschen Schrifttums	Zilkens	Vollmer Gmelin Beielstein	Rothe Oppenberg	k.A.	V.N.	k.A.	V.N.
7. Leiter der Staatlichen Beratungsstelle für das Volkstümliche Bibliothekswesen, Wuppertal	Schäfer Schmidtbonn Oppenberg	Oppenberg	k.A.	Bertram Vesper Langenbeck	V.N.	Beumelburg	V.N.

8. Leiter der Staatlichen Beratungsstelle für das Volkstümliche Bibliothekswesen, Köln	Kneip	Kneip Steguweit Brües	Kneip	k.A.	V.N.	k.A.	V.N.
9. Schriftsteller	Schäfer Schmidtbonn Bertram	Bertram	Kneip	k.A.	Brües	k.A.	Brautlacht
10. Schriftsteller	Schmidtbonn Schäfer	Brandenburg	k.A.	k.A.	k.A.	k.A.	k.A.
11. HJ-Bannführer Gebiet Ruhr-Niederrhein	Helke	Helke Oppenberg	Jansen Oppenberg Langenbeck	Oppenberg	V.N.	Koll Weller Beumelburg Beielstein Brautlacht Brües	Koll
12. Gauwalter der Deutschen Arbeitsfront DAF	Beumelburg	k.A.	k.A.	k.A.	k.A.	k.A.	k.A.
13. Hauptschriftleiter Westdeutscher Beobachter	Steguweit	k.A.	k.A.	k.A.	k.A.	k.A.	k.A.
14. Hans Blunck	k.A.	Steguweit	k.A.	k.A.	k.A.	Brües	k.A.
15. Hanns Johst	k.A.	k.A.	k.A.	k.A.	k.A.	Brües	Zerkaulen

Anlage 1: Archiv des Landschaftsverbandes Rheinland, Akte 11237

Rheinischer Literaturpreis

Nach Erringung der Macht geht der Nationalsozialismus daran, planmäßig alle Lebensbezirke mit seinem Geiste zu durchdringen; in Verfolg dessen schenkte er auch dem arteigenen deutschen Schrifttum, das aus der Tiefe der Volkseele kommt und Heimat und Volkstum als den Quell ewiger Schöpferkraft wertet, seine größte Aufmerksamkeit.

Dichter und Schriftsteller sind es gewesen, die im Zeitalter eines schrankenlosen Individualismus dem deutschen Wesen die Treue hielten; diesen und darüber hinaus den Bannerträgern des neuen deutschen Geistes unter den Dichtern und Schriftstellern die verdiente Anerkennung zu zollen, ist mein Wille und Wunsch, den ich durch die Stiftung eines *Rheinischen Literaturpreises* zum Ausdruck bringe.

Der Rheinische Provinzialverband sieht als berufener Sachwalter aller kulturellen Belange im rheinischen Raume seine besondere Aufgabe darin, das rheinische Schrifttum mit allen Kräften zu fördern und hat deshalb auf der am 9. bis 11. April in Wupertal stattgefundenen Tagung des Gaues Berg-Niederrhein des Verbandes deutscher Schriftsteller einen *Rheinischen Literaturpreis* im Betrage von 2.500 Reichsmark gestiftet, der jedes Jahr, erstmalig im Jahre 1935, verliehen werden soll.

Der Rheinische Provinzialverband wird bei der Verleihung von folgenden Grundsätzen geleitet:

I. Der *Rheinische Literaturpreis* wird entweder für die Gesamtleistung eines Rheinländers im Schrifttum oder für eine dichterisches Einzelleistung eines Rheinländers verliehen. Einem nicht im Rheinland geborenen Schriftsteller kann der Preis zufallen, wenn er durch Leben und Werk seine Verbundenheit mit dem Rheinland bekundet.

II. Das Recht, Vorschläge für die Verleihung des *Rheinischen Literaturpreises* zu machen, haben:

1. die Mitglieder des Beirates (vgl. Ziff. IV)
2. die Gauleiter des Verbandes Deutscher Schriftsteller,
3. die Leiter der rheinischen Volksbüchereien.

III. Die Vorschläge sind bis zum 1. April d.Js., für welches die Verleihung erfolgt, für 1935 bis zum 1. August bei der Provinzialverwaltung einzureichen.

IV. Die Verleihung erfolgt durch den Landeshauptmann der Rheinprovinz nach Anhörung eines Beirates, an dessen Spitze der Abteilungsdirigent des Kulturdezernates der Provinzialverwaltung steht. Zum Beirat gehören:

1. bis 4. die Landesstellenleiter des Ministeriums für Volksaufklärung und Propaganda in den Gauen Essen, Düsseldorf, Köln-Aachen und Koblenz-Trier,

5. ein Leiter eines Gauverbandes Deutscher Schriftsteller, der von den vier Verbandsgauleitern in Vorschlag gebracht wird,

6. der Leiter der Reichsstelle zur Förderung Deutschen Schrifttums in Berlin Nord 4, Oranienburgerstraße 79,

7. u. 8. die Leiter der Staatlichen Beratungsstellen für volkstümliche Bibliotheken in Wuppertal und Köln.

V. Für jede Verleihung des *Rheinischen Literaturpreises* wird der Landeshauptmann zwei Schriftsteller als Mitglieder des Beirates berufen (für 1935 Richard Euringer, Essen, und Heinz Steguweit, Köln.)

VI. Jeder Schriftsteller kann nur einmal Träger des *Rheinischen Literaturpreises* sein. Dem Beirat steht das Recht zu, eine Teilung des Preises an zwei Schriftsteller in Vorschlag zu bringen, des weiteren die Lösungen anderer Schriftsteller außer den in Vorschlag gebrachten mit in die Prüfung einzubeziehen. Der Landeshauptmann ist an die Vorschläge des Beirates nicht gebunden; er kann nach seinem Ermessen die Preisverteilung vornehmen wie auch den Preis für das betreffende Jahr aussetzen.

VII. Die Bekanntgabe des Preises erfolgt zu Anfang Oktober gelegentlich einer Tagung des Verbandes Deutscher Schriftsteller im Rheinland und durch die vom Landeshauptmann herausgegebene Zeitschrift *Die Rheinprovinz*. Im Rahmen dieser Zeitschrift soll gleichzeitig das Schaffen des Preisträgers eine ausführliche Würdigung erfahren.

VIII. Die Auszahlung des *Rheinischen Literaturpreises* erfolgt jeweils am 1. Dezember des Jahres, für welches er verliehen wird.

Düsseldorf, den 9. April 1935,
am 70. Geburtstage des Generals Ludendorff, des Schirmers der rheinischen Heimat

Heinz H a a k e,
Landeshauptmann der Rheinprovinz

Anlage 2: Akte 11237, Archiv des Landschaftsverbandes Rheinland

Rheinischer Förderpreis

Der Rheinische Provinzialverband als berufener Sachwalter der kulturellen Belange im rheinischen Raum sieht es mit als eine seiner vornehmsten Aufgaben an, den jungen dichterischen Kräften den Weg zu bereiten. Neben der Auszeichnung eines einzelnen Dichters durch den *Rheinischen Literaturpreis* wurde daher gelegentlich der feierlichen Verleihung des *Rheinischen Literaturpreises* 1938 auch ein *Förderpreis* geschaffen. Dieser Preis in Höhe von RM 1.500 soll alljährlich an drei aufstrebende Kräfte des rheinischen Schrifttums unter Ausschluss der Öffentlichkeit verliehen werden. Bei der Verteilung wird der Provinzialverband geleitet von folgenden Grundsätzen:

1. Der *Rheinische Förderpreis* ist kein Preis für ausgesprochene Leistung, sondern ein – wie sein Name schon sagt – *Förderpreis*, der sich zur Aufgabe setzt, junge Kräfte durch eine einmalige finanzielle Unterstützung in die Lage zu versetzen, in Ruhe ihr Werk reifen zu lassen.

2. Der Preis wird an solche Dichter und Schriftsteller verliehen, die entweder im Rheinland geboren sind oder durch ihr Werk ihre Verbundenheit mit dem Rheinland bekunden.

3. Das Recht, Vorschläge für die Verteilung des *Rheinischen Förderpreises* zu machen, haben 1. die Mitglieder des Beirates, 2. die Gauleiter des Verbandes Deutscher Schriftsteller.

4. Die Vorschläge sind bis zum 1. Oktober eines jeden Jahres schriftlich bei der Provinzialverwaltung einzureichen.

5. Die Verteilung erfolgt durch den Landeshauptmann der Rheinprovinz nach Anhören eines Beirates, an dessen Spitze der Abteilungsdirigent des Kulturdezernates der Provinzialverwaltung steht. Zum Beirat gehören:

    1. bis 4. die Landeskulturwalter der Gaue Essen, Düsseldorf, Köln-Aachen und Koblenz-Trier,

    5. die Leiter der Gauverbände Deutscher Schriftsteller,

    6. der Leiter der Reichsstelle zur Förderung Deutschen Schrifttums, Düsseldorf.

Der Träger des Förderpreises hat den zufallenden Betrag für eine Studienreise ausserhalb der Rheinprovinz zu nutzen.

6. Die Bekanntgabe der Verteilung erfolgt nicht in der Öffentlichkeit.

Die Auszahlung geschieht am 1. Dezember des Jahres, für welches er verliehen wird.

Zwischen Distanz und Affinität. Anmerkungen zu Josef Pontens Weg in den Faschismus

Von Dietmar Lieser

Vorbemerkung

Gründliche philosophische, das heißt wahrhaft marxistische Vernunft richtet und berichtigt sich im gleichen Akt wie ihr Gegenspiel: die Windbeutelei, den Mystizismus. Von diesem lebten die Nazis, doch sie konnten eben nur deshalb so ungestört mit ihm betrügen, weil eine allzu abstrakte (nämlich zurückgebliebene) Linke die Massenphantasie unterernährt hat. Weil sie die Welt der Phantasie fast preisgegeben hat, ohne Ansehung ihrer höchst verschiedenen Personen, Methoden und Gegenstände, zugespitzt gesagt: ohne rechte Differenzierung zwischen dem Mystiker Eckart und dem »Mystiker« Hanussen oder Weißenberg.[1]

Diese vielzitierten Sätze aus *Erbschaft dieser Zeit* enthalten in nuce Ernst Blochs »Theorie der Ungleichzeitigkeit«. Als solche will sie bekanntlich Diagnose, kritische Replik und Gegenprogramm zugleich sein. Diagnostisch verfährt sie insofern, als sie von dem aufklärerischen Bemühen getragen wird, die faschistische Instrumentalisierung der vom kapitalistischen System unabgegoltenen Irrationalismen bloßzustellen. Das impliziert natürlich in eins den kritischen Blick auf diese Vorgänge. Doch gilt dieser nicht nur den handgreiflichen Eklektizismen der nationalsozialistischen Ideologie. Wenigstens ebenso deutlich soll durch ihn die verfehlte Politik des orthodoxen Marxismus angezeigt werden, der in seiner positivistisch-wissenschaftlichen Voreingenommenheit die latenten »Massenphantasien« hochmütig als Zeugnisse eines regressiven Bewußtseins abtut, statt sie dialektisch zu wenden und damit dem politischen Gegner endgültig zu entreißen. Daß die »Theorie der Ungleichzeitigkeit« sich damit zugleich als Gegenprogramm konstituiert, liegt auf der Hand: sie gipfelt konsequent in dem Plädoyer für eine Rationalisierung des Irrationalen im Lichte der revolutionären Befreiung. Bloch wußte nur zu gut um die Vergeblichkeit dieser Anstrengung. Während er noch im Schweizer Exil nicht müde wurde, dem herrschenden Vulgärmaterialismus die groben Versäumnisse der Vergangenheit vorzurechnen, hatte der Faschismus die ungleichzeitigen Sehnsüchte breiter Bevölkerungskreise bereits zynisch in Dienst genommen und sogleich damit begonnen, ihre »künstlerische« Propagierung öffentlich zu prämieren.

Der in diesem Sammelband vorgelegte Aufsatz von Gertrude Cepl-Kaufmann zum *Rheinischen Literaturpreis* verifiziert diesen Prozeß gleichsam am regionalen Modell, indem er nämlich eindrücklich vor Augen führt, mit welcher Systematik das faschistische Regime die herrschaftsstabilisierende Kanalisierung der von Bloch ausgemachten ungleichzeitigen Sehnsüchte noch im provinziellen literarischen Raum betrieb. Das muß hier nicht noch einmal wiederholt werden. Vielmehr soll im folgenden das, was in den kultischen Feiern der rheinischen Preisverleihungen offiziell beklatscht wurde, in seiner Entstehung am exemplarischen Fall verfolgt werden. Es geht demnach um die Frage nach jener autorspezifischen ideologischen Disposition, die immer schon (latent) vorhanden sein mußte, um den nationalsozialistischen Zwecken überhaupt erst dienen zu können. Der intellektuelle Werdegang des zweiten Preisträgers, Josef Ponten, zeigt beispielhaft, daß die entscheidende Weichenstellung nicht nur schon in die frühen und mittleren Jahre der Weimarer Republik fällt, er veranschaulicht auch, daß substantielle Affinitäten selbst dort bereits objektiv gegeben waren, wo eine solche Nähe noch strikt zurückgewiesen wurde.

Haben die nachstehenden Ausführungen also wenig mit der offiziellen Festkultur des Nationalsozialismus – und speziell: mit der Verleihpraxis des *Rheinischen Literaturpreises* – zu tun, so gestatten sie doch gewissermaßen einen Einblick in deren Vorgeschichte; freilich aus der Sicht eines einzelnen, nichtsdestotrotz aber repräsentativen Autors.

I.

Ponten war, soviel läßt sich mit Gewißheit sagen, kein Nationalsozialist der ersten Stunde. Darüber gibt ein schmales Buch Auskunft, das mit der Jahreszahl 1925 erschien und unter dem Obertitel *Der Rhein* zwei Aufsätze geographisch-historischen Inhalts vereinigte, die zugleich als Kommentar zu einem konkreten zeitgeschichtlichen Ereignis gelesen sein wollten; der gemeinsame Untertitel »Gabe zur Feier der Tausend Jahre der Rheinlande« zeigt dies ganz deutlich an.[2] Nun war die Jahrtausendfeier der Rheinlande kein beliebig erinnerungsträchtiges Jubiläum im kulturhistorischen Festkalender, sondern weit eher schon eine großangelegte Demonstration deutschen Nationalbewußtseins, die der französischen Rheinland-, d.h. Besetzungspolitik propagandistisch zu begegnen suchte. Der von offiziellen Stellen initiierte Versuch, ein in den Untiefen des Vorvergangenen versunkenes geschichtliches Ereignis von bestenfalls sekundärer Bedeutung Eingliederung Lotharingiens in das Ostfrankenreich im Jahre 925 – in das kollektive Gedächtnis der Zeitgenossen zurückzurufen, stand somit von Beginn an unter brisanten tagespolitischen Vorzeichen: »Im Jahre 1925 diente die historische Retrospektive dazu, einer breiten Öffentlichkeit zu demonstrieren, daß die Staats- und Kulturgrenzen am Rhein seit 1919 abermals nicht mehr übereinstimmten, daß daher eine umgehende Revision des Versailler Vertrages erforderlich sei, um sie wieder zur Deckung zu bringen.«[3] Schon ein Mindestmaß an Phantasie reicht hin, sich vorzustellen, daß dieser notdürftig heraufbeschworene Anlaß all jene auf den Plan rief, die über genügend politischen Einfluß oder auch nur über ein ausreichendes rhetorisches Talent verfügten, um die Klaviatur des Patriotismus in jeder nur gewünschten Tonlage öffentlich bedienen zu dürfen. Pontens kleine Schrift schien diesem Verlangen des Tages in schier idealer Weise entsprechen zu wollen, so vor allem mit dem zweiten Aufsatz des Bändchens, der kulturhistorischen Betrachtung »Rheinstrom – Weltstrom«. Schließlich verfolgt die im souveränen Gestus des poeta doctus vorgetragene Abhandlung keinen anderen Zweck, als »vor dem gerechtesten Forum der Wissenschaftlichkeit«[4] die natur- wie menschheitsgeschichtliche Bedeutsamkeit des *deutschen* Rheins zu demonstrieren, seine kulturhistorische wie zuküftige Sonderrolle qua vergleichender Gegenüberstellung definitiv festzuschreiben. Kein Zweifel – Pathos und Emphase solcher fragwürdig hergeleiteten Mächtigkeitsphantasien nähern sich bedenklich der sattsam bekannten Phraseologie nationalistischen Wortgeklingels und ihres hybriden Anspruchs »Am deutschen Wesen soll die Welt genesen« an. Gleichwohl bleibt festzuhalten, daß Pontens patriotische Gesinnung sich jedweder aggressiven und chauvinistischen Politik kategorisch verweigert. Das weltgeschichtliche Telos, dem das rheinisch-deutsche Bewußtsein federführend zuarbeiten soll, wird nicht als Verheißung eines expansionistischen Nationalstaats definiert, sondern als das grenzüberschreitende Gebilde der »Vereinigten Staaten von Europa«[5]. Und in diesem Zusammenhang fällt dann auch jener Satz, der die Distanz des Pontenschen Patriotismus zu jenem des aufkommenden Faschismus unmißverständlich markiert: »Von den Ideologien, namentlich des faschistischen Nationalismus, aber wollen wir nichts wissen.«[6]

In einem exakt umrissenen Sinne darf man dieses Bekenntnis dem unwandelbaren Kernbestand des Pontenschen Selbst- und Weltverständnisses zuschlagen – und zwar selbst für jenen Zeitraum noch, als sich dieses längst, und keineswegs nur unfreiwillig, der nationalsozialistischen Ideologie auf anderen Gebieten weitestgehend anverwandelt hatte. Durchaus fremd nämlich blieb Pontens grundkonservativer Haltung bis zuletzt jedweder Hang zu einem militanten, aggressiv-imperialistischen Nationalismus, der zumal im hybriden Konstrukt einer rassischen Auserwähltheit seine abstrus-menschenverachtende Letztbegründung fand. Wo Ponten sich dennoch einmal, wie etwa im Fall der gegen seine Person gerichteten Presse-Kampagne im Jahre 1938, der offiziell geforderten chauvinistisch-antisemitischen Terminologie bediente, da diktierte ganz augenscheinlich der Selbsterhaltungswille dem Geist die taktischen Antworten in die Feder.[7]

Läßt sich, streng genommen, also auch für die Zeit nach 1933 nicht von einem identifikatorischen Verhältnis zur faschistischen Ideologie sprechen, so entfaltet andererseits doch vor allem Pontens Essayistik der Weimarer Jahre schon diverse konservative Denkmotive, die mit spezifischen Versatzstücken im synkretistischen Theoriegebäude der nationalsozialistischen Weltanschauung konvergieren. Ihrer Substanz nach handelt es sich dabei freilich nicht um Argumente genuin politischer, sondern eher schon um Überlegungen ästhetischer Natur, die sich dann aber mit allgemeinen und im übrigen sattsam bekannten kulturkritischen Erwägungen verbinden. Die entscheidende Formierung dieser Position ist exakt datierbar – auf den Oktober des Jahres 1924, als Ponten in einem »Offenen Brief« an Thomas Mann daran ging, den Literaturbegriff des Lübecker Romanciers mit einer ausführlichen Darstellung seines eigenen Dichtungsverständnisses zu parieren.[8] In einem ersten Schritt wird es daher darauf ankommen, die Argumentation dieses Briefes möglichst punktgenau zu rekonstruieren und dabei vor allem ihren kulturkritischen Konnotationen/Implikationen aufmerksam zu begegnen. Dem nachfolgenden Abschnitt fällt dann die Aufgabe zu, diese zunächst nur privatistisch anmutende Kontroverse in ihrer für die Kultur der Weimarer Republik signifikanten Bedeutung erkennbar zu machen. Es ist also daran zu erinnern, daß Pontens Replik – und zwar keineswegs gegen den Willen ihres Verfassers – zu einem entscheidenden Dokument innerhalb des kulturpolitischen Richtungskampfes in der neugegründeten Sektion für Dichtkunst der Preußischen Akademie der Künste avancierte: sie stellte der konservativen Fraktion jenes Arsenal von Argumenten bereit, mit dessen Hilfe die Dominanz eines an die europäische Moderne angeschlossenen Literaturbegriffs definitiv gebrochen werden sollte. Der abschließende Hinweis auf eine Rede im Aachener Stadttheater (1934)[9] belegt zu guter Letzt nur noch Pontens eigene Radikalisierung dieses Diskurses in Richtung auf die ästhetischen Vorgaben des Faschismus. Beschrieben wäre damit der Prozeß einer fortschreitenden Ideologisierung literaturtheoretischer und kulturkritischer Überlegungen, der in den essayistischen Versuchen der frühen zwanziger Jahre längst substantiell vorbereitet war.

II.

Über das Verhältnis und die Beziehung zwischen Thomas Mann und Josef Ponten wissen wir seit der Publikation des Briefwechsels durch Hans Wysling im Jahre 1988 Näheres.[10] Danach scheint die Initiative vom Älteren, dem bereits zu eropäischem Ruhm gelangten Verfasser der *Buddenbrooks* ausgegangen zu sein. Ihr auslösendes Moment bildete die Lektüre früher Erzählungen und Novellen Pontens– unter ihnen *Die Insel* (1918), *Der Babylonische Turm* (1918) und *Die Bockreiter* (1919) ⁻, in denen der Lübecker Romancier ganz offensichtlich eine künstlerische Geistes- und Wesensverwandtschaft zum Ausdruck kommen sah. Eine Bemerkung im ersten Brief an Ponten vom 9. Januar 1919 hält dies fest, wenn Mann zum *Babylonischen Turm* folgendes übermittelt: »Ihr Buch ist sehr gut: streng in der Kritik des Menschlichen, träumerisch, wie ich es liebe, reich an wunderlichen kleinen künstlerischen und dichterischen Gedanken und Einfällen [...] und doch zart, entrückt, symbolisch, geistig. Martens hat recht, wenn er etwas sehr Deutsches darin sieht.«[11] Die anfänglich euphorische Zustimmung zu Pontens Werk, die schließlich auch die persönliche Bekanntschaft nach sich zog, wich indes bald einer zusehends reservierteren Haltung, und dies wohl vor allem deshalb, weil Manns eigene Neuorientierung zunehmend deutlichere Konturen gewann, darüber hinaus aber vermutlich auch, weil Ponten selbst immer intensiver um ein eigenes Profil bemüht war und so schließlich damit begann, sich am übergroßen Bild des Freundes abzuarbeiten. Erste substantielle Meinungsverschiedenheiten traten, folgt man den Spuren im Briefwechsel, bereits zu Beginn des Jahres 1922 auf.

Dabei lag der entscheidende Akzent auf einer für unseren Kontext ganz maßgeblichen literaturtheoretischen Unterscheidung – der nämlich zwischen dem Begriff des »Dichters« und dem des »Schriftstellers«, die man bei einem auch nur flüchtigen Blick in die Geistes- und Literaturgeschichte der letzten zweihundert Jahre getrost als eine deutsche Spezialität ansprechen darf.[12] Augenscheinlich war diese (vermeintliche oder wenigstens behauptete) Differenz zum zentralen Streitpunkt zahlreicher Gespräche zwischen Ponten und Mann avanciert, worüber ein auf den 16. April 1922 datierter Brief hinreichend Aufschluß gibt. In ihm memoriert Ponten noch einmal die Ergebnisse einer mündlichen Aussprache über dieses Thema, nicht ohne in diesem Zusammenhang den Empfänger an eigene, freilich inzwischen überholte Definitionsbemühungen ähnlicher Art aus der Zeit der *Betrachtungen eines Unpolitischen* zu erinnern. Ponten bemerkt also:

Wichtiger als Sie denken mögen, war mir das Gespräch. So wie Sie seinerzeit mit dem »Zivilisationsliteraten« kämpften u. ihn kämpfend – in sich selbst! – erledigten, so ich mit dem, was Sie das »Kritische« nennen – in mir! Sie nannten es auch »das Geistige« (bei sich), dem Sie »das Gestaltete« (bei mir) entgegensetzten. Aber mir scheint, wir dürfen nicht trennen. (Früher bezeichneten Sie einmal sich als den Analytiker u. mich als den Synthetiker). Aber gerade die Antithese scheint mir Fehl u. Sünde. Sie scheint mir nur Behelf des Kleinen. Die Großen waren nie Entweder-Oder-Leute. Göthe u. Dostojewski! Bei diesem viel Analyse, bei jenem viel Synthese – trotzdem dieser ein »Dichter« (u. was für einer!) u. jener ein »Schriftsteller« (u. was für einer!). Die Natur, das Geheimnis der Schöpfung, die Veranlagung m i s c h t – überwiegt auch das eine, so darf doch das andere nicht fehlen. Darum tat mir weh, wenn Sie – gerade Sie! – das Wesen des »modernen« Dichters mehr nach der Seite des Schriftstellers suchten u. ich mußte u. muß aus dem Herzblut widersprechen. Und glaube auch nicht, daß Sie das letzte Wort damit gesagt haben. Der Dichter ist doch das Überlegene, das andere ist »Kapitalverbrauch« drückte ich mich aus, u. weil Sie ein Dichter sind, warum wollen Sie weniger sein?[13]

Die Diskussion kam auch nach dieser abermaligen Markierung der Positionen nicht zur Ruhe; sie erhitzte sich vielmehr noch, vor allem von seiten Pontens. Den unmittelbaren Anlaß dazu hatte aus Pontens Sicht ein in mehreren Tageszeitungen abgedruckter Essay zum 60. Geburtstag Ricarda Huchs (am 18. Juli 1924) geliefert, in dem Thomas Mann – vornehmlich rekurrierend auf das literarhistorische opus magnum Ricarda Huchs, *Die Blütezeit der Romantik* (1899) – darum bemüht war, das intellektuelle Format der in München lebenden Schriftstellerin als ein Phänomen von gesamteuropäischer Bedeutung herauszustellen und zu würdigen.[14] Was

Ponten augenblicklich alarmierte, das war nicht die Eloge als solche, es waren weit mehr die Kategorien selbst, mit deren Hilfe Thomas Mann sein Urteil zu begründen suchte. Denn schließlich hatte er an Ricarda Huchs Rekonstruktion der Frühromantik hervorgehoben, sie demonstriere in vorbildlicher Weise, daß der »Begriff der Kunst« nicht im »Instinktiven, Natürlichen, Unbewußten« verborgen liege, sondern statt dessen mit Vokabeln wie »Bewußtheit, Einheit, Absicht« umschrieben werden müsse[15] – nicht ohne schließlich noch hinzuzufügen, daß die »Antithese von Dichtertum und Schriftstellertum« allein in Kreisen der »Haus- und Altbacknen« noch als unumstößlicher Glaubensartikel gehandelt würde.[16] Keine Frage, die so abgegebene Stellungnahme war auch als kleiner Seitenhieb, als persönlicher Affront gedacht. Ponten hat sie so auch verstanden. Er reagierte prompt und öffentlich, angetan mit jener für den Autodidakten so typischen Attitüde, die ihm schon in Münchner Künstlerkreisen den ironischen Titel eines »Dr. Allwissend« eingetragen hatte: er trat auf als souverän mit den Fundamenten der Geistesgeschichte jonglierender Polyhistor, ausgezogen, um das definitive Machtwort in Sachen »Dichter vs. Schriftsteller« zu sprechen. Gleich zu Beginn des »Offenen Briefes«, der im Oktober 1924 in der *Deutschen Rundschau* erschien, wird das unumstößliche Urteil verkündet und präsentiert als nicht enden wollende antithetische Begriffskette. Einige dieser Glieder sollen wenigstens kurz vorgestellt werden; etwa diese:

Schriftstellerisch: das ist eine Form. Eine schriftstellerische Darstellung kann formal ersten Ranges, vollendet sein - und doch gänzlich hohl, nichtssagend, wertlos, eine vergoldete aber taube Nuß. Eine *nur* schriftstellerische Darstellung *muß* formal bedeutend sein, um überhaupt etwas zu sein. Dichterisch dagegen: das ist ein Inhalt, das Substantielle. [...]
Schriftstellerisch: das ist ein Persönliches und Einmaliges; Dichterisch: das ist ein Natürliches und Einfürallemaliges.
Schriftstellerisch: das ist erörterbar und kann Gegenstand einer Auseinandersetzung sein; Dichterisch: das ist unerörterbar und gültig. [...]
Schriftstellerisch: das ist die Beredsamkeit, der Glanz und die Pracht, man kann es beschreiben und feiern, es löst die Zunge und die Gedanken, man kann ordentlich beredt daran werden; über das Dichterische kann man eigentlich nur schweigen. [...]
Das Schriftstellerische ist Arbeit, Ernst, Eifer, Geduld, Erfahrung, Wissen, Belesenheit, Reife, Talent; das Dichterische ist nichts als Gnade. [...]
Schriftstellerisch ist das Interessante und Brillante, das Aktuelle und Zweckhafte; Dichterisch ist »nur« das Notwendige. [...]
Schriftstellerisch ist Belehrung, Dichterisch ist Offenbarung.
Schriftstellerisch, das ist hoher Verstand, es kann ein Wunder an Verstand sein; beim

Dichterischen »steht einem der Verstand still«.
Schriftstellerisch ist Zeit, Dichterisch ist Ewigkeit.
Schriftstellerisch ist individuelle begeisterte Form, lebt ganz vom Schöpfer, das Dichterische ist weltbeseelt, Naturgeist, lebt aus sich. Der Schriftsteller also, der seine Seele zur Weltseele auszuweiten, seinen Geist zum Naturgeist zu wandeln versteht, hat das Individuelle zugunsten des Natürlichen ausgelöscht und *ist ein Dichter geworden*. [17]

Daß die bekanntlich schmale Grenze zwischen dem Erhabenen und dem Lächerlichen in diesen Definitionsversuchen gleich mehrfach überschritten wird, bedarf wohl keines ausführlichen Kommentars. Die Sprache selbst verrät es unfreiwillig, etwa durch den 'hinreißenden' Neologismus »Einfürallemaliges«. Dennoch ist das exaggerierte Pathos solcher Rede keineswegs auf die leichte Schulter zu nehmen. Schließlich sind auch literarische Diskurse, um mit Foucault zu reden, durch ein Set von Regeln, Normen und Vorschriften determinierte Ausschluß-, d.h. Machtdiskurse, und sie sind dies um so mehr, je substantieller sich in ihnen ästhetische und weltanschauliche Motive zur Abwehr alternativer Konstellationen miteinander verbinden. Das ist in Pontens nahezu klischeehafter, alle gängigen Vorurteile der literarischen Tradition zitierender Aufzählung nicht anders, wenn das sogenannte »Schriftstellerische« in jedweder Hinsicht – sei es produktions- bzw. rezeptionsästhetisch, sei es auch im Blick auf das in den poetischen Texten mutmaßlich eingeschlossene Wahrheitspotential – als das Minderwertige definiert wird. Dessen Konkretion nimmt allerdings nicht, wie man vielleicht erwarten könnte, den Weg über eine Kennzeichnung diverser Schreibstile und Ismen. Vielmehr verhalten sich diese zu dem, was Ponten als generelles Paradigma ins Visier nimmt, wie das je und je Besondere zu einem vorgängigen Allgemeinen: es sind temporäre Filiationen eines grundsätzlichen literaturtheoretischen Musters. Dieses selbst aber wird erkennbar als eine ästhetische wie weltanschauliche Option, gegen die bereits die klassische Kunstdoktrin ihre mitunter polemischen Argumentationsbestände mobilisiert hatte – es ist dies der Diskurs einer funktionsbestimmten, dem Kunstbegriff der Aufklärung angeschlossenen Literatur. Zahlreiche der attributiven Zuschreibungen, wie etwa die Termini des »Zweckhaften« und der »Belehrung«, verweisen direkt auf dieses Literaturverständnis, andere spielen eher mittelbar darauf an, so beispielsweise die Begriffe des »Interessanten« und »Aktuellen«, die die wie immer auch unterschiedlichen Varianten einer engagierten Ästhetik durchaus zutreffend über ihren konkreten Zeitbezug/Zeitkern definieren. Pontens Ambition reicht freilich über eine Verwerfung ihres instrumentell-didaktischen Anspruchs selbst noch hinaus, insofern sie nämlich neben der Wirkungsabsicht zugleich auch auf die Form der Aneignung sogenannter »schriftstellerischer« Texte kritisch abhebt. Das herablassende Zugeständnis, diese seien prinzipiell »erörterbar« und könnten folglich stets zum »Gegenstand einer Auseinandersetzung« werden, fokussiert nicht mehr nur die Art und Weise einer privaten Rezeption, sondern meint und attackiert ein mit dem aufklärerischen Literaturbegriff unlösbar verknüpftes, intersubjektiv-kulturelles Prinzip: das der räsonnierenden Öffentlichkeit. Die wenigstens implizite ideologische Frontstellung gegen die Idee eines aus potentiellen Literaturproduzenten bestehenden bürgerlichen Publikums schlägt denn auch konsequent durch auf die Bestimmung dessen, was bei Ponten unter dem hehren Namen der Dichtung firmiert. Denn ihr durch das Fehlen aller konkreten Nutzanwendung ausgewiesener Autonomiestatus hat jedweden emanzipatorischen Gehalt vollends eingebüßt. Das zeigt vor allem ihre rezeptionsästhetische und kommunikative Bestimmung. Wo nämlich das Dichterische gleichsam ex cathedra als »unerörterbar und gültig« gesetzt wird, da scheidet die diskursive, ja kritische Beschäftigung mit ihm als Frevel von vornherein aus. Die angemessene Haltung ihm gegenüber ist – und die religiös konnotierte Sprache macht dies ganz deutlich – die des Gläubigen, dem das Absolute der Wahrheit mitgeteilt wird. Zwangsläufig steht daher auch dessen Schöpfer, das individuelle Dichter-Subjekt, »in der Vertikalität«, wie es Hans Wysling treffend formuliert hat.[18] Sein Genie wird, nicht anders als im ausklingenden 18. und beginnenden 19. Jahrhundert, durch die Einbindung in einen göttlichen Naturzusammenhang, d.h. im Rahmen der pantheistischen Naturreligion bzw. Naturgeist-Spekulation erklärt und legitimiert. Doch die ehedem gegen das Hierachiedenken der christlichen Religion gerichtete und mit ausdrücklich egalitären Vorzeichen versehene Berufung auf den Pantheismus ist in Pontens verspäteter Reformulierung unwiderruflich zum elitär-mythischen Anachronismus verkommen. Im Zeitalter des historischen und wissenschaftlichen Bewußtseins sucht Ponten noch einmal die obsoleten metaphysischen Bestände zu restituieren, die irreversible Säkularisierung der Weltverhältnisse rückgängig zu machen, um auf diese Weise das literarische Kunstwerk als privilegierten Ort der Wahrheit zu retten – und so letztlich den durch die Erfahrung der Moderne nachhaltig diskreditierten Gestus des poeta vates neu zu befestigen.[19] Kein Wunder daher, daß die modernen

Intellektuellen, gleichsam als radikale Verkörperung des schriftstellerischen Prinzips, schließlich als die »Sophisten« der Neuzeit disqualifiziert werden[20]: der prinzipielle Skeptizismus der kritischen Haltung kann Ponten konsequent nur als Relativismus, als potentieller Nihilismus und damit als Infragestellung der sich selbst zugedachten priesterlichen Deutungskompetenz begegnen.[21] Die im Brief vom 16. April 1922 ausgesprochene Erinnerung an die Figur und den Typus des »Zivilisationsliteraten« war daher keine beliebige, sondern eine gezielte. Denn gegen ihn als die Inkarnation des Weimarer Kultur- und Literaturbetriebs richtet sich in letzter Instanz Pontens Generalangriff – und so soll zu guter Letzt also der Verfasser der *Betrachtungen eines Unpolitischen* wider den Autor des *Zauberbergs* und des Ricarda Huch-Essays Zeugnis ablegen.

Damit ließen sich die Erläuterungen zu dieser mythisch-hybriden Definition des Dichterischen beschließen, gäbe es in Pontens »Offenem Brief« nicht noch einen weiteren wichtigen Aspekt, der mit der konstitutiven Verklammerung von Natur bzw. Naturgeist und Dichtung entfaltet werden soll. Mit ihm gelangt die Auseinandersetzung um die Bedeutung der zentralen Begriffe auf eine eher kulturkritische und zeitdiagnostische Ebene. Ein einziger Satz aus den Schlußpassagen der Pontenschen Erörterung, der dem Gesprächspartner als eine Art belehrendes Fazit mit auf den Weg gegeben wird, mag dies vor Augen führen. Ponten dekretiert also:

Natur hat den Primat vor dem Geiste, das ist nun genügend erläutert, wie der Vater den Primat hat vor dem Sohne, und der naturhafte Dichter *hat* den Primat vor dem naturfremden Schriftsteller - Sie werden Ihre kostbare Kraft vergeblich anstrengen, uns ein anderes glaubhaft zu machen und ein altes Wissen und Fühlen des Volkes umzustürzen.[22]

Was Ponten nicht nur an dieser Stelle absichtsvoll verschweigt, das ist der Umstand, daß die auf diese Weise letztgültig konstruierte Unterscheidung zwischen dem naturhaften Dichter und dem naturfremden Schriftsteller auf das Begriffspaar eines kanonischen Textes zurückgeht, dem die eigenen Überlegungen stets verpflichtet bleiben, ohne doch das gedankliche Niveau ihres Vorbildes je zu erreichen: auf Schillers Abhandlung *Über naive und sentimentalische Dichtung*.[23] In ihr war es Schiller bekanntlich um das aus der *Querelle des Anciens et des Modernes* überlieferte Problem einer Bestimmung des Gegensatzes von Antike und Moderne, von natürlicher und künstlicher Bildung gegangen, die nicht länger dem antagonistischen und zugleich verfallstheoretischen Schema von idealer Vergangenheit und defizitärer Gegenwart verhaftet blieb. Durch die Einführung der neuen Begriffe des Naiven und Sentimentalischen treten nun beide Epochen in ein Bedingungsverhältnis ein, »das die Wahrnehmung der verlorenen Naivität zum Seinsgrund des Bewußtseins der Modernität, den Verlust der antiken Natürlichkeit zum Ursprung der Künstlichkeit moderner Bildung macht«[24]. Das ist keineswegs mehr als regressive Sehnsucht nach dem verlorenen Naturzustand gedacht, sondern geradezu umgekehrt als Aufweis eines historisch Erreichten. Denn die Erfahrung des Verlusts vorvergangener Naivität ist zugleich die Geburtsstunde des sentimentalischen Bewußtseins und damit der Emanzipation der Vernunft. Und so schlägt der in der Begegnung mit den Gegenständen der unverbildeten Natur und den natürlich-harmonischen Kunstprodukten der Antike empfundene Mangel in die Gewißheit der eigenen »geschichtlichen Mündigkeit«[25] um: »Was ihren Charakter ausmacht, ist gerade das, was dem unsrigen zu seiner Vollendung mangelt; was uns von ihnen unterscheidet, ist gerade das, was ihnen selbst zur Göttlichkeit fehlt. Wir sind frei und sie sind notwendig; wir wechseln, sie bleiben eins.«[26] Damit aber ist der Beurteilung des Verhältnisses von antiker und moderner Bildung, von vergangener naiver und gegenwärtiger sentimentalischer Dichtung endgültig das verfallstheoretische Argument genommen - und die moderne Poesie kann nun in ihrer je spezifischen, d.h. unvergleichlichen Dignität begegnen: »Keinem Vernünftigen kann es einfallen, in demjenigen, worin Homer groß ist, irgendeinen Neuern ihm an die Seite stellen zu wollen, und es klingt lächerlich genug, wenn man einen Milton oder Klopstock mit dem Namen eines neuern Homer beehrt sieht. Ebensowenig aber wird irgendein alter Dichter und am wenigsten Homer in demjenigen, was den modernen Dichter charakteristisch auszeichnet, die Vergleichung mit demselben aushalten können.«[27]

Ponten nun scheint diesem historischen Argument zunächst durchaus folgen zu wollen, heißt es doch gleich zu Beginn seines »Offenen Briefes« in einer von Hegel herrührenden Terminologie, aber ganz im Sinne der Überlegungen Schillers: »Ich werde nicht die kindliche Torheit begehen, das Rad der Geschichte zurückdrehen zu wollen. Das fortschreitende Seinerselbstbewußtwerden unseres Zeitalters ist nicht aufzuhalten, und es ist nicht einmal wünschenswert, daß es aufgehalten werden könnte.«[28] Damit wäre eine Position erreicht, die es erlaubt, die Erfahrung der Moderne nicht nur negativ als Zustand der Entfremdung und des Verlusts naiver Natürlichkeit/natürlicher Naivität zu charakterisieren, sondern ihr ganz im Gegenteil das positive Kennzeichen einer fortschreitenden und unhintergehbaren Emanzipation der Vernunft zuzuschreiben. Des weiteren wäre damit der geschichtsphilosophische Grund einer Theorie der ästhetischen Moderne oder, mit Schiller zu reden, der sentimentalischen Dichtung gelegt. Die zunehmende Reflektiertheit des modernen Kunstwerks, seine forcierte Formanstrengung, seine manifeste Tendenz zum Fragmentarischen und Diskontinuierlichen, mit einem Wort: seine Hinwendung zum sogenannten »Schriftstellerischen« wäre auf diesem Fundament nicht nur erklärbar gewesen, sie wäre vielmehr als das Avancierte schlechthin erschienen. Doch genau dieser Konsequenz weicht Ponten unablässig aus, um so letztlich hinter die eigene oder wenigstens angelesene Einsicht zu regredieren. Nicht die historische Argumentation, sondern die metaphysische Naturgeist-Spekulation beherrscht schließlich das ästhetische Denken ganz und gar, so daß nicht nur die Ursprünglichkeit eines nichtentfremdeten Naturbezugs, als wäre dieser in der reflexiven Vergewisserung nicht schon der verlorene, unvermindert gegeben erscheint, sondern mit ihm auch die ungebrochene Aktualität eines Sprachkunstwerks, das aus diesem Naturerlebnis gleichsam unmittelbar hervorgegangen ist. Auf diese Weise kann dann das Naive zum zeitlos höchsten Ausdruck des Poetischen überhaupt avancieren. Nur konsequent also, wenn die von Thomas Mann im Ricarda Huch-Essay ausgesprochene Bejahung reflektierter Kunstproduktion für Ponten verfallstheoretische Dimensionen annimmt:

Vielleicht ohne daß Sie es wollten, ist Ihr Aufsatz eine Apologie der intellektuellen Kultur geworden, und das Sonderbare tritt ein, daß Sie, der Sie neulich in einem sehr beherzigenswerten und energischen Aufsatze Spengler heimleuchteten, hier eine Apologie Spenglers geschrieben haben. Denn was Sie preisen, ist reinste Zivilisationskunst und ganz gewiß Ende und Untergang. Hier spaltet sich unser bisher gemeinsamer Weg!«[29]

Wenigstens mit dieser letzten Bemerkung hatte Ponten dann doch noch ins Schwarze getroffen. Denn in der Tat standen sich beide alsbald in der Sektion für Dichtkunst der Preußischen Akademie der Künste an feindlichen Fronten gegenüber. Während nämlich Thomas Mann die Arbeit der Sektion als einen wertvollen Beitrag zur urbanen und intellektuellen Kultur der Weimarer Republik verstanden wissen wollte, schlug sich Ponten auf die Seite von Schäfer und Kolbenheyer und gab so zu erkennen, daß der im »Offenen Brief«

schwer übersehbare Mangel an denkerischer Konsequenz dem ideologischen Ressentiment entsprungen war.

III.

Als Max Weber im Jahre 1919 vor einer Münchner Studentenversammlung seinen berühmten Vortrag »Wissenschaft als Beruf« hielt, standen Fragen soziohistorischer Forschung einmal nicht im Vordergrund des Referenteninteresses. Zwar konnte auch diesmal auf eine wenigstens knappe Skizze des okzidentalen Rationalisierungsprozesses unmöglich verzichtet werden, doch nicht die zeitgeschichtliche Entwicklung selbst, sondern das Problem des angemessenen Verhaltens gegenüber diesem Tatbestand avancierte nun zum zentralen Motiv. Die Frage lautete folglich: Wie soll der Wissenschaftler leben in einer vollends »entzauberten« Welt an welchem Maßstab soll er sein Tun ausrichten inmitten einer »gottfremden, prophetenlosen Zeit«[30]? Webers Antwort war die denkbar nüchternste: er distanzierte sich von jedweder utopischen Fluchtoption, mochte sie sich nun radikal futuristisch oder gar antimodernistisch und rückwärtsgewandt gebärden, und votierte statt dessen für eine im endlosen Kampf der Weltanschauungen konsequent asketische Position – für eine Beschränkung auf das im wissenschaftlichen Diskurs und in Übereinstimmung mit der Methodik logischen Argumentierens Sagbare. Gleichwohl wußte Weber als sensibler Beobachter seiner Zeit natürlich um die Zumutungen der eigenen Haltung, wußte er um das im Schatten des Intellektualisierungsprozesses nur desto kräftiger blühende Bedürfnis nach antirationalistischen Sinnpotentialen in zahlreichen privaten oder gar halböffentlichen Zirkeln: »Es ist das Schicksal unserer Zeit, mit der ihr eigenen Rationalisierung und Intellektualisierung, vor allem: Entzauberung der Welt, daß gerade die letzten und sublimsten Werte zurückgetreten sind aus der Öffentlichkeit, entweder in das hinterweltliche Reich mystischen Lebens oder in die Brüderlichkeit unmittelbarer Beziehungen der Einzelnen zueinander.«[31]

Man darf diese Feststellung, auch wenn sie so wohl nicht gedacht war, als prognostische Beschreibung einer bedeutsamen Tendenz innerhalb des Weimarer Kulturlebens nehmen. Denn die sogenannten »Goldenen Zwanziger« waren ja nicht nur eine Epoche des selbstverständlichen Anknüpfens an die Ideen und Verhaltensnormen der westeuropäischen Zivilisation (Stichwort: Massenkultur, Neue Sachlichkeit), sondern in wenigstens dem

gleichen Maße auch eine Zeit der intellektuellen Polarisierung, einer Radikali-
tät des Denkens also, die sich anschickte, diesen mühsam stabilisierten
kulturellen Konsens von seinen Rändern her zu zerstören und ihn damit
gleichzeitig zu transzendieren. Will man diese Bewegung in ihren idealtypi-
schen Ausformungen benennen, so wird man vor dem Hintergrund der
Zeitdiagnose Max Webers zwei differente Varianten voneinander unterscheiden müssen. Eine erste, für die der Gedanke einer dialektischen Über-
schreitung der Entzauberungsthese charakteristisch ist; sie wird mit durchaus
vergleichbaren Argumenten, aber mit ganz konträren ideologischen wie
ästhetischen Intentionen von einer unorthodoxen Linken und einer radikali-
sierten rechten Intelligenz zugleich vertreten.[32] Die zweite Variante – mit
ihr haben wir es hier zu tun – polemisiert gegen denselben Tatbestand,
operiert dabei allerdings vom Boden einer anachronistischen, im schlechten
Sinne kulturkonservativen Position aus. Sie dürfte Max Weber im Blick
gehabt haben, als er gegen Ende seines Vortrages »Wissenschaft als Beruf«
den Propheten des Veralteten die folgende kritische Bemerkung ins Stamm-
buch schrieb:

Das »Opfer des Intellekts« bringt rechtmäßigerweise nur der Jünger dem Propheten,
der Gläubige der Kirche. Noch nie ist aber eine neue Prophetie dadurch entstanden,
daß manche moderne Intellektuelle das Bedürfnis haben, sich in ihrer Seele sozusagen
mit garantiert echten, alten Sachen auszumöblieren, und sich dabei dann noch daran
erinnern, daß dazu auch die Religion gehört hat, die sie nun einmal nicht haben, für
die sie aber eine Art von spielerisch mit Heiligenbildchen aus aller Herren Länder
möblierter Hauskapelle als Ersatz sich aufputzen oder ein Surrogat schaffen in
allerhand Arten des Erlebens, denen sie die Würde mystischen Heiligkeitsbesitzes
zuschreiben und mit dem sie auf dem Büchermarkt hausieren gehen. Das ist einfach:
Schwindel oder Selbstbetrug.[33]

Webers polemische Grußadresse war, wie der abwertende Begriff der
»Kathederprophetien«[34] verdeutlicht, vor allem den Kollegen der akade-
mischen Zunft, den ideologisch bewegten Vertretern der deutschen Mandari-
ne zugedacht. Sie hätte freilich ebenso gut an einen nicht unbeträchtlichen
Teil der poetae minores gerichtet sein können, stammen zahlreiche der gegen
die (gesellschaftliche, technologische und ästhetische) Moderne ausgespro-
chenen kulturkonservativen Verdammungsurteile doch gerade aus ihren
Federn. Die Engagiertesten unter ihnen begnügten sich indes keineswegs
damit, ihre Elaborate »auf dem Büchermarkt« zu plazieren, sondern nutzten
darüber hinaus jede sich bietende Möglichkeit, ihren Einfluß in den re-

präsentativen literarischen Gremien der Republik geltend zu machen. Die Geschichte der 1926 neugegründeten Sektion für Dichtkunst an der Preußischen Akademie der Künste liefert dafür den vielleicht eindringlichsten Beleg. Da sie bereits mehrfach in aller nur wünschbaren Ausführlichkeit rekonstruiert worden ist [35], genügen an dieser Stelle einige knappe Hinweise auf die in dieser Institution immer wieder aufbrechende ideologisch-ästhetische Debatte. Ponten selbst hat in ihr zwar eine eher bescheidene Rolle gespielt, doch kann kein Zweifel daran bestehen, daß die namentlich durch Kolbenheyer und Schäfer initiierte Kontroverse in seinem Sinne, d.h. im Horizont seiner eigenen gedanklichen Vorgaben geführt wurde.

Wie zuletzt Werner Mittenzwei noch einmal nachdrücklich herausgestellt hat, wird jede Suche nach den Ursprüngen der in der Sektion für Dichtkunst ausgetragenen Debatte anfänglich in den Bereich der Organisationsform zurückverwiesen.[36] Schon die frühen Memoranden des umtriebigen Arno Holz legten unnachgiebig den entscheidenden Konstruktionsfehler der Sektionsgründung bloß, indem sie den ausdrücklich formulierten Anspruch auf eine Gesamtrepräsentanz deutscher Dichtung konfrontierten mit dem ebenfalls festgeschriebenen, diesem Anspruch aber offensichtlich widerstreitenden Statut, nach dem einzig den in Berlin selbst ansässigen Schriftstellern wichtige Funktionen und Kompetenzen (Stimm- und Wahlrecht) innerhalb der Akademie zugestanden werden dürften. Holz' berechtigter Hinweis auf dieses in der Tat paradoxe Reglement, das die auswärtigen Mitglieder deutlich benachteiligte, wurde in der Folgezeit wiederholt aufgegriffen und immer erneut mit der Forderung nach einer entsprechenden Miodifizierung der Statuten verknüpft. Die zunächst noch einmütige Haltung aller Mitglieder in dieser Frage bewegte schließlich das zuständige Ministerium bereits im Oktober 1927 zur Bewilligung von Sonderrechten, die nun auch den auswärtigen Schriftstellern eine weitgehende Mitsprache bei wichtigen Personalentscheidungen zubilligten. Der so gefundene Kompromiß konnte die latenten Spannungen innerhalb der Sektion aber nur kurzfristig überdecken und ausgleichen. Denn über dieses frühzeitig gelöste Problem der Gleichbehandlung von »Berlinern« und »Nicht-Berlinern« hinaus blieb eine noch fundamentalere Frage unvermindert strittig - die nach der Verwirklichung einer auch im offiziell juristischen Sinne gesamtdeutschen Schriftstellervertretung, die Frage also nach einer »Deutschen Akademie«. Sie war vor allem von Schäfer und Kolbenheyer immer wieder als Postulat formuliert worden, wohl wissend, daß ihrer praktischen Umsetzung auf preußischem Rechtsgebiet unüberwindliche gesetzgeberische Hindernisse (Stichwort: föderatives Prinzip) entgegenstanden. Doch während eine Mehrzahl der Sektionsmitglieder diesen Tatbestand vorbehaltlos anerkannte und die Idee einer überregionalen Repräsentanz im Rahmen der bestehenden Verfassungsbestimmungen zu realisieren suchte, insistierte die konservative Fraktion hartnäckig auf dem Gedanken einer von preußisch-berlinischen Weisungen unabhängigen Reichsakademie. Nur scheinbar exponierte sich in dieser Forderung nach der Einrichtung eines autonomen gesamtdeutschen Repräsentationsgremiums der Wille eines auf Objektivität und Überparteilichkeit bedachten Bewußtseins. Tatsächlich nämlich stand die antipreußische Attitüde von Beginn an unter manifesten ideologischen Vorzeichen, wie ein Brief Kolbenheyers vom Dezember 1927 belegt. In ihm finden sich zum Thema einer d e u t s c h e n Dichterakademie die folgenden Überlegungen:

Das Volk faßt eine Dichterakademie ganz im Sinne der Bezeichnung unseres Kollegen Dr. Wilhelm Schäfer als eine repräsentative Körperschaft auf. Wollen wir, daß uns das deutsche Volk innerlich zustimme, und wünschen wir, daß die Öffentlichkeit unseren Förderungsabsichten auch Geldmittel ohne Widerspruch zubillige, so müssen wir der Erwartung des Volkes nachkommen und »repräsentativ« werden; ich meine nicht im Sinne eines äußeren Gepränges, aber in dem eindeutigen Sinne, daß die vom Volk als spezifisch deutsch empfundene Kunst in unserem Kreise ebenso stark vertreten sei, wie die Kunst des internationalen Typs schon vertreten ist. [37]

Mag der moderate Tonfall auch eine Haltung der Versöhnlichkeit suggerieren – Kolbenheyer und seinen Mitstreitern ging es keineswegs nur um eine Ausgewogenheit der künstlerischen Richtungen innerhalb der Akademie. Das letztgültige Ziel war vielmehr schon frühzeitig definiert durch die Idee eines vom preußischen Staat unabhängigen Repräsentationsgremiums, in dem allein der sogenannten »deutsch empfundenen Kunst« Ansehen und Stimme verliehen werden sollte. Insofern barg die aus den konservativen Reihen vorgetragene Ablehnung einer preußisch gelenkten Vertretung deutscher Literatur bereits in ihren Ursprüngen wesentlich weitreichendere ideologische Implikationen. Kein Wunder demnach, daß die Diskussion des Verhältnisses von zentraler Leitung und dezentralem Anspruch mit der zugestandenen Sonderregelung nur vorläufig zur Ruhe kam. Der überholt geglaubte geographische Gegensatz von »Berlin vs. Provinz« erfuhr vielmehr erst jetzt (d.h. ab etwa 1928) jene Bedeutungserweiterung, die latent immer schon mitgedacht war, wenn die Gruppe um Kolbenheyer und Schäfer das

Programm einer von preußischen Verfassungswirklichkeiten unabhängigen Dichterakademie ins Spiel brachte: er avancierte nun zu einer über den genuin ästhetischen Diskurs hinausreichenden weltanschaulichen Alternative, die den ideologischen Kampf gegen die in der Sektion allmählich wachsende Tendenz zu einem der kulturellen Moderne verpflichteten Literaturbegriff organisieren sollte. Eine von Heinrich Mann und Alfred Döblin dominierte und zumal in der europäischsten aller deutschen Städte ansässige Schriftstellervereinigung erschien der nationalkonservativen Allianz als der Inbegriff all dessen, was nur irgend der horrenden Vorstellung von westlicher Zivilisation sich subsumieren ließ. Sie stand für das Wesensfremde eines kulturellen Internationalismus und gegen den organisch gewachsenen Bestand einer deutschen Volkskultur, für das Entfremdende urbaner Lebensformen und gegen die Unmittelbarkeit/Unverbildetheit landschaftlicher Verwurzelung, für das Prinzip einer demokratischen Massengesellschaft und gegen die Stabilität einer tradiert-natürlichen Gemeinschaftsordnung, schließlich und letztlich auch für das Programm einer kritisch engagierten *Literatur* und gegen das Ungekünstelte einer aus dem völkischen Lebensgrund sowie dem heimatlichen Naturerlebnis hervorgegangenen *Dichtung*, um nur einige der wertbesetzten Binäroppositionen zu nennen, mit denen das konservative Lager der Herausforderung durch die progressiven Kräfte innerhalb der Sektion zu begegnen suchte.

Daß Ponten selbst sich an diesem »Aufstand der Landschaft gegen Berlin« beteiligte, kann vor dem Hintergrund des »Offenen Briefes« kaum mehr verwundern. Schließlich waren die von Kolbenheyer und Schäfer nun in extenso ausgebreiteten Argumente dort bereits am Beispiel der zentralen Dichotomie von »Dichterischem« und »Schriftstellerischem« entwickelt, zumindest aber angedeutet worden. Was zu tun übrig blieb, war ihre Übertragung in eine Sprache, die die Vagheiten des »Offenen Briefes« in unmißverständliche Kennzeichnungen verwandelte – so geschehen etwa in einem Memorandum vom 21. Mai 1928, in dem Ponten die Wahl Wilhelm Schäfers zum Vorsitzenden der Sektion mit folgendem Argument empfahl:

Daß Wilhelm Schäfer aus dem kommt, was ich mit dem Anschlagen des Akkordes »Landschaft« in den Seelen von Leser und Hörer zum Klingen bringen möchte, ist klar [...], wenn wir jetzt, nachdem der Zufall die technische Möglichkeit gibt, unsere Spitze in der »Landschaft« suchen würden. Auch damit jetzt während der wichtigen, wichtigsten Zeit unserer Organisation und Körperwerdung die »Landschaft« an Mitwirkung und Verantwortung so stark beteiligt würde, wie es eben durch die

Tätigkeit des Vorsitzenden möglich ist [...] Es sind Stimmen unter uns, die von der Volksfremdheit unseres Institutes sprechen - eine Erscheinung wie Wilhelm Schäfer zeitweilig an unserer Spitze würde im schönsten Sinne volkstümlich wirken. »Landschaft« und »Volk« haben ganz gewiß etwas miteinander zu tun, »Landschaft« sucht geradezu das »Volkstümliche« - nicht nötig, vor der Verwechslung mit »Volkstümelnd« zu warnen [...] Nicht nötig auch zu sagen, daß sie [d.i. die Berufung Wilhelm Schäfers; D.L.] keine Spitze gegen irgendeine Persönlichkeit unserer Gesellschaft enthält, sondern von Gerechtigkeit und Zweckmässigkeit, nicht zuletzt vom Statut diktiert ist. [38]

Gewiß, das war nicht im Sinne eines definitiven Entweder-Oder formuliert, doch wird man die eher bedächtige und ausgleichende Diktion des Memorandums wohl auch taktischen Rücksichten gutschreiben dürfen. Denn bei aller Differenz zum rigiden Nationalismus Schäfers und Kolbenheyers blieb Ponten immer ein entschiedener Verfechter ihrer kulturkritischen Positionen. Ganz ohne jede Zurückhaltung konnte er deshalb auch wenige Tage nach dem zitierten Memorandum in einem Brief an Oskar Loerke den Gegensatz von »Landschaft« und »Großstadt« abermals zur Sprache bringen und völlig ungeniert bekennen, daß eine zumal durch die Sektion selbst propagierte Verpflichtung auf die Normen und Gehalte der europäischen (Großstadt-) Literatur einer Überfremdung[39] der deutschen Kultur gleichkäme. Damit war der forcierte Anti-Intellektualismus des »Offenen Briefes« endlich zu jener nicht nur ästhetischen Option vorgestoßen, die sich als mehr oder minder unverborgene Zielvorgabe von Anbeginn an in ihn eingeschrieben hatte. Die Sehnsucht nach einem Ausstieg aus der modernen Reflexionssituation, nach einer Rückkehr in die Ursprünglichkeit/Unschuld des Naturzustandes, welche im Naiven der Dichtung sich niederschlagen sollte, gab sich nun positiv zu erkennen – als das reaktionäre Programm der Heimatkunst. Ponten hatte also bereits vor der Machtübernahme durch die Nationalsozialisten sein persönliches Entréebillet zur faschistischen Ästhetik gelöst.

IV.

Nach den bisherigen Ausführungen dürfte deutlich geworden sein, daß sich Pontens Weg in den Nationalsozialismus nur sehr bedingt als eine Geschichte der ungewollten Vereinnahmung beschreiben läßt. Zwar wird man in Ansehung der eingangs erwähnten Differenzen zur faschistischen

Ideologie, die ja durchaus substantieller Natur sind, schwerlich von einem identifikatorischen Verhältnis sprechen können, andererseits aber darf ebensowenig übersehen werden, daß der ästhetische und kulturkritische Konservatismus, wie er uns bis hierher begegnet ist, mit spezifischen Eckpunkten der faschistischen Weltanschauung objektiv konvergiert. Insofern war Ponten durchaus im Recht, als er in seiner 1934 im Aachener Stadttheater gehaltenen Rede »Dichter und Volk« für sich in Anspruch nahm, den literarischen Forderungen des Tages bereits im »Offenen Brief« und während der Richtungskämpfe in der Preußischen Sektion für Dichtkunst nachgekommen zu sein. Tatsächlich hält die Rede denn auch wenig unbekannte Denkmotive bereit, will man nicht die vor allem zu Beginn bemerkbare Verschärfung und Rückhaltlosigkeit des Jargons gesondert hervorheben. Die Radikalisierung des Tonfalls spiegelt freilich nichts anderes als das Bewußtsein dessen, der sich historisch bestätigt fühlt – und die Rede selbst wird so auf weiten Strecken zu einem Bekenntnis in doppeltem Sinne: sie verkündet einerseits die eigenen, nun realgeschichtlich eingelösten Glaubenssätze, wie sie andererseits und zugleich zur bisweilen hämischen Abrechnung mit dem ästhetischen und ideologischen Gegner von einst gerät.

Der einleitende Rückblick auf einige der ästhetischen Debatten der zwanziger Jahre (unter ihnen die hier referierten), pathetisch zum »Dienst in der Geschichte«[40] verklärt, trägt denn auch unverkennbar Züge einer genußvollen Selbststilisierung. Im sicheren Wissen um die zeitgeschichtliche Situation und die eigene Stellung in ihr kann sich Ponten nun als ebenso avancierter wie heroischer Einzelkämpfer gegen eine Weimarer Kulturverschwörung präsentieren, die den »aristokratischen Angelegenheiten«[41] der Dichtung immer schon feindlich begegnete und sie diktatorisch maßregelte. Dabei bleibt der moderate Umgangston, der noch die Auseinandersetzung mit Thomas Mann letztlich bestimmte, vollends auf der Strecke. Die jahrelange Marginalisierung des eigenen Schreibprogramms läßt sich augenscheinlich nur noch im denunziatorischen Sprachgebrauch des faschistischen Terrorregimes einigermaßen verwinden. Deshalb will der Vorwurf eines »einseitigen Verstandestum[s] und Geistdünkel[s]« auch so recht nicht mehr genügen; ausreichend zur Bezeichnung der ästhetisch-politischen Koalition der Weimarer Intelligenz erscheint vielmehr allein noch der Begriff eines »behandschuhten Literaturbolschewismus«[42].

Der polemischen Abrechnung mit dem europäischen Geist des Weimarer Literaturbetriebs gehört freilich nicht das letzte Wort, denn schließlich darf seine Herrschaft nun, da dessen »zum Teil weltberühmte Leute heute meist auf Reisen sind«[43], wie es euphemistisch und zynisch zugleich heißt, der historischen Vergangenheit zugeschlagen werden. Und so kann Ponten dann nicht nur abermals seinen antizivilisatorischen Regressionswunsch als »Verbundenheit mit Grund, Boden, Herkunft, Volk«[44] deklarieren und im trivialmythischen Programm der Heimatkunst ästhetisch auf den Begriff bringen, sondern sich damit endlich auch einmal auf der Höhe der Zeit wähnen. Mehr zu vermuten denn zu beweisen ist allerdings, daß diese späte Genugtuung nicht ganz ungetrübt blieb. Abgesehen nämlich von der Tatsache, daß der Nationalsozialismus die in Pontens Diktion vergleichsweise altbacken anmutende Ideologie des Völkischen ins heillos Barbarische wendete und damit noch auf ihre weniger aggressiven Varianten den Schatten der Inhumanität warf, dürfte auch der Selbstermächtigungsanspruch des »Dichters« an der Realität zerbrochen sein. Neben anderen, namhafteren Vertretern seiner Zunft wird wohl auch Ponten zu spät begriffen haben, daß der Führer sich nicht führen ließ, sondern linientreue Befehlsempfänger benötigte. Frühzeitige Einsicht aber wäre nur um den Preis einer Zerstörung des eigenen mythisch-regressiven Denkhorizonts zu haben gewesen. Dazu hätte vermutlich eine Sauberkeit des Denkens, d.h. Aufklärung bereits ausgereicht.

Anmerkungen

1. Ernst Bloch: *Erbschaft dieser Zeit. Werkausgabe in sechzehn Bänden.* Bd. 4. Frankfurt a.M. 1985, S. 149.
2. Josef Ponten: *Der Rhein. Zwei Aufsätze zur Feier der Tausend Jahre der Rheinlande.* Berlin, Leipzig 1925. Der einleitende Titelaufsatz des Bändchens war bereits im Jahre 1922 erstmalig erschienen.
3. Franziska Wein: *Deutschlands Strom - Frankreichs Grenze. Geschichte und Propaganda am Rhein 1919-1930.* Essen 1992 (=Düsseldorfer Schriften zur neueren Landesgeschichte und zur Geschichte Nordrhein-Westfalens; Bd. 33), S. 124.
4. Ponten 1925 (Anm. 2), S. 39.
5. Ebd., S. 49. Zu Pontens europäischem Denken in der Zeit der Weimarer Republik vgl. Gertrude Cepl-Kaufmann: Phönix aus der Asche. Europavisionen westdeutscher

Schriftsteller nach dem 1. Weltkrieg, in: *Eurovisionen. Vorstellungen von Europa in Literatur und Philosophie*. Hrsg. von Peter Delvaux und Jan Papiór. Amsterdam und Atlanta 1996, S. 39-60 (=Duitse Kroniek 46).

6. Ebd., S. 50.

7. Vgl. dazu den Beitrag von Gertrude Cepl-Kaufmann in diesem Band.

8. Josef Ponten: Offener Brief an Thomas Mann, in: *Deutsche Rundschau* 51 (1924), S. 64-83.

9. Josef Ponten: Dichter und Volk. Rede im Stadttheater, in: *Echo der Gegenwart* (Aachen) vom 6.2.1934.

10. *Dichter oder Schriftsteller? Der Briefwechsel zwischen Thomas Mann und Josef Ponten 1919-1930*. Hrsg. von Hans Wysling unter Mitwirkung von Werner Pfister, Bern 1988 (=Thomas-Mann-Studien; Bd. 8).

11. Zit. n. *Dichter oder Schriftsteller?* (Anm. 10), S. 27.

12. Die Geschichte dieser Begriffs-Opposition ist in mehreren instruktiven Aufsätzen bereits rekonstruiert worden. Vgl. etwa Klaus Schröter: Der Dichter, der Schriftsteller. Eine deutsche Genealogie, in: *Akzente* 20 (1973), H. 1/2, S. 168-188; Wolf Lepenies: Eine deutsche Besonderheit: Der Gegensatz von Dichtung und Literatur, in: ders.: *Die drei Kulturen. Soziologie zwischen Literatur und Wissenschaft*. München, Wien 1985, S. 265-281.

13. Zit. n. *Dichter oder Schriftsteller?* (Anm. 10), S. 40.

14. Thomas Mann: Zum sechzigsten Geburtstag Ricarda Huchs, in: ders.: *Essays*. Bd. 2: *Für das neue Deutschland 1919-1925*. Hrsg. von Hermann Kurzke und Stephan Stachorski. Frankfurt a.M. 1993, S. 229-235.

15. Mann 1993 (Anm. 13), S. 231.

16. Ebd., S. 232.

17. Ponten 1924 (Anm. 8), S. 67f.

18. Hans Wysling: Glück und Ende einer Freundschaft, in: *Dichter oder Schriftsteller?* (Anm. 10), S. 7-24, hier S. 16.

19. Mit dem Versuch, diese obsolete Attitüde in die Moderne hinüberzuretten, befand sich Ponten in den zwanziger Jahren keineswegs in einer isolierten Position. Gerade im kulturkonservativen Lager war dieser hilflos-hybride Gestus weit verbreitet. Vgl. dazu Ulrike Haß: Vom Aufstand der Landschaft gegen Berlin, in: *Literatur der Weimarer Republik*. Hrsg. von Bernhard Weyergraf. München 1995 (= Hansers Sozialgeschichte der deutschen Literatur; Bd. 8), S. 340-370.

20. Ponten 1924 (Anm. 8), S. 69.

21. Pontens Intellektuellen-Schelte fügt sich damit zwanglos in eine im Kaiserreich und der Weimarer Republik allenthalben geführte Diskussion um die Semantik dieses aus Frankreich überkommenen Begriffs ein, die auf weiten Strecken die Form einer Auseinandersetzung zwischen demokratisch gesinnten Apologeten und rechtskonservativen Verächtern annahm. Vgl. dazu Michael Stark: *Für und wider den Expressionismus. Die Entstehung der Intellektuellendebatte in der deutschen Literaturgeschichte*. Stuttgart 1982.

22. Ponten 1924 (Anm. 8), S. 83.

23. Darauf hat bereits Hans Wysling (Anm. 18, S. 13) aufmerksam gemacht, ohne diese zutreffende Beobachtung jedoch näher auszuführen.

24. Hans Robert Jauß: Schlegels und Schillers Replik auf die Querelle des Anciens et des Modernes, in: ders.: *Literaturgeschichte als Provokation*. Frankfurt a.M. 1970, S. 67-106, hier S. 96.

25. Ebd., S. 96.

26. Friedrich Schiller: über naive und sentimentalische Dichtung, in: *Sämtliche Werke in fünf Bänden*. Bd. V: *Philosophische und Vermischte Schriften*. München 1975, S. 433-517, hier S. 434.

27. Ebd., S. 457f.

28. Ponten 1924 (Anm. 8), S. 66.

29. Ebd., S. 65.

30. Max Weber: Wissenschaft als Beruf, in: ders.: *Schriften zur Wissenschaftslehre*. Hrsg. und eingeleitet von Michael Sukale. Stuttgart 1991, S. 237-273, hier S. 269.

31. Ebd. , S. 272.

32. Vgl. hierzu Norbert Bolz: *Auszug aus der entzauberten Welt. Philosophischer Extremismus zwischen den Weltkriegen*. München ²1991.

33. Weber 1991 (Anm. 30), S. 271.

34. Ebd., S. 269.

35. Vgl. hierzu Inge Jens: *Dichter zwischen rechts und links. Die Geschichte der Sektion für Dichtkunst an der Preußischen Akademie der Künste, dargestellt nach den Dokumenten*. Leipzig ²1994; Werner Mittenzwei: *Der Untergang einer Akademie oder Die Mentalität des ewigen Deutschen. Der Einfluß der nationalkonservativen Dichter an der Preußischen Akademie der Künste 1918 bis 1947*. Berlin, Weimar 1992.

36. Vgl. Mittenzwei 1992 (Anm. 35), S. 73ff.

37. Zit. n. Jens 1994 (Anm. 35), S. 115.

38. Zit. n. Mittenzwei 1992 (Anm. 35), S. 111 f.

39. Zit. n. Jens 1994 (Anm. 35), S. 116.

40. Ponten 1934 (Anm. 9), Sp. 1.

41. Ebd.

42. Ebd.

42. Ebd. Sp. 3.

43. Ebd. Sp. 1.

Von den Schwierigkeiten schwieriger Lyrik in schwierigen Zeiten. Ernst Meister, Schmallenberg und der *Droste-Preis* 1957

Von Walter Gödden

Dieses »Schmallenberger Ereignis« ist eine der heilsamsten und spontansten geistigen Auseinandersetzungen gewesen, die Westfalen in den letzten Jahren erlebt hat. Sie hat erwiesen, daß sich eine Heimatdichtung noch längst nicht von selbst versteht und wie alle echten schöpferischen Vorgänge ein »brutales Geschäft« ist, das zu täglich neuen Auseinandersetzungen herausfordert. (Walter Vollmer, 1963)[2]

[...] eines ist sicheres Faktum geworden: Seit Schmallenberg gibt es keine Kontinuität mehr in der westfälischen Literatur. [...] Tränen der Trauer oder der Wut sind deswegen nicht mehr am Platze. (Friedrich Wilhelm Hymmen im Juli-Heft des *Westfalenspiegel* 1969)

Es hatte ein wenig etwas vom Zauberlehrling-Effekt. Da wollte der Landschaftsverband Westfalen-Lippe etwas für die westfälischen Schriftsteller tun, da hatte sich auch, nach zweijähriger Vorbereitung, eine Stadt gefunden, die ihre Kooperation anbot und Finanzmittel bereitstellte – doch dann entwickelte sich hieraus ein Dichterstreit, der einzige, den die westfälische Literatur der Nachkriegszeit überhaupt erlebt hat.

Die Rede ist vom fast schon legendären Schmallenberger Dichtertreffen im April 1956. Mit unserem Thema – der Vergabe des *Droste-Preises* (Beiname: *Westfälischer Literaturpreis*) an Ernst Meister im Jahr darauf – hat es unmittelbar zu tun. Ernst Meister, der eigentlich nur in Vertretung des erkrankten Adolf von Hatzfeld in Schmallenberg anwesend war, hatte während dieser Dichtertage seine erste öffentliche Lesung – vor nicht weniger als 1.000 Besuchern in der Schmallenberger Festhalle. Fortan war von ihm in der westfälischen Presse wiederholt zu lesen,[2] sein Werk zog Kreise, wurde vielerorts diskutiert – schon deshalb, weil es ganz aus dem Rahmen dessen fiel, was sonst unter westfälischer Dichtung firmierte. All dies machte Meister zu einem ernsthaften Kandidaten für den *Westfälischen Literaturpreis*. Vor Schmallenberg war Meisters Name nicht einmal der einschlägigen Presse ein Begriff, so treffen wir nicht nur einmal auf einen »Hans Meister«, der in Schmallenberg gelesen haben soll.[3] Mit der Verleihung des *Westfälischen Literaturpreises* wiederum wurde Meister in ganz Deutschland literarisch 'hoffähig'. Weitere Ehrungen folgten, zunächst im regionalen Bereich (*Kogge-Preis* 1961, *Hagener-Literaturpreis* 1962), dann auch überregional (u.a. *Büchner-Preis* 1979). Dem *Droste-Preis* kam eine gewisse Signalwirkung zu.

Aber es geschah noch etwas anderes in Schmallenberg. Ernst Meister verkörperte mit einem Mal – so unverhofft wie ungewollt – den Typus eines neuen westfälischen Schriftstellers, eines Autors, der über ein modernes Formbewußtsein verfügte und der virtuos und radikal Spracherkundung betrieb. Meister avancierte damit zu einem Hoffnungsträger jener jungen Literaten, die in Schmallenberg erstmals so etwas wie ein Zusammengehörigkeitsgefühl empfanden und daraus ein neues Selbstverständnis ableiteten. Gemeint sind Hans Dieter Schwarze, Paul Schallück, Erwin Sylvanus, mit geringerem Anteil auch Werner Warsinsky und Friedrich Wilhelm Hymmen. Wir befinden uns, so wird deutlich, schon mitten in literaturgeschichtlichen Zusammenhängen, die es weiter aufzuhellen gilt – ein noch weithin unentdecktes Kapitel westfälischer Literaturgeschichte.

*

Gehen wir also diesen Schritt zurück und fragen nach der Situation der damaligen Literatur in Westfalen. Welche Tendenzen kamen z.B. beim *Westfälischen Literaturpreis* zum Ausdruck? Oft sind Literaturpreise ein Gradmesser ihrer Zeit, oft genug auch ein Politikum. Beim *Westfälischen Literaturpreis* war das nicht anders, was z.B. an seinen Vergabepraktiken im Dritten Reich abzulesen ist.[4]

Ende der 40er, Anfang der 50er Jahre erhielt die westfälische Literatur von mehreren Seiten her Auftrieb. Man wird von einer Art 'Wiederaufbauphase' sprechen können, einer weltanschaulichen Neuorientierung, die im kulturellen Bereich ihre Stützen suchte. Es war dies kein planmäßig betriebener Prozeß, sondern eher 'Selbsthilfe'. An verschiedenen Stellen regten sich Initiativen. Einig war man sich darin: Gerade die Literatur bedürfe der Unterstützung, sie sollte wieder zum Aushängeschild der Region werden. Margarethe Windthorst sprach vom »Hinterwäldlertum«, in das die westfälische Literatur zurückgefallen sei, es werde »höchste Zeit, daß die Westfalen sich zusammenschließen«.[5]

In gewisser Hinsicht ein Vordenker war damals der Germanist Clemens Heselhaus, Dozent an der Universität Münster. Schon im Dritten Reich hatte

Heselhaus nicht in den lauten Chor jener eingestimmt, die von »westfälischer Artung« sprachen und von Geschichte und Kultur »als Ausdruck von Rasse und Wesen«[6]. Für Heselhaus war das 'Westfälische', was immer das auch genau sein mag, noch kein Qualitätsausweis an sich, sondern mußte sich erst durch literarische Meisterschaft beweisen.

Mit der Begründung des *Droste-Jahrbuchs* versuchte Heselhaus, der westfälischen Literaturforschung eine neue Bühne zu verschaffen. Weniger mit dem ersten Jahrgang 1947 als mit dem folgenden 1948-50. Dort eröffnete er die Rubrik »Die Literatur Westfalens« und stellte in einem Vorwort (S. 268) heraus: »Die westfälische Literatur steht [...] vor der Frage, ob sie eine stammliche Selbstdarstellung leisten will oder einen geistigen Beitrag zum Raum der Nation.« Heselhaus scheute sich nicht, die Kardinalfrage zu stellen, ob nämlich die damalige westfälische Literatur überhaupt das geistige Niveau aufweise, das sie einstmals, zur Zeit einer Droste, eines Freiligrath oder eines Grabbe, innegehabt hatte. Wie allein Heselhaus mit einer solchen Auffassung dastand, wird aus dem Folgenden deutlich.[7]

Auf diesen hoffnungsfroh stimmenden Prolog folgte im *Droste-Jahrbuch* jedoch ein Beitrag von Josef Bergenthal, der methodisch gradezu gegenläufige Tendenzen vertrat, betitelt: »Westfälische Literatur im 20. Jahrhundert«. Dieser Aufsatz bildete das Grundgerüst für eine 70seitige Einführung in Bergenthals Anthologie *Westfälische Dichter der Gegenwart. Deutung und Auslese* (1953), in der einer Westfalenideologie vehement das Wort geredet wird. Auch hierzu später mehr.

An entlegener Stelle und in anderem Zusammenhang – anläßlich seines Aufsatzes über »Melchior Diepenbrock und den Geist der nazarenischen Literatur«[8] formulierte Heselhaus 1953 seine Forderungen an die westfälische Literaturforschung präziser. Wir stoßen hier bereits auf die Thesen, die er später auf dem Westfalentag in Siegen vertrat und die dort und wiederum ein Jahr später in Schmallenberg heftigen Widerspruch herausforderten:

Seit dem 19. Jahrhundert ist man gewöhnt, den einzelnen in seiner gesellschaftlichen, stammeshaften oder blutsmäßigen Verflochtenheit mit einem Kollektiv zu sehen; das war der methodische Ansatz, wo immer das Gespräch sich ordnend der Welt vergewissern wollte. Bei uns wurde diese Fragestellung gern abgewandelt zu der andern, nach dem, was westfälisch in einem Lebens- und Charakterbild ist, zu der Frage also nach dem kollektiven Artbewußtsein. Die sogenannten westfälischen Charakterzüge hatten es uns angetan; rechtschaffende Treue, praktischer Sinn, konservative Gesinnung. [...]. Aber es wird Zeit, daß wir auch die Grenzen dieser Methode einsehen.

Mit der früheren Methode bleibe man

höchstens bei einer geistigen Blutgruppen-Forschung oder bei einer Mystik des Blutes stehen. Wie anders, wenn wir statt solcher und ähnlicher Mystifizierungen bei den Schicksalen der Diepenbrock-Söhne die geistige Strukur der Zeit in Rechnung setzen.

*

Maßgeblichen Anteil an der Propagierung der westfälischen Literatur hatte neben dem *Droste-Jahrbuch* seit Oktober 1951 die monatlich erscheinende Zeitschrift *Westfalenspiegel*. Wie beim Vorgänger – der während des Nationalsozialismus gegründeten und sehr von seinem Gedankengut geprägten Zeitschrift *Heimat und Reich* – bildete die Literatur einen inhaltlichen Schwerpunkt. [9] Dies war nicht zuletzt das Verdienst des Chefredakteurs Clemens Hebermann, der das Blatt zu einem offenen, von Schriftstellern unterschiedlichster Couleur geschätzten Forum machte und zugleich zu einem Sammelbecken literarischer Talente – eben jener 'Schmallenberger Jünger', die später den Aufstand probten. Im Mitarbeiterverzeichnis treffen wir nahezu alle an, die damals in Westfalen literarisch Rang und Namen hatten, wobei es offenbar keine Rolle spielte, ob sie sich auch als nationalsozialistische Propagandisten hervorgetan hatten, wie zum Beispiel Josefa Berens-Totenohl oder Maria Kahle.

Das Mitarbeiterverzeichnis der Jahre 1952 bis 1956 weist folgende Autoren auf, die z.T. auch als Kritiker auftraten: Gertrud Bäumer, Ludwig Bäte, Hanns Martin Elster, Gertrud von le Fort, Adolf von Hatzfeld, Heinrich Luhmann, Fritz Nölle, Hans Dieter Schwarze, Erwin Sylvanus, Wilhelm Vershofen, Walter Vollmer, Werner Warsinsky, Karl Wagenfeld, Josef Winckler. Auf den Namen Ernst Meister stoßen wir erstmals 1957, danach dann mit ziemlicher Regelmäßigkeit.

Schon aufgrund dieser illustren Beiträgerliste, aber auch hinsichtlich seiner Berichterstattung über literarische Themen, Ausstellungen, Theaterinszenierungen, Gedenkanlässe usw. stellt der *Westfalenspiegel* eine für die Entwicklung der westfälischen Literatur der 50er und 60er Jahre unerläßliche, ja fast die einzige Quelle dar. Auch hinsichtlich des Schmallenberger Dichtertreffens und der späteren »Stürme um Ernst Meister« meldete er sich wiederholt zu Wort. Ohne den *Westfalenspiegel* wären solche Spuren heute verloren oder zumindest verwischt.

Viele Fäden liefen damals beim genannten Clemens Herbermann zusammen, der nicht nur diese vom Westfälischen Heimatbund und dem

Landesverkehrsverband Westfalen herausgebene Zeitschrift redaktionell verantwortete, sondern zugleich auch Leiter der Pressestelle des Landschaftsverbandes war. Auch die Planung und Durchführung westfälischer Dichtertreffen legte der Landschaftsverband in seine Hände, ein nahezu offizielles Amt, das Herbermann nicht nur die Bezeichnung »Leiter der westfälischen Dichtertreffen« eintrug, sondern auch einen festen Platz in der Droste-Jury sicherte – ein Umstand, der wiederum nicht unwichtig für die Verleihung des *Droste-Preises* an Ernst Meister wurde.

*

Eineinhalb Jahre nach der Begründung des *Westfalenspiegels* kam im April 1953 als weiterer Baustein in der Entwicklungsgeschichte der westfälischen Literatur die Erneuerung der 1924 gegründeten und 1934 aufgelösten Mindener Dichtervereinigung *Die Kogge* hinzu. Nach außen hin wollte man die regionalen Fesseln abstreifen und gab sich europäisch. Doch schon die personelle Zusammensetzung zeigt, daß die Westfalen das Heft in der Hand hielten. Um die *Kogge* hatten sich geschart: Ludwig Bäte, Fritz Nölle, Hanns Martin Elster, Maria Kahle, Josef Winckler – also auch hier wieder viele Autoren, die im Dritten Reich eine Rolle gespielt hatten –, ferner Margarete Windthorst, Paul Schallück, Josef Reding und Werner Warsinsky. Eine so heterogene Zusammensetzung war nur schwer auf eine Linie zu bekommen.

Uneins war man sich intern hinsichtlich der Frage, welchen Stellenwert das Element des 'Westfälischen' einnehmen solle. Die Mehrzahl der älteren Mitglieder favorisierten eine westfälisch Ausrichtung, fügte sich aber der 'taktischen' europäischen Öffnung.[10] Hierzu Josef Reding:

die Zusammensetzung der *Kogge* [war] in ihrer Typologie damals sehr verschieden. [...] Wir jüngere Autoren, die wir damals dazustießen, wie Inge Meidinger-Geise, einige andere und ich, mußten dann mit Bedenken auch Mitglieder dort kennenlernen, die sehr stark dem Nationalsozialismus erlegen waren. Dazu gehörte Hanns Martin Elster, dessen Zugehörigkeit zum PEN-Club damals und seine sehr dubiose Rolle im Übergang vom alten zum neuen PEN uns nicht behagte. [...] Die Vielfalt der Erscheinungen war groß – da waren z.T. noch Leute aus den 30er Jahren [...]. Das Konservative kämpfte gegen das Progressive innerhalb der *Kogge* dieser Zeit. Martin Beheim-Schwarzbach trat aus, als Manfred Hausmann den *Kogge-Ring* bekommen sollte. Die Spannungen vollzogen sich zumeist unter den Gründungsmitgliedern der 20er und 30er Jahre.[11]

Ludwig Bäte und Josef Winckler, denen die Förderung des westfälischen Schrifttums besonders am Herzen lag, hatten geglaubt, die *Kogge* in ihrem Sinn instrumentalisieren zu können. 1964 äußerte Winckler, daß er einen westfälischen Dichterkreis gewollt habe, nun aber »mit Schrecken« sehe, daß »jetzt noch Belgien, Nordosten, Dänemark und Skandinavien angelaufen werden sollen!« Er fühle sich inzwischen »fremd in dieser *Kogge*«.[12] Vorausgegangen war ein Eklat bei der Mindener Herbsttagung 1962 mit dem Austritt von 29 niederländischen und deutschen Mitgliedern, die der *Kogge*-Führung Versagen, fehlendes geistiges Niveau und fehlende Distanz »von jener nicht unbeträchtlichen Gruppe, die zum Teil noch den Nazi-Vorstellungen von Heimat, Blut und Boden anhing«, vorwarfen.[13]

*

Ein anderes Kapitel der westfälischen Literaturgeschichte der 50er Jahre führt zu den anthologistischen Projekten von Josef Bergenthal. Die Auflagenhöhe dieser Kompendien zeigt, daß Literatur in Westfalen damals hoch im Kurs stand und auch verlegerisch lukrativ war.[14] Diese Anthologien haben ihre Zeit zum Teil bis heute überdauert. Bergenthals *Sonderbares Land* erlebte 1979 eine fünfte Auflage, so daß uns der restriktive literarische Geist der 50er Jahre noch heute entgegenweht.[15]

Jener Josef Bergenthal (geb. 1900), mit erstem Wirkungsfeld Münster, war während des Dritten Reiches Schriftleiter und Gauführer im Reichsverband Deutscher Schriftsteller und anschließend Landesleiter der Reichsschrifttumskammer. In dieser Funktion war er Redakteur der Zeitschrift *Heimat und Reich. Monatshefte für westfälisches Volkstum.*[16] Auch bei der Vergabe der westfälischen Literaturpreise hatte er von Anfang an ein gewichtiges Wort mitzureden. Von ihm stammte unter anderem der Vorschlag, die Entscheidung über die Preisverleihung maßgeblich der NSDAP zu überlassen.[17]

Seit 1952 meldete sich Bergenthal auch als Herausgeber des *Westfalendienstes. Mitteilungen des Westfalenkreises für öffentliche Angelegenheiten* zu Wort. Hier bildete die Literatur zwar keinen Schwerpunkt, um so mehr aber wurde einem landsmannschaftlichen Westfalentum das Wort geredet.

In diesem Westfalenkreis hatten sich Persönlichkeiten aus ganz Westfalen zu einer Bürgerinitiative zusammengefunden, und der *Westfalendienst* war sein Sprachrohr.

Alle größeren westfälischen Zeitungen bezogen diesen Dienst, der zu einer einflußreichen Institution wurde und manchen Minister das Fürchten lehrte. [...] Nicht weniger als 52 Ausgaben erschienen in den Jahren 1952 bis 1968.[18]

Im Zusammenhang mit dem Schmallenberger Dichtertreffen wurde hier ein regelrechtes Kesseltreiben gegen die jungen Autoren angezettelt (s.u.).

Auch im *Westfalenspiegel* war Bergenthal mehr als einmal anzutreffen. Dabei fällt auf, daß er wie kaum ein anderer seiner im Dritten Reich vertretenen Linie treu blieb. Er las und bewertete westfälische Dichtung auch weiterhin unter den Gesetzen von Stammes- und Volkstum, für ihn war der Dichter zuallererst »Künder westfälischer Art«. Hier ist zunächst seine erwähnte, 1953 bei Regensberg in Münster erschienene Anthologie *Westfälische Dichter der Gegenwart*[19] zu nennen. Bergenthal äußert darin:

Das Eigenschaftswort westfälisch ist seit je im Sinne kerniger Stammesechtheit gebraucht. Literaturkritik und Literaturwissenschaft pflegen die westfälische Herkunft eines Dichters an seinem Werk zu empfinden und besonders hervorzuheben. (S. 15f.)[20]

Das gesamte Vorwort ist eine Ansammlung von Stereotypen, Verklärungen, Stilisierungen.

Folgerichtig begann Bergenthal seine Anthologie mit dem Kapitel »Aus Bauernerbe«. Schon die Eingangssätze legen den Ton fest: Westfalen sei ein konservatives Land, hier lebe der Sinn für das Überlieferte, die Achtung vor dem Gewordenen, die Treue gegenüber der Tradition, die Pietät vor überindividuellen Lebenswerten und Gesetzen. In den Werken fast aller westfälischer Dichter sei hiervon etwas zu spüren. Ein Beispiel hierfür sei die Dichtung von Lulu von Strauß und Torney (spätere Ehefrau des nationalkonservativen Verlegers Eugen Diederichs und maßgeblich an dessen Verlagsprogramm beteiligt): Diese Autorin sei sich vorbildhaft »ihrer Herkunft aus Volkstum, Stamm und Landschaft« »dankbar bewußt geblieben«. (S. 18f.) Er zitiert sie mit den Worten: »Die heutige freizügige, in den Großstädten umgetriebene Literaturjugend kann es sich kaum vorstellen, was es für den werdenden Künstler bedeutet, von Generationen her in einer Landschaft, einem Volksschlag bluthaft verwurzelt zu sein.« (S. 19) In Lulu von Strauß und Torneys Werk *Reif steht die Saat* lebe dagegen »ein Bild edlen wesenhaften Menschentums, das sowohl in den Ordnungen des Lebens aufrecht und ehrfürchtig sich entfaltet, wie es in Schicksalen und Untergängen sich bewährt.« Ihre Dichtung sei »aristokratisch-herb und heroisch-sieghaft, aber zugleich sozial und namentlich dem Volksleben bäuerlicher Prägung nahe«. (S. 19)

Nächste in Bergenthals Rangskala ist Margarete zur Bentlage, gefolgt von Josefa Berens-Totenohl, bei der »Mensch und Natur [...] ins Große, ins Mythische gesteigert« seien: »Ernst und schwer tragen die Menschen in diesen Büchern das Leben, doch hart und unbeugsam stehen sie im Schicksalssturm.« In der früheren Variante im *Droste-Jahrbuch* 1948-1950 hatte Bergenthal angeführt: »Mit unausweichlicher Konsequenz und Wucht gestaltet sie Menschen aus dem Gesetz ihrer Natur, Menschenschicksale aus der Leidenschaft des Willens.«

Besonders in der plattdeutschen Dichtung blühte für Bergenthal das »bodenständige Volkstum« auf. (S. 28) So bei Friedrich Castelle. Unter »Stimmen der Seele« ist zu lesen:

Es gilt als westfälische Art, mehr still nach innen zu sinnen als laut nach außen zu reden. Mancher Westfale zieht sich in mystischer Innenschau auf sich selbst zurück, geht die einsamen Wege unerforschter Seelenlandschaft, sieht und hört in sich hinein wie der grübelnde Schäfer auf der Heide, mag er dabei vor seinen eigenen Gesichten erschrecken wie die 'Seher der Nacht, das gequälte Geschlecht'. (S. 56)

Im Kapitel »Im Raum der Geschichte« heißt es:

Es ist der Sinn für das Wesentliche, der Wille zur Größe, der manchen Dichter in den Raum der Geschichte und zu ihren Gestalten und Ereignissen führt, [...]. (S. 71)

Bergenthals Qualifizierung des westfälischen Dichters erinnert in vielem an den 'Ariernachweis': Das wichtigste, das einen westfälischen Autor auszeichne, sei sein Sinn für »die Sippe, die Familie«.

So ist eine Art Ahnenprobe erforderlich. Dabei gibt es Grenzfälle, die so und anders gewertet werden können. Jeder Mensch hat vier Großeltern und acht Urgroßeltern, die häufig aus verschiedenen Stammeslandschaften kommen. In solchen Fällen ist nach der dominierenden Erbmasse und Artung zu fragen, aber auch nach dem Stammesbewußtsein. (S. 15)

Als ein Musterbeispiel westfälischer Dichtung führt Bergenthal Hermann Löns' Roman *Der Wehrwolf* an.[21] Auf Löns' Physiognomie eingehend und dabei Lulu von Strauß und Torney zitierend führt er an: »Man braucht nur diesen scharf geschnittenen Kopf mit den wasserklaren, fast visionären Augen in irgendeinem Kreise zu sehen, um sofort zu wissen, hier ist etwas, das über dem Durchschnitt steht.« (S. 18)

Das sind wohlgemerkt noch Zeugnisse aus der Mitte der 50er Jahre, fast unmittelbar vor der Preisverleihung an Meister veröffentlicht! Für die Autoren galt, ob sie es wollten oder nicht: An einer einflußreichen 'literarischen Autorität' wie Bergenthal kamen sie so schnell nicht vorbei. Später – sicherlich auch ein Verdienst des Schmallenberger Treffens – hatte es Bergenthal schwerer, seine westfälischen Anthologien zu rechtfertigen – man lese einmal seine sehr gewandelten Vorworte über die Jahre hin; im Grunde aber blieb er sich selbst treu, vertrat seine Meinung später nur eben versteckter, 'durch die Blume'.[22]

Man wird vermuten dürfen, daß Feststellungen, wie sie Bergenthal mit größter Selbstverständlichkeit traf, allmählich Unmut bei den Jüngeren auslösten, Widerstand regte sich jedoch vorerst nicht. Um so mehr verwundert, daß Bergenthal noch heute Zuspruch findet. So wird ihm bescheinigt, eine »fundierte Deutung westfälischer Autoren aus der ersten Hälfte unseres Jahrhunderts« geliefert zu haben. Und: »Aufmerksamkeit und Dankbarkeit – das schuldet Westfalen, schuldet das Sauerland diesem Mann: Sein Werk verpflichtet.«[23]

Aber zurück zu Ernst Meister. Wurde er in westfälische Anthologien aufgenommen? Die Frage suggeriert bereits die Antwort: nein, er wurde es nicht. Anthologisten wie Bergenthal konnten sich nicht dazu durchringen, Autoren wie Meister, Schwarze, den politischen Schallück oder gar den Dadaisten Richard Huelsenbeck zu berücksichtigen. Diese Autoren galten halt als unwestfälisch – während Meister übrigens selbst keinerlei Schwierigkeit hatte, sich mit Westfalen zu identifizieren –, hier sei auf seine Äußerungen im *Westfalenspiegel* von 1968 über seine Heimatstadt Hagen-Haspe verwiesen.[24]

Was für die anthologistische Literaturlandschaft Westfalens galt, galt in gleichem Maße auch für andere literarische Bereiche. Das 'Westfälische' war noch immer ein Selektivmechanismus, gleichsam ein Numerus clausus für die Förderungswürdigkeit und das Ansehen eines Autors. Hiermit nähern wir uns wieder den Westfälischen Dichtertreffen.

*

1955 trafen sich in Marl – erstmals seit einem Autorentreffen in Soest im Jahre 1941 – wieder westfälische Autoren zu einem »offenen Zwiegespräch und freien Gedankenaustausch« (Herbermann). Bis auf die erkrankten Adolf von Hatzfeld und Peter Paul Althaus waren alle der Einladung

gefolgt – alle, d.h. – eingeladen hatte man schematisch: die früheren Preisträger des *Westfälischen Literaturpreises* sowie westfälische Autoren, die
mit einem anderen größeren Preis bedacht worden waren. Auch hier: Es war
kein Stein des Anstoßes, daß die aufgrund ihrer Linientreue im Dritten Reich
mit einem Literaturpreis Bedachten wieder mitberücksichtigt worden waren.
Das Treffen selbst verlief fast ohne Mißtöne, obwohl das Motto »Wir wollen
einander gelten lassen« schon etwas verräterisch anmutet...[25]

Gemeinsam fand man zu dem Nenner, daß die westfälische Literatur
stärker gefördert werden müsse. Das Westfalenbekenntnis kam dabei den
jüngeren Autoren noch recht frei von den Lippen. So erklärte Paul Schallück
auf den Einwand, daß ihm das 'Westfälische' nicht ganz abzunehmen sei,
im Rückblick: »Sodann habe ich mich am Ende des westfälischen Dichtertreffens in Marl vor der Presse und dem Fernsehen mit aller wünschenswerten
Deutlichkeit zur Tagung selbst und zu meiner westfälischen Heimat bekannt.
Es steht also außer Frage, ob es mir genehm ist, als westfälischer Dichter
angesprochen zu werden.«[26]

Viel beschworen wurde der gute Geist des Treffens, die über allem
schwebende harmonische Atmosphäre: »wir schöpfen aus der selben Quelle«
war zu hören,[27] und die Tagung schloß mit einem spontanen Freundschafts-
bekenntnis. Im *Westfalenspiegel* war im Jahr darauf zusammenfassend zu
lesen:

Schon in Marl prallten [...] die Auffassungen in manchen Fragen aufeinander, die
Kluft zwischen den Generationen wurde sichtbar. Doch diese Meinungsunterschiede
störten das menschliche Zueinanderfinden nicht. [...] Einhellig wurde der Wunsch
laut, Tagungen dieser Art regelmäßig stattfinden zu lassen. Wir waren zunächst auf
einer »Insel«[28] versammelt. Aber die »Insel« hat sich während dieses Treffens in eine
Brücke verwandelt.[29]

Margarete Windthorst faßte in einem privaten Brief zusammen:

Es war ein wohlgelungenes Treffen, wir waren durchaus geschwisterlich beieinander,
es gab keine Mißstimmung. [...]. Im westf. Dichterkreis wurde allerlei eingefädelt,
hoffentlich läßt sich einiges vom Landschaftsverband aus verwirklichen, uns zur Hilfe.
Es wird die höchste Zeit, daß die Westfalen sich zusammenschließen, wir waren bis
jetzt immer noch Hinterwäldler.

Sie selbst beabsichtigte, sich noch stärker der westfälischen Sache zu
widmen: »Auf die Dauer muß u. möchte ich mich dann um die westf. Literatur
kümmern.«[30]

*

Es kam jedoch anders: Beim Schmallenberger Treffen im Jahr darauf brachen die Gegensätze offen aus. Schmallenberg im Hochsauerland – mancher der Autoren hatte den Namen des Städtchens bis dahin noch nicht einmal gehört. Hier waren wieder beisammen: sechs der sieben noch lebenden Träger des *Westfälischen Literaturpreises*, westfälische Autoren, die andere Preise erhalten hatten, und der Kreis der 'jungen Talente', der um Friedrich Wilhelm Hymmen und Ernst Meister erweitert worden war. Einen ersten Höhepunkt des Treffens bildete eine gemeinsame Autorenlesung in der Schmallenberger Stadthalle. Der *Westfalenspiegel* berichtete später:

Doch das ungewöhnlichste und wohl nachhaltigste Erlebnis für die Autoren war der öffentliche Dichterabend in der Schmallenberger Stadthalle »Westfalens Dichter lesen aus ihren Werken«. Über tausend (Eintritt zahlende!) Zuhörer füllten die festlich geschmückte weite Halle! In keiner Großstadt würde dieser Abend eine solche Anteilnahme geweckt haben. [...] Selbst aus Siegen und Arnsberg, aus Olpe, Neheim und Menden waren die literarisch interessierten Menschen, zum Teil in Omnibussen, nach Schmallenberg gekommen [...].[31]

Alt und Jung – westfälisch oder nicht westfälisch – seien damals gleichermaßen zu Wort gekommen, ohne daß auf einer Seite daran Anstoß genommen worden sei.

Das zweite herausragende Ereignis war eine halböffentliche Diskussion, die in der Tagungsstätte, dem Schmallenberger Hotel Störmann, stattfand. Sie kreiste um eine Frage, die eigentlich eine Fangfrage ist: »Eigenzüge in der westfälischen Literatur«.

Die Diskussion wurde eingeleitet von einem Kurzvortrag des mehrfach erwähnten Clemens Heselhaus.[32] Heselhaus ging der Frage »Was ist das eigentlich Westfälische an der westfälischen Literatur?« auf den Grund. Er ließ schließlich kaum noch ein gutes Haar an der Vokabel 'westfälisch' und stellte – was für die damalige Zeit eine Provokation war – alles in Frage, was mit dem Begriff des 'Westfälischen' zu tun hatte: Die Dichter aus Westfalen hätten keinerlei Gemeinsamkeit, es gäbe keine innerregionale Traditionsbildung, vielmehr hätten die Autoren jeder für sich geschrieben, seien eher geniale Dilettanten gewesen als Repräsentanten ein und derselben westfälischen Literaturschule. Auch sei Literatur in Westfalen immer die Sache einer kleinen Minderheit gewesen; weder bei Grabbe, Freiligrath, Friedrich Wilhelm Weber oder der Droste sei etwas spezifisch Westfälisches auszumachen, ja das Westfälische sei überhaupt eine Mystifikation; es stehe ein für falsches Pathos, und auch der Geist von Blut und Boden schwinge noch gehörig mit. Von dieser Warte aus erklärte Heselhaus auch die Fragestellung der Diskussion für unsinnig. Seine Ausführungen mündeten in der Kritik an einer Literaturpflege, die nach landschaftsgebundenen Prinzipien Vorschriften ausgebe und Preise verteile. Ob explizit oder implizit: Heselhaus forderte damit auch eine Erneuerung der westfälischen Literatur, und hierfür wurde Ernst Meister ganz unverhofft zum Banner- und Hoffnungsträger.[33]

Vorher entzündete sich jedoch ein heftiger Streit. Es bildeten sich zwei Fraktionen: auf der einen Seite die westfälischen Literaturpreisträger der Vergangenheit, die immer im Sinne ihrer Heimat geschrieben hatten – entsprechend auch 'gefeiert' worden waren – und die plötzlich nicht mehr verstanden, daß dies alles nun gegen sie ausgelegt wurde; auf der anderen Seite die Autoren der jungen Generation: Schwarze, Schallück, Sylvanus, die von alledem nichts mehr hören wollten, die für literarisches Formbewußtsein votierten und den Anschluß an die literarische Moderne forderten, an die gesamtdeutsche, ja an die europäische Literatur. Meister stand dabei auf der Seite der Jungen, allerdings ohne sich wortstark nach vorn zu drängen. Ein Bruch, eine tiefe Kluft, zwischen den beiden anwesenden Dichtergenerationen brach auf.

Den Jungen wurde dabei – später auch einhellig in der Presse – Rebellentum und so etwas wie Nestbeschmutzung, (westfälischer) Landesverrat vorgeworfen. Der Umdenkungsprozeß sollte im Keime erstickt werden. Unter der Überschrift »Ist Westfalen eine Mystifikation?« heißt es im bereits erwähnten *Westfalendienst*:

In Schmallenberg hat eine Tagung stattgefunden, ein Westfälisches Dichtertreffen, auf dem befremdliche Behauptungen in die Welt gesetzt worden sind: es gebe keine westfälische Dichtung, Westfalen sei nur ein Verwaltungsbezirk, keine Stammes- und Kulturlandschaft, das 'Westfälische' sei eine Mystifikation, mit der Schluß gemacht werden müsse. Wenn diese Thesen zuträfen, dann müßte der Landschaftsverband Westfalen-Lippe verschwinden, müßten der Westfälische Heimatbund, der Westfälische Kunstverein u.a. sich auflösen, müßten die Herausgeber und Bearbeiter des großen Werks *Der Raum Westfalen* ihre Arbeit als gegenstandslos einstellen, denn sie alle beziehen ihre Legitimation aus dem 'Westfälischen', das eine Mystifikation, auf deutsch: ein Schwindel sein soll. Mit dem Westfälischen ist das Stammliche schlechthin gemeint und verneint. Gibt es keine westfälische Dichtung und Kunst, so gibt es auch keine rheinische, keine schwäbische, keine bayerische, keine hessische. Man braucht diese Schmallenberger Thesen nicht zu widerlegen. Sie werden bald vom Winde verweht sein. Aber es scheint gut und nötig zu sein, immer wieder auf die Bedeutung der Stämme im Gefüge und im Kunstschaffen der Völker hinzuweisen, um Verwirrung namentlich in jungen Köpfen zu zerstreuen. Die rechte Rangordnung darf nicht gestört und verkehrt werden. Niemand wird Stammes- und Heimatdichtung neben große Menschheitsdichtung setzen wollen. Aber es ist unmöglich, die Existenz der Stämme in der Kunst und Dichtung der Völker leugnen zu wollen.[34]

Die Versuche, durch Totschweigen oder heftige Vorwürfe das Problem zu bewältigen, zeitigten jedoch wenig Erfolg. Die Diskussionen ebbten vorerst nicht ab, wurden an vielen Schauplätzen weitergeführt. Neben weiteren Repliken im *Westfalenspiegel*[35] ist hier auch ein Rundbrief des Westfälischen Heimatbundes vom 1. Juni 1956 zum Thema »Das Dichtertreffen in Schmallenberg« zu nennen. Ausgelöst hatte ihn die Frage: Sollte man seiner Empörung über die Schmallenberger Jünger Luft machen oder sei es ratsamer, Ruhe und Besonnenheit an den Tag zu legen.

Die Folgen des Schmallenberger Dichtertreffens waren vehement und wirkten lange nach, eigentlich bis heute. Die Sache als solche – westfälische Dichtung um Westfalens willen – kam in Verruf. Es fand eine Art Umorientierung in der westfälischen Literaturlandschaft statt, und es kamen neue Namen ins Spiel. Die älteren Autoren, namentlich Josepha Berens-Totenohl und Maria Kahle, daneben Heinrich Luhmann und Josef Winckler, traten in den Hintergrund. Sie schwiegen, resignierten.[36]

Überhaupt verlor das Thema des Westfälischen an Stoßkraft.[37] Die weitere Konsequenz: Der westfälische Heimatbund, der seinen Statuten gemäß stets Autoren gefördert hatte, die sich zu ihrer Heimat bekannten – eine sehr gezielte Förderung, die in Empfehlungen für Büchereien, Volkshochschulen und Schulbüchereien bis hin zur Konzeption von Schriftenreihen ihren Ausdruck fand – zog sich aus der Literaturförderung zurück; nach Schmallenberg blieben dort Irritation und Ängstlichkeit; eben jene Ängstlichkeit, den falschen Ton zu treffen – die jungen 'Rebellen', so fürchtete man, waren auf der Hut, und auch Organe wie der *Westfalenspiegel* gaben sich durchaus aufgeschlossen-kritisch.[38]

*

Man möchte Schmallenberg die Geburtsstunde der modernen Literatur in Westfalen nennen, einer Literatur, die auch über Westfalen hinaus Geltung erlangte und bei der nicht mehr Heimatbekenntnis, sondern literarischer Rang zählte. Die Jungen, die – aus heutiger Sicht – letztlich den Sieg davontrugen, witterten hier ihre Chance. Ob sie sie dann freilich später auch nutzten, steht auf einem anderen Blatt.

Nach Schmallenberg tat sich die Frage auf, ob überhaupt noch solche Dichtertreffen stattfinden sollten.[39] Sie fanden auch weiterhin statt, aber – Ironie des Schicksals – in anderer, gemäßigter Form. So wählte man für das nächste Treffen 1957 das Motto *Tage des Wortes* und ließ das Treffen in der – so der nur kurze Bericht im *Westfalenspiegel* – »würdigen Atmosphäre des Schlosses zu Münster« stattfinden. Nach dem »Schmallenberger Ereignis« überraschte nicht, daß nicht alle Teilnehmer der beiden ersten westfälischen Dichtertreffen nach Münster kamen. Einige waren »zu ihrem eigenen Bedauern« verhindert (Margarete Windthorst wegen Krankheit, Josef Winckler weilte zur Kur, Paul Schallück in Paris, Hans Dieter Schwarze in Südamerika), andere sagten ab. Von den Jüngeren waren vertreten: Hymmen, Albert Scholl, Erwin Sylvanus und erneut Ernst Meister.

Schmallenberg wurde lange nicht vergessen. Noch Jahre später kamen Presse und Autoren bei den verschiedensten Anlässen auf das Treffen zurück.[40] Stellvertretend hierfür ein Beitrag in *Auf roter Erde. Monatsblätter für Landeskunde und Volkstum Westfalens* aus dem Jahre 1960. Er schließt:

Man sollte einen Mann wie Ernst Meister natürlich nicht für Westfalen usurpieren; auch Annette ist nicht nur westfälische Dichterin, wie Schiller nicht nur schwäbischer Dichter ist. Wer sucht, der findet bei Meister Dinge, die er nur sagen kann, weil er Westfale ist. Wenn er sie trotzdem so sagt, daß er auch jenseits unserer Grenzen verstanden wird, dann sollten wir Dunkelheiten ruhig in Kauf nehmen. Wer weiß, ob nicht die nächste Generation hierzulande gerade auf diese Dunkelheiten als etwas Besonderes hinweist.[41]

So ganz hatte man Meister, so scheint es, noch immer nicht verziehen; man tat sich schwer mit der Dunkelheit seiner Gedichte, für die man das 'Westfälische' hatte preisgeben müssen.

*

Ein Jahr nach Schmallenberg stand die Jurysitzung für die Verleihung des *Droste-Preises* an. Unter Mithilfe des *Westfalenspiegels* war– so darf wohl vermutet worden – auf die Wahl Meisters hingearbeitet worden, so durch einen Beitrag über ihn von Hymmen im Januarheft und von Rolf Schroers im Aprilheft 1957.

Bei der Juryarbeit dürfte die Befürchtung bestanden haben, daß es – wie in Schmallenberg – zu einem 'Fraktionsstreit' komme, schon durch die Mitarbeit des wenig kompromißbereiten Heselhaus, der die Droste-Gesellschaft vertrat.[42] Daneben waren in der Jury vertreten: Hans Thiekötter von seiten der Fachstelle Schrifttum des Westfälischen Heimatbundes, Erwin Sylvanus als Vertreter des westfälischen Schrifttums, Clemens Herbermann als Leiter der westfälischen Dichtertreffen und Redakteur des *Westfalenspiegel*, sowie als Vertreter der Literaturkritik: Dr. Wilhelm Westecker (Stuttgart) und Dr. Walter Kordt (Linz am Rhein). Ferner nahmen Vertreter des Landschaftsverbandes Westfalen Lippe teil sowie der Leiter der Staatlichen Volksbüchereistelle für den Regierungsbezirk Arnsberg, Dr. Hoppe aus Meisters Heimatstadt Hagen (!).[43]

Um es vorwegzunehmen. Es kam nicht zum Eklat. Heselhaus und Sylvanus waren die treibenden Kräfte der Jury, die anderen hielten sich weitgehend zurück. Die Akten der Preisjury dokumentieren aber zunächst noch einmal, wie sehr bei der Auswahl der Kandidaten nach dem Prinzip 'Westfälisch' vorgefiltert worden war. So sprachen sich die Mitglieder der *Fachstelle für niederdeutsche Sprachpflege* entschieden (einzeln, in mehreren Briefen, dabei stand der Fachstelle nur eine Stimme zu) für den niederdeutschen Heimatdichter Anton Aulke aus.[44] Bei ihm wurde geltend gemacht, daß er ein »meisterhafter Künder der münsterländischen Landschaft und der schicksalhaften Verbindung des Menschen mit seiner Heimat« sei; mit dem Volksleben des Münsterlandes sei er eng verwachsen.

Das wäre bei einer früheren Preisverleihung sicherlich ausreichend gewesen, hätten nicht Heselhaus und weitere Jurymitglieder Einspruch angemeldet und damit gleichsam die 'Statuten' geändert. So wurde a priori festgestellt, daß für den Preis allein der »dichterische Rang« der Anwärter entscheidend sei (und nicht sein Westfalenbezug). Das ebnete einem Votum für Meister den Weg. Sein Werk weise überregionale Bedeutung auf; er habe Beispielhaftes im Bereich der Lyrik geleistet; sein Werk zeige »künstlerische Kraft«; er gehe »eindeutig seinen Weg«, verfüge über »dichterische Magie« und Formbeherrschung. Von allen westfälischen Autoren könne Meister die »selbständigste lyrische Leistung« aufweisen. In Fachkreisen gelte er als einer der führenden deutschen Lyriker der Gegenwart und werde neben Gottfried Benn und Wilhelm Lehmann gestellt. Hiermit war die Wahl entschieden. Mit ausschlaggebend für Meister war schließlich noch die Annahme, daß sich eine Auszeichnung förderlich auf sein weiteres Schaffen auswirken würde; hiermit war Meisters schlechte materielle Situation mitangesprochen.

*

Doch damit war ein Hauptproblem nocht nicht ausgeräumt. Denn wie sollte die Wahl dem breiten Publikum plausibel gemacht werden? Nach wohl langem Blättern in Meisters Werk schien ein Weg gefunden. »Heimfahrt« lautet ein Gedicht Ernst Meisters – sicherlich nicht eines seiner besten –, das noch am ehesten Heimat und »rote Erde« thematisiert. Das Westfalenthema wurde also – praktisch durch die Hintertür – wieder eingeschleust werden. Gleich drei Mal kam das Gedicht im *Westfalenspiegel* zum Abdruck. Es beginnt: »Die Augen vom südlichen Winde noch blau, / Freund, und mit dir diese / Landschaft wiederzukosten, / die gemeinsame Heimat!«[45]

Auch ließ Meister bei seiner Dankesrede auf dem Westfalentag in Iserlohn 1957 westfälische Töne anklingen.[46] Wer wird ihn da verstanden haben, als er von der Einsamkeit des Dichters sprach, von einem notwendigen Status des Existierens, von der Besinnung auf das Ganze, der Frage nach dem gültigen Ausdruck, vom Prinzip des Monologischen, das im Dialog, im Menschlichen einmünde; Verbrüderung stiftend sagte er: »Wir sind und bleiben alle miteinander Gras und sollten lediglich mit ein wenig mehr Freude grünen und lebendig sein, ehe wir Heu sind.« Verständlicher werden seine Worte für viele erst geworden sein, als er auf den Charakter des Westfalen zu sprechen kam und die diesem nachgesagte Schwer- und Dickfälligkeit. Das – so Meister – sei ein Verruf, dem seine spezifischen Erfahrungen widersprächen. Und weiter, und dabei das Schmallenberger-Ereignis ins Positive wendend:

Es kommt mir nicht etwa dabei in den Sinn, Partei zu ergreifen oder zu bemänteln, wie steht es denn mit dem westfälischen Charakter als einer möglichen Veranlagung zum Werden? Meine Erwartung hielt sich in Grenzen, als ich gen Schmallenberg fuhr. Was erlebte ich dort, wo es hieß, sich mit vielen, meist dem Literarischen verpflichteten Westfalen zu berühren? Selbst unsere sogenannten Alten klappten die Visiere nicht herunter bei der Konfrontierung mit dem doch zunächst recht Ungewohnten, und ich war für ihre Aufgeschlossenheit dankbar. Und während sich die Frage nach dem Westfälischen dort selbst zerfleischte, wurde mir klar, daß es nicht Stockwestfalen waren, die der Versammlung bis an ihre unglücklich evolutionierenden Grenzen Rückgrat zu geben versuchten, sondern vielmehr Persönlichkeiten, die weiß

Gott den offenen Raum nicht scheuten. Auch den 'Jungen' war diese Tatsache in Wirrnis und Mißverständnis, ich darf das hier einmal sagen, durchaus bewußt.

Meister wüßte ein »erstauntes Lied« darüber zu singen, wie »durch gewonnene Freunde« Beispiele seines Schreibens »bis in die entlegensten Winkel des Sauerlandes gelangt« seien. Dadurch sei der »Weg in Westfalen« für ihn »hell« geworden. Oft habe er schon gedacht: »Ein Apfel, der fällt, kann ganz an den Stamm zu liegen kommen, er kann aber auch durch besondere Verhältnisse in größerem Abstand von ihm gebettet werden [...]: In beiden Fällen ist und bleibt der Apfel doch immer Apfel des Baums.« Anschließend reklamierte Meister das Wort Nietzsches »Ja, ich weiß, woher ich stamme« im erweiterten Sinne auch für sich.

Nach demselben Prizip – man möchte sagen: politisch-diplomatisch – verfuhr auch der Direktor des Landschaftsverbandes, Dr. Köchling, bei seiner Ansprache, in der es heißt: »Auch der Dichter, der seine geistigen Auseinandersetzungen in anderen Welträumen erlebt, wird immer ein Vertreter seiner Landschaft bleiben, einfach weil alles Erleben aus seinem Wesen, aus dem Wesen seiner Landschaft fließt.« Auffällig deutlich wird auf die Problematik eines landschaftlich gebundenen Literaturpreises abgehoben. Die »Vorlage« der Dichtung brauche nicht »westfälisch« zu sein; die »westfälischen Elemente, um die es uns geht, sind überhaupt nicht zu analysieren«; und fast programmatisch: »Die Lyrik eines Atomzeitalters ist keine seelische Momentaufnahme mehr wie auf Seide kopiert. Auch ihr Ausdruck hat sich gewandelt und naturgemäß das Leben, [...].« Größtes Kulturgut sei die Sprache; eben sie trage dazu bei, Heimatbewußtsein zu festigen und den Menschen tiefer in seine Landschaft zu verwurzeln. Und den Vollzug ins Allgemeine noch stärker fortsetzend: »Mit der Einrichtung eines *Westfälischen Literaturpreises* wollten wir also nicht allein westfälische Autoren und das westfälische Schrifttum fördern, sondern es geht uns auch darum, einen Beitrag zu leisten zur K u l t u r u n s e r e r Z e i t.« Das war für die damalige Zeit ungemein progressiv formuliert und wird manches Westfalenherz gebrochen haben.[47]

Noch gezielter als Köchlings Worte fiel die Laudatio aus, die Erwin Sylvanus hielt. Es war eine Laudatio voller Programmatik; Programmatik im Sinne einer heraufziehenden, neuen Kunst. Sylvanus sprach eingangs von der Notwendigkeit, in der Kunst neue Formen zu entwickeln (was sich deutlich gegen Westfalentreue und Traditionalismus richtete), und er sprach vom gewandelten »Lebensgefühl einer jungen Intelligenzschicht, die heute selbst aktiv die geistige Wirklichkeit mitzugestalten« beginne. Und sogar:

> Der Schreiber dieser Zeilen hat die Vermessenheit, zu glauben, daß es die Aufgabe der Dichter ist, die neuen Wirklichkeiten durch das Wort auszusagen und damit zu bannen und zu ordnen, ja, überhaupt erst hineinzunehmen in das Unvergänglich-Bleibende des menschlichen Geistes oder des Menschentums überhaupt.

Rhetorisch fragend fuhr Sylvanus fort: »Wo sind nun die Dichter, die das Neue zu sagen vermögen, die es damit zu stiften berufen sind?« Die Antwort lag auf der Hand: Ein solcher Kandidat konnte nur Ernst Meister sein, der, Sylvanus zufolge, »echte und legitime Stifter des Bleibenden aus unserer Weltenstunde«. Meisters Gedichte seien aufgrund ihrer Form »adäquater Ausdruck zu mancher Wirklichkeit unserer Gegenwart«. Meister wurde fast messianisch überhöht:

> So ist ein Dichter wie Ernst Meister geradezu notwendig geworden, weil er die Kräfte, aus denen das Zukünftige sich entwickelt, zu beschwören versteht – doch nicht als Magier, nicht als ein Verderber, der das Dunkle mystifiziert, sondern als ein Künder.

Weiterhin sprach Sylvanus vom Maß der »neuen Schönheit« in Meister Gedichten und einer »neuen Gegenwart«, der man in Westfalen »ganz besonders nahe« sei oder doch sein sollte.

*

Wenn Meister tatsächlich in der Folgezeit »leicht gebeugt, sehr ernst, ja, fast traurig einherzugehen« pflegte, wie ihm die *Vestische Neueste Zeitung* vom 24. Juli 1958 rückblickend bescheinigte, mag das zum Teil an den Nachwirkungen gelegen haben, die die Preisverleihung mit sich brachte. Viele standen damals auf, die die Wahl anfochten und Meisters Verse als unverständliche Esoterik abtaten, mit der kein 'normaler' Mensch etwas anzufangen könne.

Solcher Widerspruch regte sich schon auf dem Westfalentag bei der Preisverleihung. Dort verteilte der Dortmunder Lehrer Michael Querbach ein sechsseitiges Faltblatt, mit dem er die Wahl zur Farce degradieren wollte. Darin heißt es:

So gelacht habe ich seit langem nicht mehr: Ernst Meister, besonders das Produkt *Utopische Fahrt*. In allen Kreisen unseres Volkes habe ich Heiterkeitsstürme hervorgerufen, wenn ich das Ding vorlas. Geteilter Meinung war man nur, wenn gerätselt wurde, wer wohl die hungrige Meilenkatze ist – Madame, Auto, eine richtige Katze? Ferner? Ferner: Weshalb fährt Madame bis zu den Lenden des Zeus? Kurz und gut: Blödsinn in Reinkultur.[48]

In einem Leserbrief im Januarheft 1958 des Westfalenspiegel knüpfte Querbach hieran an: »Aber machen Sie es wieder gut! Drucken Sie [mein Gedicht]: Utopischer Dichter.«
Hier die Verunglimpfung:

Utopischer Dichter

Des Dichters Mondgesicht.
Zu Wölken, schlangengewunden,
türmt sich der Rauch,
ersetzend die geistige Leere.
Es schlummert die Feder,
die gestern noch zierte
die Gans.
Doch friedlich lieget daneben
ein Bleistift,
das Ende zerstümmelt
vom Zahn der Zeit;
und kalt ist's im Zimmer,
abstrakt, ohne Ofen,
real doch der Schnupfen;
die rote Nase, sie macht es ersichtlich.
Er niest eine Symphonie,
auf Schreibtisch
und dicke Folianten fällt
Andante, Scherzo, Allegro
permanent,
befreiend die Sinne zu löblichem Tun.

Um es hiermit noch nicht genug sein zu lassen, ließ Querbach den Nachsatz folgen:

Als Honorar für mein Gedicht erbitte ich folgendes: Bestätigen Sie mir, daß ich solcher Art Gedichte als Blödsinn ansehe. Schaffen Sie mir ein Alibi! Vielleicht stellen Sie den Antrag, daß ein Schulleiter, der die »Kunst« unserer Zeit nicht versteht, in den Ruhestand versetzt wird. Immer feste druff wie weiland Blücher!

Hiermit nahmen die »Stürme um Ernst Meister« (so die Überschrift) ihren Anfang. Im Februar- und Märzheft des *Westfalenspiegel* füllten sie viele Spalten. Es meldeten sich in kontroversen Leserbriefen zu Wort: Wilhelm Gerstecker, Kulturschriftleiter der Zeitschrift Christ und Welt: pro Meister; ein Dr. Wilhelm Kemper: pro Querbach (»Sollte ich in die Jury aufgenommen werden, die den nächsten *westfälischen Literaturpreis* zu verleihen hat, [...] so werde ich dafür eintreten, daß dieser Preis ihnen [Querbach] für Ihren *Utopischen Dichter* zugeteilt wird.«); Dr. Konrad Maria Krug, Oberstudiendirektor aus Neheim-Hüsten, der sich in der westfälischen Kulturszene der 20er Jahre einen Namen gemacht hatte: pro Meister; der Berufschuldirektor im Ruhestand aus Gummersbach, Heinrich Kleibauer, ein konservativer westfälischer »Heimatschriftsteller«[49]: contra Meister, contra Westfälischen Heimatbund und contra Landschaftsverband (»Ich bin Mitarbeiter einer Reihe von westfälischen Heimatkalendern und habe zu meiner Befriedigung feststellen können, daß kein einziger ein Gedicht von dem 'meisterliche' Lyriker der Ennepestroate gebracht hat. Ich habe jedem Schriftleiter darüber meine Genugtuung zum Ausdruck gebracht«); Otto Königsberger, Redakteur der *Ruhr-Nachrichten*, Dortmund: pro Meister (für Königsberger ersetze die Diskussion »ganze Bände von Kulturkritik«); Friedhelm Kaiser, Unna: pro Meister. Auch Querbach meldete sich noch einmal zu Wort: Mündlich und schriftlich hätten ihm viele »begeistert zugestimmt«. Mit »Leuten«, die wie Sylvanus behaupteten, daß »Kunst nicht aus siegreichen, sondern aus zerstörten Naturen komme«, wolle er sich nicht auseinandersetzen. Im übrigen halte er es mit Schiller: »doch wenn der Meister ist kein Meister,/ dann gibt's nur Unheil weit und breit.«

Beeindruckend ist ein langer Brief Anton Aulkes, also eines Dichters, der ganz anders als Meister schrieb und dachte. Aulke interpretierte Meisters *Utopische Fahrt* eingehend im *Westfalenspiegel* und kam dabei zu dem Schluß: »So ist für mich das Gedicht trotz der einen oder anderen Stelle, die dunkel oder zweifelhaft bleibt, ein völlig durchschaubares sinnvolles Ganze und malt über den geschilderten Einzelfall hinaus in eigenständiger Form das niemals ganz gestillte Glücksbegehren des Menschen und die Unrast unserer Zeit in der Arbeit und im Genuß.« Und im Grundsätzlichen: »Gewiß, das fragliche Gedicht ist nicht leicht verständlich. Aber an schwerverständliche Gedichte sind wir seit dem Expressionismus [...], seit Werfel, George und Rilke gewöhnt. Sie stehen sogar in Schullesebüchern. Diese

Schwerverständlichkeit erwächst aus der Kompliziertheit unserer Zeit, und man kann sie dem heutigen Dichter nicht zum Vorwurf machen, [...].« Auch Aulke fand einen Widersacher: Erich Kock aus Telgte wandte ein, daß mit Aulkes Worten Meister zuviel der Ehre angetan worden sei. Er wollte wissen, wo denn bei einer Dichtung, wie sie Meister schreibe, die »kleinen Leute« blieben.

Meister selbst wahrte Zurückhaltung und erklärte, sichtlich verlegen um die ganze Aufregung:

Denjenigen, die schlicht bekennen: »ich verstehe es nicht«, kann ich wahrhaftig nicht gram sein. Ihnen kann man die Wegmarken zeigen, die sie allmählich zum Verständnis führen. Hat man diese einmal davon überzeugt, daß es sich nicht um Willkür und Phantasterei handelt, sondern darum, die Sprache auf Prinzipien abzustimmen, die die Wirklichkeit nicht verstellen, so würde man wohl ein gutes Stück vorwärts mit ihnen reisen.

Aber nicht nur im *Westfalenspiegel* fand der Protest gegen Meister seinen Ausdruck, sondern auch in einer der Meister-Literatur bisher noch nicht bekannten Glosse von Hellmut Holthaus, »Sprache der Geister« in *Westermanns Monatsheften*. Ohne dabei Namen zu nennen, fällt doch sogleich auf, daß Holthaus auf die »Stürme um Ernst Meister« im *Westfalenspiegel* anspielte. Ausgehend von »völlig unverständlichen Versen« eines Dichters (offensichtlich denen Meisters) sinnierte der Verfasser: schriebe er selbst so etwas Orakelhaftes, so bedürfte es doch nur »eines tüchtigen Erklärers«, »eines studierten Mannes, am besten mit Professorentitel, der in der Lage ist, meine aktiv-abstrakten Werke zu deuten«, denn dann »müßte es doch gehen«. »Der tiefer blickenden Literaturwissenschaftler würde mit seinem Kennerauge das unergründliche Dunkel wenigstens teilweise durchdringen und das Publikum aufklären über die rätselvolle Schönheit und Bedeutung meiner aktiv-abstrakten Dichtungen. Dann würde ich aufgenommen werden in den Kreis der magischen Künstler.« Das Ganze gerät bei Holthaus zur Parabel, zur Posse auf die »ach so gelehrige, aber letztlich dumme Gelehrtenwelt«. Offenbar angetan von seinen Geistesblitzen, verschickte Holthaus den Artikel an führende Politiker, Autoren und Kritiker in und außerhalb Westfalens.

Der bekannte Arbeiterdichter Otto Wohlgemuth, der sich selbst bei der Preisvergabe übergangen fühlte, wandte sich mit einem Protestschreiben an den Landschaftsverband. Darin heißt es:

Die Gedichte aber, die ich bisher von Herrn Meister las, stehen wohl in einem grundsätzlichen Gegensatz zu dem, was ich immer als die höchste Aufgabe der Kunst angesehen habe: daß sie klar und wahr sein muß. Es ist die Kunst eines Dichters, die tiefsten Wahrheiten in einer Sprache mitzuteilen, die jedem nahe ist und nicht ein geheimnisvolles und unverständliches Vokabular darstellt.

*

Rekapitulieren wir zum Schluß. Die Verleihung des *Droste-Preises* an Ernst Meister im Jahre 1957 – die aus heutiger Sicht als ein Glücksfall erscheint – wird erst aus Kenntnis ihrer Vorgeschichte und Begleitumstände recht verständlich. Sie erscheint dann fast wie eine Provokation. Man wird von einer Art Kraftprobe sprechen können, oder – abgemildert – vom vorläufigen Schlußpunkt eines Dichterstreits, der zugleich ein Generationskonflikt war. Es war eine Wahl, die maßgeblich von Clemens Heselhaus, dem heutigen Ehrenmitglied der Meister-Gesellschaft, betrieben worden war. Ohne ihn wäre die Preisvergabe anders verlaufen. Heselhaus war es dann auch, der 1961 mit seinem Buch *Deutsche Lyrik der Moderne von Nietzsche bis Yvan Goll* die literaturwissenschaftliche Beschäftigung mit Meister einleitete.

Aus der Retrospektive wird die Preisvergabe an Meister zu einem Fall- und Lehrbeispiel. Wir erfahren viel über die damalige Situation der Literatur in Westfalen, und dabei tritt Meisters Einzelgängerstatus um so deutlicher hervor. Zugleich wird der 'Nährboden' sichtbar, mit dem er wie andere Autoren und Künstler in den 50er Jahren zurechtkommen mußte – die weltanschaulich beengte Atmosphäre, die die Autoren damals umgab.

Schmallenberg und die Preisvergabe an Meister markieren einen Ablösungsprozeß. Fortan wurde nicht mehr so unbefangen von westfälischer Dichtung gesprochen. Eine ganze Traditionslinie lief aus. Es kam vieles in Bewegung, viele Verkrustungen brachen auf. Zu bedauern ist, daß die literarischen Folgewirkungen gering blieben. Die Schmallenberger Jünger machten nur halbherzig ernst mit der Umsetzung ihrer Forderung nach einer neuen westfälischen Literatur. Sie konnten den hochgesteckten Erwartungen, die sie geweckt hatten, letztlich nicht gerecht werden, eine fürwahr schwere Hypothek. Ein Neuanfang, eine Gruppe, eine neue Stoßrichtung – das alles kam erst mit der *Gruppe 61*, die dann aber eine ganz andere Literaturauffassung vertrat als Meister und sein Kreis.

Anmerkungen

1. *Westfälische Städtebilder. Berichte und Betrachtungen.* Gütersloh 1963, S. 412. Der vorausgehende Teil des Zitats gelangt in Anm. 41 dieses Beitrags zum Abdruck. Beim vorliegenden Beitrag handelt es sich um einen Wiederabdruck aus: *Literatur in Westfalen. Beiträge zur Forschung.* Hrsg. von Walter Gödden und Winfried Woesler. Bd. 2. Paderborn 1994, S. 185-211. Es wurde auf Akten des Verwaltungsarchivs des Landschaftsverbandes Westfalen-Lippe, insbesondere die Akte C 70, Nr. 786, zurückgegriffen.

2. Meister war bis dahin auch seinen Schriftstellerkollegen noch ein Unbekannter. Zur Presseresonanz auf seine Lesung vgl. die *Westfalenpost* vom 19. April 1956, Nr. 92: »Aber da ist noch davon zu berichten, daß der junge Hagener Lyriker Ernst M e i s t e r an diesem Mittwochabend erstmals in der Runde westfälischer Autoren war, und daß er sich seinen Freunden mit Leseproben aus seinem Werk vorstellte.« Charakteristisch ist das Urteil im *Westfalenspiegel* (Mai-Heft, 1956): »Wohl der wichtigste Gewinn [des Schmallenberger Treffens] war die Entdeckung von Ernst Meister, dem wenig bekannten Lyriker aus Hagen, für die größere Öffentlichkeit. Als er aus dem demnächst erscheinenden Gedichtbändchen ... *und Ararat* vorlas, war keiner im Raum, der nicht gepackt gewesen wäre von der Kraft und Kühnheit der Gedanken und von der zuchtvollen Form«. In den *Westfälischen Nachrichten* vom 25. April 1956 war zu lesen: »Besondere Beachtung fand die ausdrucksstarke Lyrik Ernst M e i s t e r s , eines bisher noch wenig beachteten Autors, der sich als ein starkes Talent erwies. Wie wir erfuhren, wird ihn der Rundfunk in Kürze mit mehreren seiner Gedichte einem breiteren Publikum vorstellen.« – Sylvanus kam in seiner Laudatio anläßlich der Verleihung des *Droste-Preises* an Meister 1957 (s.u.) mit den folgenden Worten auf die Schmallenberger Lesung zurück: »Dem vieldiskutierten Schmallenberger Dichtertreffen des vergangenen Jahres kommt zumindest das Verdienst zu, Ernst Meister einer breiteren westfälischen Öffentlichkeit vorgestellt zu haben. Seine Lyrik konnte nun gerade in seiner Heimat Freunde, Verehrer und Bewunderer finden. Es war tröstlich, zu erfahren wie sich hinsichtlich der Anerkennung für Ernst Meister eigentlich alle einig waren, die Zeuge seiner ersten öffentlichen Lesung in Westfalen sein konnten.« (vollständiger Abdruck der Laudatio im Oktober-Heft des *Westfalenspiegel* 1957)

3. So z.B. die *Ruhr-Nachrichten* vom 28./29. April 1956.

4. Damals war für die Auszeichnung weniger literarische Leistung als parteiliche Linientreue und ein offenes Westfalenbekenntnis ausschlaggebend. Vgl. den Beitrag von Karl Ditt in diesem Band. Vgl. weiterhin Renate von Heydebrand: *Literatur in der Provinz Westfalen 1815-1945. Ein literar-historischer Modellentwurf.* Münster 1983 (= Veröff. der Hist. Komm. Westfalen: Geschichtliche Arbeiten zur Westf. Landesforschung: Geistesgesch, Gruppe 2), S. 224. Wie sehr sich die Literaturforschung damals auf Fragen des 'Stammestums' konzentrierte, geht auch aus Wilhelm Schultes Darstellung des Westfälischen Heimatbundes (*Der Westfälische Heimatbund und seine Vorläufer.* Hrsg. im Selbstverlag des WHB. 2 Bde. Münster 1973, S. 246f., sowie ders.: Zur Frage einer westfälischen Literaturgeschichte, in: *Die westfälischen*

Heimat 12, 1930, S. 226ff.) hervor. So lud die *Fachstelle Schrifttum* 1930 »zur Klärung der ständig auftauchenden Frage, was als »westfälische« Dichtung anzusprechen sei, zusammen mit dem *Literarischen Verein* (Dortmund), Prof. Dr. Josef Nadler aus Königsberg ein.« Nadler, Verfasser der berühmt-berüchtigten *Literaturgeschichte der deutschen Stämme und Landschaften* (4 Bde.; 3. Aufl. 1932) hielt den Vortrag *Stamm und Literatur, mit besonderer Berücksichtigung Westfalens,* der ein vielstündiges Gespräch auslöste. Gemeinsam wurde ein Arbeitsplan entwickelt, der die Frage weiterverfolgen sollte. Nadler sollte einer entsprechenden Arbeitsgruppe vorstehen. Durch Nadlers Berufung nach Wien im Jahre 1931 wurde dieses Vorhaben jedoch hinfällig.

5. Brief Margarethe Windthorsts an Inge Meidinger-Geise vom 25.4.1955. Abdruck in: Margarete Windthorst: »...*doch daß dann alles weitergeht...« Briefe an Inge Meidinger-Geise 1951-1958.* Hrsg. von Inge Meidinger-Geise. Dortmund 1978 (= Mitteilungen der Stadt- und Landesbibliothek Dortmund, H. 10), S. 46.

6. Vgl. Ditt (Anm. 5).

7. Das *Droste-Jahrbuch* konnte in der Folgezeit seinen Anspruch, zu einem Forum der westfälischen Literatur zu werden, nicht einlösen. Inhaltlich konzentrierte es sich bald wieder auf engere Belange der Droste-Forschung. Festzuhalten bleibt aber, daß hier erstmals nach dem Krieg eine Art Standortbestimmung der westfälischen Literatur versucht wurde. Später entstanden große Lücken in der Erscheinungsfolge.

8. Abdruck in: *Westfalen. Hefte für Geschichte, Kunst und Volkskunde* 31, 1953, Heft 1-3, S. 75.

9. Zur Geschichte des *Westfalenspiegel* und seiner Vorläufer vgl. Schulte 1973 (Anm. 5), S. 265-270.

10. Vgl. für das Folgende: *Josef Winkler (1881-1966). Leben und Werk. Arbeitsbuch zur Ausstellung.* Hrsg. von Wolfgang Delseit und Franz-Rudolf Menne im Auftrag der Nyland-Stiftung. Köln 1991; hier insbesondere S. 97-104 das von Wolfgang Delseit, Manfred Fickers und Franz Rudolf Menne bearbeitete Kapitel »Engagement in einer literarischen Vereinigung: Die *Kogge*«. – 1952 hatten sich Winckler und Bäte zusammengefunden, um die Kogge als Zusammenschluß von Autoren aus den Niederlanden und Deutschland wiederzubegründen. Die Gründungsversammlung fand im April 1953 im Stadttheater in Minden statt. »Schon von Beginn an waren jedoch Kontroversen und Spannungen, bedingt durch die unterschiedlichen Erfahrungen und Einstellungen zur Literatur, absehbar. [...] Bäte betonte – ebenso wie der aus Kiel stammende, niederdeutsche Erzähler, Lyriker und Bühnenautor Albert Mähl – eine eher regionale, mehr der Heimatliteratur verbundene Ausrichtung. [...] Winckler erinnerte in einer Rede an die K n e c h t s c h a f t d e s W o r t e s in der NS-Zeit, die es zu überwinden galt, und versprach gleichzeitig, bei den Schriftstellern, die sich in der Nachkriegszeit durch Leistung legitimiert hätten, einen Schlußstrich unter die Vergangenheit zu setzen«. (Ebd., S. 98f.)

11. Ebd., S. 100.

12. Ebd., S. 101.

13. Ebd., S. 102.

14. »Diese erste Gesamtdarstellung der westfälischen Gegenwartsliteratur hat seinerzeit

eine begeisterte Aufnahme bei Presse und Publikum gefunden. Die erste Auflage von 3000 Exemplaren war in fünf Monaten vergriffen. Auch die zweite ist seit langem ausverkauft und auch antiquarisch nicht aufzutreiben. Es wäre zu wünschen, daß Josef Bergenthal sich entschlösse, eine dritte Auflage vorzubereiten.« So Wilhelm Damwerth in seinem Beitrag: Ein Lebenswerk für Westfalen: Josef Bergenthal – Stimme Westfalens, in: *Stadt- und Landesbibliothek Dortmund. Mitteilungen. Neue Folge. Heft 15: Josef Bergenthal – ein Schriftsteller im Dienst für Westfalen. Bibliographie und ausgewählte Texte zu seinem 80. Geburtstag* hrsg. von Hedwig Gunnemann. Dortmund 1980, S. 13.

15. Die von Karl Schulte Kemminghausen und Hans Thiekötter 1956 zusammengestellte Sammlung *Stimme Westfalens* erlebte noch 1979 eine zweite, unveränderte(!) Neuauflage. Daß eine Anthologie westfälischer Dichtung zehn Jahre später ganz anders aussehen konnte, zeigt die von Lothar Jordan und Hugo Brems zusammengestellte Auswahl *Lyrik seit 1960 – Poesie sinds 1960. Westfalen – Westflandern. Eine zweisprachige Anthologie* (Münster 1989).

16. *Heimat und Reich* erschien »in Verbindung mit den Landesstellen Westfalen-Nord und Westfalen-Süd des Ministeriums für Volksaufklärung und Propaganda, den Gaukulturabteilungen der NSDAP, der NS-Gemeinschaft Kraft durch Freude, der NS-Kulturgemeinde, dem NS-Lehrerbund, der HJ und dem BDM«. Im Geleitwort zum ersten Heft bekannte sich die Zeitschrift dazu, »Symbol für die unzerstörbare Einheit des Kampfes für eine neue nationalsozialistische Kultur in ganz Westfalen« zu sein (»Wir fahren in das herrliche Land arteigenen Seins und Lebens, zu dem wir durch den Sieg des Nationalsozialismus wieder Zugang gewonnen haben«); es gehe »um die Gestaltung deutschen Wesens aus den Urgründen unserer Volkskraft, aus Blut und Boden, Rasse und Landschaft«. Vgl. Schulte 1973 (Anm. 5), S. 268f.

17. Das heißt allein einem Preisrichter zu überlassen, der von der NSDAP und der Provinzialverwaltung beraten werden konnte, vgl. Ditt 1988 (Anm. 5), S. 364.

18. Damwerth (Anm. 15), S. 14f.

19. In der erwähnten, 1956 von Schulte Kemminghausen und Thiekötter herausgegebenen Anthologie *Stimme Westfalens*, wurde sie im Vorwort ausdrücklich gelobt. Auch Schulte Kemminghausen/Thiekötter geben eine »Blütenlese«, die das »geistige Bild« Westfalens transparent machen soll, geben »künstlerisch wertvolle Proben westfälischer Wortkunst«; wiederum kam dabei die Moderne zu kurz.

20. Zitate nach der 2., leicht veränderten Auflage von 1954.

21. S. 18. Das Werk sei eine »ergreifende Chronik schwerer Notzeit niederdeutschen Bauerntums, das im Dreißigjährigen Kriege die eigene Scholle mit Hof und Herd verteidigt gegen Brandstifter und mordende Söldnerhaufen, einerlei welchem Kriegsherrn sie zugehören. »Helf dir selbst, so hilft dir unser Herre Gott!« ist ihr harter Spruch. Aber so hart der Krieg diese Bauern auch macht und so tief er sie im Blute waten läßt, der Sinn für ein schöneres Leben ist in ihrem Herzen nicht erstorben.« Zum *Wehrwolf* schreibt Helga Oesterreich: »Dieses, wie es im Vorwort von Josef Bergenthal pathetisch hieß, »ergreifende Heldenlied vom Schicksalskampf wehrhaften niederdeutschen Bauerntums, das in beispielhafter Selbsthilfe die eigene Scholle im Hof und Herd verteidigt«, [...] paßte in ihrer Mischung von Totschlagelust und

Selbstjustiz, in ihrer Beschwörung von Heimat, Blut und Boden gut in die nationalsozialistische Ideologie und Literaturpolitik. *Der Wehrwolf* [...] gehörte zu den auflagenstärksten Büchern der NS-Zeit. 1940 waren bereits mehr als 600.000 Exemplare verkauft.« (Helga Oesterreich: Der Wehrwolf [Exponatbeschreibung], in: *500 Jahre Buchdruck in Münster. Eine Ausstellung im Stadtmuseum Münster* in Zusammenarbeit mit der Universitätsbibliothek Münster. 5. Juli – 10. November 1991. Münster 1991, S. 294). Ein Prachtband der *Wehrwolf*-Ausgabe wurde 1943 Hermann Göring überreicht.

22. Was sich im Verlauf der Zeit ändert, ist die B e s t i m m t h e i t im Wissen um das »Westfälische«: » V i e l l e i c h t darf es«, heißt es später relativierend über Westfalen, »sogar als Beispiel einer Stammlandschaft gelten, die in allen Stürmen und Fluten der Gezeiten ihre Eigenart entfaltet und bewährt hat bis auf den heutigen Tag. [...] Was aber ist westfälisch? [...] Man stößt auf etwas Unsagbares.« (Bergenthal: *Sonderbares Land*, 5. Aufl. 1979, S. 14).

23. Dietmar Rost: Sauerländer Schriftsteller des kurkölnischen Sauerlandes im 19. und 20. Jahrhundert. Schieferbergbaumuseum Schmallenberg-Holthausen 1990, S. 26f. Bergenthals nationalsozialistische Vergangenheit wird dort nicht berührt.

24. Ernst Meister: Ein Hagener aus Haspe, in: *Westfalenspiegel*, September-Heft 1968.

25. Diesmal kamen zusammen: Die westfälischen Literaturpreisträger Josefa Berens-Totenohl, Maria Kahle, Heinrich Luhmann, Margarete Windthorst und Josef Winckler, jene »alte Garde« (so das *Essener Tageblatt*), die im literarischen Leben Westfalens noch immer den Ton angab. Ergänzt wurde der Kreis um die »Jüngeren«: Werner Warsinsky (*Europäischer Literaturpreis*), Walter Vollmer, Paul Schallück (beide sollten noch im selben Jahr den *Westfälischen Literaturpreis* erhalten), Erwin Sylvanus, Autor und eifrigster Mitarbeiter am *Westfalenspiegel*, sowie Hertha Trappe (*Schweizer Literaturpreis* 1954) und das »Jungtalent« Hans Dieter Schwarze. Kritik am Einladungsmodus kam nur zaghaft auf. Die *Münsterländische Volkszeitung*, Ausgabe Rheine, vermißte »nicht wenige Dichter und Schriftsteller, deren Werk einen wesentlichen Bestandteil der Gegenwartsliteratur darstellt«. Margarete Windhorst resümierte in einem Privatbrief: »Wir waren im Ganzen zu 15 geladen, also längst nicht alle waren auserwählt, was auch wohl Bitternis gegeben hat.« (Brief vom 5.4.1955, Abdruck in: Meidinger-Geise 1978 (Anm. 6) S. 46). Bei Benno von Wieses Vortrag über *Probleme der zeitgenössischen Literatur* (nicht der zeitgenössischen westfälischen Lyrik!) kam verhaltene Kritik auf; nach Ansicht der *Münsterländischen Volkszeitung* löste der Vortrag sogar »Zündstoff« aus; die moderne Dichtung zeige – so von Wiese – Symptome des Nihilismus; gegen die jungen Dichter erhob er den Vorwurf, die Form zu überschätzen gegenüber dem eigentlich Zweck von Dichtung, nämlich Lebenshilfe zu sein; die jungen Dichter seien von der Angst besessen, Gefühle in ihr Werk einfließen zu lassen; von Wiese vermißte hoffnungsfrohe dramatische Talente in Westfalen. Andererseits war von Wiese weit davon entfernt, einer betont »westfälischen« Literatur das Wort zu reden: »Benno von Wiese war zu einem Vortrag über moderne Literatur geladen, der auch sehr gut war, aber nicht allen genehm, weil er unsere westf. Sache nicht voll einbezog, das würde Wiese ja nicht liegen.« (Marga-

rete Windthorst an Inge Meidinger-Geise, 5. April 1955, Abdruck in: Meidinger-Geise 1978 (Anm. 6), S. 46). Hinsichtlich des »Westfälischen« kam es in Marl zu ersten Differenzierungsversuchen: Werner Warsinsky wies darauf hin, daß dem Wort »westfälisch« angesichts der Moderne erst dann eine besondere Bedeutung zukomme, wenn es beispielsweise gelänge, die gigantischen Industrieanlagen in Marl-Hüls künstlerisch zu beschreiben. Die junge westfälische Dichtung könne nicht die gleichen Eigenschaften aufweisen wie zu früheren Zeiten. Solche Einwürfe wurden freilich schnell verdrängt, sie gingen im Allgemeinen unter. Vgl. hierzu auch: Walter Gödden: Literaturpolitische Schnittstellen. Die westfälischen Dichtertreffen 1955 und 1956, in: *Westfälische Forschungen*, 42/1992, S. 380-389.

26. Paul Schallück: Mein Verhältnis zu Westfalen, in: *Westfalenspiegel*, Mai-Heft 1955. Schallück bekam die Nachwirkungen des Schmallenberger-Treffen unmittelbar zu spüren. Er wurde in seine Heimatstadt Warendorf zu einer Lesung eingeladen, dann aber wieder ausgeladen. Dies geht aus seinem Briefwechsel mit der Warendorferin Frau Götting hervor. Schallück schrieb ihr am 16. Oktober 1957: »Als Termin für eine Lesung möchte ich nunmehr folgende Tage vorschlagen: entweder den 9./10. Nov. oder den 16./17. Nov. oder den 20. Nov. [...]. Den Warendorfer Abend mit einer Fortsetzung der S c h m a l l e n b e r g e r Ereignisse auszufüllen liegt mir eigentlich n i c h t sehr. Aber vielleicht könnte man einen Kompromiß schließen: Ich lese zunächst, was ich lesen möchte, berichte dann über Schmallenberg in einem zweiten Teil und s t e l l e m i c h d a m i t d e r D i s k u s s i o n . [...] Im übrigen freue ich mich sehr, wieder einmal in meiner Heimatstadt lesen zu können [...].« Im Brief vom 14. November 1957 heißt es: »Sehr verehrte Frau Götting, es tut mir leid, daß Ihre getreue Mühe nun doch nicht belohnt wurde. Ich wäre gern nach Warendorf zu einer Lesung gekommen, und wenn die von mir vergeschlagenen Termine n i c h t genehm waren, so hätten wir doch getrost w e i t e r v e r h a n d e l n können, bis uns ein Tag begegnet wäre, der uns allen gepaßt hätte. Ich bedaure den schroffen Abbruch der Verhandlungen auch deshalb, weil Clemens Herbermann vom Landeshaus in Münster gern mit nach Warendorf gekommen wäre, um mir im zweiten Teil des Abends, S c h m a l l e n b e r g e r P r o b l e m e zu assistieren. Befremdet bin ich jedoch, daß die H e r r e n des Heimatvereins in Warendorf b i s h e u t e k e i n e M ö g l i c h k e i t fanden, mir ihren Entschluß, womöglich gar ihre Gründe mitzuteilen. So weiß ich denn nichts als das, was Sie mir freundlich geschrieben haben.« (Briefwechsel im Privatbesitz)

27. So eine Überschrift in den *Westfälischen Nachrichten*, zit. n. *Westfalenspiegel*, Mai-Heft 1955.

28. Hier als Wortspiel gebraucht: *insel* (sic!) war der Name des VHS-Zentrums der Stadt Marl.

29. So das *Westfälische Volksblatt*, zit. n. *Westfalenspiegel*, Mai-Heft 1955.

30. Brief an Inge Meidinger-Geise vom 25. April 1955. Abdruck in Meidinger-Geise 1978 (Anm. 6), S. 47.

31. Mai-Heft des *Westfalenspiegel* 1956.

32. Die Hauptgedanken seines Referats hatte Heselhaus schon bei einem Festvortrag auf dem letzten Westfalentag in Siegen vorgestellt. Sie waren auf Zustimmung wie

auf Ablehnung gestoßen. Eine Aussprache war gewünscht worden, und das westfälische Dichtertreffen schien hierfür der geeignete Ort zu sein.

33. Heselhaus' Vortrag gelangte, aus welchen Gründen auch immer, nicht zum Druck.

35. *Westfalendienst*, Ausgabe vom 31. April 1956, S. 28. Zur Beweisführung wurden verschiedene Kronzeugen bemüht, um die »Eigenzüge westfälischen Dichtens im 19. Jahrhundert« herauszustellen. In diesem Zusammenhang wurde auch auf die Thesen von Günther Müller (1890-1957) rekurriert. Dieser hatte 1930 den Lehrstuhl Julius Schwerings am Germanistischen Institut der Universität Münster übernommen. Er lehrte bis in den Zweiten Weltkrieg hinein in Münster, wobei er sich hauptsächlich mit Gestaltfragen der Dichtung beschäftigte. Die Literaturwissenschaft belegte ihn später mit dem Beinamen »Rassen-Müller«.

35. Siehe die weiter unten angeführten Belege.

36. Ende Juni 1956 faßte Margarete Windthorst in einem Brief an Inge Meidinger-Geise ihren ganzen Unmut noch einmal mit den Worten zusammen: »Die Jüngeren aus unserem erwählten Kreise haben das Niedrigste an uns getan, was sie tun konnten, von dem armseligen Heselhaus angeleitet, der uns ältere alle für null und nichtig erklärt hat. Der Ausdruck der Jüngeren, wir seien abständig, genügt mir, um in Charakter u. Seelenverfassung u. in die Überheblichkeit genügend hineingesehen zu haben. Vorerst kämpfe ich noch u. habe die »Spitzen« Westfalens aufgewirbelt, was auch genützt hat. Aber die Austräge können erst kommen, wenn ich wieder da bin. Ich trete auch aus der Drostegesellschaft aus, weil ich auch einer Leitung des Heselhaus nicht mehr vertraue, [...] dann aber ziehe ich mich still u. leise von allem zurück. [...] Glauben Sie nicht, daß ich innerlich vor jenen jüngeren kapituliere, es geht mir um eine ganz andere Einstellung, die ja doch die zukünftige ist u. alles ordnen wird. [...] Sie mögen nur wissen, daß ich ehrlich bleibe.« Zit. n. Meidinger-Geise 1978 (Anm. 6), S. 53f.

37. Wie groß die Verunsicherung bei der älteren Dichtergeneration war, verdeutlicht der Briefwechsel zwischen Margarete Windthorst und Inge Meidinger-Geise. Margarete Windthorst stand nach dem Kriege – was Auszeichnungen anging – mehr noch als Josefa Berens-Totenohl und Maria Kahle im literarischen Interesse. 1955 wurde sie in Münster zum Ehrenmitglied des Autorenverbandes ernannt (»Ich hatte auch zu lesen, [...]. Ich war [...] voll bei Stimmung, die Uni Aula (im alten Schloß) ist ungemein stimmungsvoll, und ich fühlte, die Götter standen bei mir.«) Zit. n. Meidinger-Geise 1978 (Anm. 6), S. 45; im selben Jahr erhielt sie als Ehrenauszeichung der *Kogge* den *Kogge-Ring*. Thematisch hatte sie sich noch immer ihrem Standardthema, dem »Westfälischen«, verschrieben. Im Brief vom 13. Juni 1954 spricht sie hoffnungsfroh von ihrem neuen Bändchen mit Erzählungen: »Ich bin nun mit dem Verlage in Bielef.-Bethel (Deutscher Heimatverlag) ganz nett zurechtgekommen u. hoffe mein Bändchen kleiner Erzählungen im Herbst unter dem Titel *Weizenkörner* (auf westfälischer Erde geerntet) dazuhaben. Ein Buch, dem ich wünsche, ins Volks zu gehen, wofür mir das westfälische genügt«. (ebd., S. 39) Mit den Schreibern der »neuen Generation« kam sie nicht zurecht. Eine Lesung von Heinrich Böll, die sie in Münster miterlebte, hinterließ bei ihr keinen guten Eindruck: »Ich hatte ihn [Böll] gerade zuvor in Münster erlebt, und er machte es dort genauso, wie Sie es sagen: er

verschwand, u. man sah ihn nicht wieder. Er las Humor vor, das brachte ihm viel Beifall, aber er liest sehr nervös u. hastig, [...]. Man macht Böll unter den Lesern den Vorwurf, daß er keine Lösung zu geben weiß. [...] Böll kann auch jedenfalls viel, nur kann ich persönlich das alles nicht lesen, es stört mich im Eigenen.« (Brief vom 5.4.1955, ebd., S. 45). Hier noch einige weitere Zeugnisse aus dem aufschlußreichen Briefwechsel: »Mir will das Wort von der »modernen Lyrik« [...] nicht gefallen, es sei denn, es mag da gelten, wo das Dichten wirklich »modern« ist. Modern ist ein Kleid, ein Schuh, ein Hut, es wird modern gebaut und alles ist heute modern. [...] Neu ist das richtige Wort. Alles Moderne ist heute Mode, wird morgen abgelegt, übermorgen als unmodern belächelt oder belacht [...].« (Brief vom 11. Januar 1956, ebd., S. 52) – »Alles ist anders geworden nach den Kriegen, ich erkenne es immer mehr, sonst wäre ich vor 2 Jahren nicht gar so harmlos in meine neue Arbeit hineingestiegen, bei der ich mich nun während des Durchlesens frage, was sie noch bedeuten soll.« (Brief vom 1./2. Oktober 1956, ebd., S. 57) – »Die Heutigen stehen in der Problematik, sie setzen sich mit sich selbst auseinander, um Fuß zu fassen. Eigentlich muß man damit fertig sein, wenn man schreibt, um den anderen die Ergebnisse ausgereift zu geben. Ich persönlich hatte wohl nie mit etwas »fertig zu werden«, wenn ich es gab. [...] Scheußlich ausgedrückt, hängt mir eigentlich das ganze Bauerntum längst zum Halse raus, aber es ist mein Pferch.« (Brief vom 23. Oktober 1956, ebd., S. 58f.). Schmallenberg, so wird deutlich, hatte den Heimatdichtern ihr Thema genommen.
38. Allerdings förderte der Westfälische Heimatbund 1959 den Druck von Meisters Erzählung »Der Bluthänfling«.
39. Es nimmt nicht Wunder, daß gerade die Älteren erklärten, sie sähen in einem erneuten Treffen im selben Kreis keinen Sinn mehr. In einem Leserbrief an das *Mindener Tageblatt* meldete sich Margarethe Windhorst noch einmal zu Wort: »Dennoch erwartet man, daß die Angelegenheiten von Schmallenberg weiterhin auf dem Westfalentag bereinigt wird [...] Ein Dichtertreffen darf in Zukunft, falls es weiterherbeigeführt werden soll, nur solche Teilnehmer haben, die ausdrücklich Westfalen zustimmen.« Josef Winckler brachte im selben Blatt andere Vorwürfen vor: »Leider konnte ich wegen Erkrankung nicht [nach Schmallenberg] kommen. [...] Wir wollen beileibe nicht die Jugend a priori als minderwertig hinstellen, aber ihre Rangordnung auch nicht überwertig glorifizieren. Und von diesen »Jugendlichen«, die in Schmallenberg Westfalen in die Luft verschwinden ließen [...] ist überhaupt noch niemand durch runde Leistungen legitimiert, erst recht nicht durch die Gestaltung westfälischer Stoffe [...]. Wenn die jüngeren Autoren ins Feld führen, sie fürchteten die Abstemplung als westfälische Dichter, es könne dem Absatz schaden, so ist dies eine klägliche materielle Einstellung, [...].«
40. Im September-Heft 1956 brachte Walter Vollmer auf breitestem Raum seine »Gedanken zum Westfalentag« ein; im selben Heft äußerten sich Hans Dieter Schwarze, Werner Warsinsky und Heinrich Luhmann, jeweils Schmallenberg aufgreifend, über das 'Reiz'-Thema »Was ist das W e s t f ä l i s c h e «. Im Dezember-Heft 1960 überbrachte Schwarze seinen »Gruß von Generation zu Generation« an Heinrich Luhmann und ließ dabei hinsichtlich der erwähnten Kontroverse moderate Töne anklingen. In seinem Buch *Westfälische Städtebilder. Berichte und Betrachtun-*

gen (Gütersloh 1963) gelangte Walter Vollmer zu der bemerkenswerten Einschätzung: »Irgendwie haben sich doch in diesem zweitägigen [Schmallenberger] Ringen zahlreicher Dichter aus Westfalen und vieler Literaturfreunde von Rhein und Wupper die Fronten geklärt. Es ergab sich nämlich, daß eine längst unter der Oberfläche schwelende Glut zu offenem Feuer ausschlug. Dieser Brand ist heute noch nicht gelöscht, wozu auch? Er ist insofern bedeutungsvoll, als er nicht nur Westfalen und seine Literatur angeht, sondern den Gesamtbereich der Dichtung überhaupt, also kein öffentlicher Streit gewesen ist, vielmehr stellvertretend für unsere Gesamtsituation seinen charakteristischen Austrag fand.« – Im Juli-Heft des Jahres 1969 kamen unter den Überschriften »Der Sängerkrieg auf dem schmalen Berge« und »13 Jahre danach« Vollmer, Schwarze und Friedrich Wilhelm Hymmen erneut auf Schmallenberg zurück.

41. *Heimatbeilage der Westfälischen Nachrichten.* Neue Folge, Nr. 20, Oktober 1960, 16. Jahrgang. Vgl. dort weiterhin: »Ein oft gehörter Einwurf soll hier aufgegriffen werden, nämlich der, was denn eigentlich westfälisch in Meisters Schaffen sei. Wir wollen schon jetzt gestehen, daß wir darauf keine endgültige Antwort zu geben vermögen. Und das aus dem Grunde, weil »das« Westfälische schlechthin gar nicht in Worte zu fassen ist. Man entsinnt sich, wie vor einigen Jahren deswegen ein großer Aufruhr entstanden war, in dessen Verlauf einige Heißsporne das Westfälische schlichtweg ins Land der Fabel verwiesen.«

42. Clemens Heselhaus hatte sich in einer Sammelrezension vom 13. August 1955 in der *Frankfurter Allgemeinen Zeitung* erstmals über Meister geäußert, allerdings noch nicht sonderlich positiv: »Ernst Meister (Jahrgang 1911) legt noch einmal Gedichte von 1932 bis 1953 vor. Dann folgt ein Zeitgesang, die Regie des Unsinns, der Spiegelkabinett-Monolog. Die eigenartige Mischung von Realismus und Phantastik läßt an Otto zur Linde denken. Manchmal fühle ich mich an die alten Theorien vom phonetischen Rhythmus erinnert: »Bis zum Grabe muß Armut alt / die Orgel drehn, Orgel drehn, Orgel drehn....« Zit. n.: *Ernst Meister 1911-1979. Leben und Werk in Texten, Bildern, Dokumenten.* Im Auftrag der Ernst Meister Gesellschaft zusammengestellt von Bernhard Albers und Reinhard Kiefer. Aachen 1991, S. 41.

43. Das Ausrufezeichen steht, weil es nahelag, daß ein Hagener für einen Hagener Autor votierte, was Hoppe auch tatsächlich tat.

44. Da mehrere potentielle Kandidaten des Droste-Preises erst kurz zuvor durch andere Preise ausgezeichnet worden waren, hatte Ernst Meister im Jahre 1957 mit Aulke nur einen ernsthaften Konkurrenten. Für Aulke sprachen sich damals aus: 10 Einzelmitglieder der Fachstelle Niederdeutsche Sprachpflege, zwei Mitglieder der Volkskundlichen Kommission, vier Mitglieder der Fachstelle Schrifttum im WHB. An Aulke ging dann – ein Kompromiß? – der nächste Droste-Preis 1961. Meister äußerte sich im Januar-Heft 1962 positiv zu dieser Entscheidung. Dabei schnitt er eingangs noch einmal den alten Streitpunkt an, ob denn bei der Klassifizierung ' w e s t f ä l i s c h e r   D i c h t e r ' das 'westfälisch' in Anführungszeichen zu setzen sei oder nicht...

45. Aus: Dem Spiegelkabinett gegenüber. Eremiten-Presse. 1954.

46. Abdruck im Oktober-Heft des *Westfalenspiegel* 1957.

47. Die Preisurkunde selbst hatte dann den Text: »Ernst Meister hat aus seiner westfälischen Situation zu der modernen Nachkriegslyrik einen Beitrag geleistet, teil an der Ausprägung der dichterischen Sprache und des dichterischen Bildes unserer Zeit. Der Preis zeichnet in diesem Falle kein abgeschlossenes Lebenswerk, sondern einen Autor aus, der sich im entscheidenden Stadium seines Schaffens befindet.«

48. S. 3 des angesprochenen Faltblatts; Abdruck des Textes und des folgenden Gedichts *Utopischer Dichter* auch im *Westfalenspiegel*, Januar-Heft 1958.

49. Kleibauer, Jahrgang 1882, gab die Anthologie *Westfälisches Platt* (Dortmund 1920) heraus. Seit 1909 veröffentlichte er in westfälischer Mundart, vgl. Hermann Quistorf/Johannes Saß (Hrsg.): *Niederdeutsches Autorenbuch*. Hamburg 1959, S. 110. Einen seiner Beschwerdebriefe versandte er auch an Josefa Berens-Totenohl, die Meister jedoch in Schutz nahm. In ihrem Antwortbrief vom 25. September 1957 heißt es: »Verehrter Herr Kleibauer, Sie sind in Sorgen, und da möchte ich Ihnen doch ein wenig helfen können. Was den mit dem Preis bedachten Lyriker Ernst Meister angeht, so bin ich nicht ganz Ihrer Meinung. Er ist ein Dichter, und ich hatte es so erwartet. Ich habe ihm ehrlich meine Mitfreude ausgesprochen. Seine Gedichte sind schwer zugänglich. Wieweit er also Frucht tragen wird, kann man nicht sagen, aber es sind Leistungen. Meister gehörte in Schmallenberg nicht zu denen, die Westfalen »mit Füßen traten«. Er schwieg sich aus. Ob aus Klugheit oder echtem Empfinden, das weiß ich nicht. Ich kenne ihn nicht genug. [...] Was den Westfälischen Heimatbund angeht, so bin i c h ja für ihn untragbar. Es will also in meinen Augen nichts besagen, was diese Gemeinschaft beschließt oder tut. Mein ganzer Weg ist außer zu Kolbows kurzer Zeit außerhalb gegangen, vorher und nachher, und so wird es wohl bleiben. Wenn der WHB aber nur als Grenze und Begrenzung des schöpferischen Lebens seine Aufgabe sehen wollte, so müßte er auf die Dauer steril werden. Er soll uns die Freiheit lassen, und die Verantwortung, und er soll uns schützen. Aber wer ihm nicht gefällt, den wird er verfolgen. Davon weiß ich zu sagen. Aber das wird getragen, und man lebt umso stärker weil unabhängiger. Ich bin nicht durch ihn da sondern trotz. Hätte ich nicht damals den Preis bekommen, heute würde ihn mir keiner geben. Übrigens freue ich mich, in keiner Weise verantwortlich zu sein. Ich habe nichts mit Münster und allem zu schaffen, was sich so bedeutend tut. Ich war auch nicht in Iserlohn. Und natürlich werde ich nicht in Neheim sein. Mich wird man nirgends mehr finden, wo Zusammenkünfte sind.« (Original im Westfälischen Literaturarchiv Hagen).

Erinnerungsarbeit
Der Schriftsteller Paul Schallück

Von Werner Jung

I.

Als Paul Schallück nach langer Krankheit 53jährig am 29. März 1976 in Köln an seinem Krebsleiden – gewiß aber auch an den Spätfolgen seiner Kriegsverletzungen – starb, bemerkte Heinrich Vormweg in seinem Nachruf, daß Schreiben für Schallück »immer zuerst und vor allem ein moralischer, ja politischer Akt« gewesen sei. Für ihn »war Schreiben immer bestimmt von der Absicht, etwas zu bewirken und zu verändern.« Zusammenfassend: »Er war ein Sprecher jener, denen die Vergangenheit ihrer Generation unbewältigt blieb bis in die Gegenwart hinein und die ihre Konsequenzen daraus zogen. Ein Moralist.«[1] Und Hans Schwab-Felisch fügt in seinem Nachruf, damit gleichsam auch das geschwundene Interesse der literarischen Öffentlichkeit in den 70er Jahren erklärend, hinzu: »Schallücks Zeit als Erzähler waren die Fünfziger Jahre – [...]. Er hat seine realistische, mit Reflexionen durchsetzte Erzählweise nie aufgegeben. Sprachliche Experimente lagen ihm fern.«[2]

Paul Schallück zählte schon sehr früh zu den ständigen Mitgliedern der *Gruppe 47* (von 1952 bis 1964)[3] und teilte mit ihnen sein Literaturverständnis. In Erzählungen, Kurzgeschichten und Romanen thematisierte er, ähnlich wie viele andere maßgebliche Literaten von Böll über Siegfried Lenz bis schließlich zu Walser, die Erfahrungen des Faschismus, des Krieges und des fatalen Weiterwirkens bestimmter Denkhaltungen und Verhaltensmuster in der neuen Gesellschaft. Es handelt sich zweifelsohne um politische Bücher, um Zeit- und Gesellschaftsgeschichten, die aus einem tiefen moralischen Impuls heraus entstanden und zugleich auch ebenso moralisch wie aufklärerisch wirken wollten. Das erklärt ihre Bedeutung für das erste Jahrzehnt der Republik, bestärkt andererseits aber auch Schwab-Felischs Einschätzung für die beiden Folgejahrzehnte.

Paul Schallück, das ist die These dieses Beitrags, muß als (vergessener) Erinnerungsarbeiter gesehen werden, dessen literarische Produktion ganz im Zeichen der Aufgabe steht, die Heinrich Böll den Nachkriegsautoren abforderte: Bilder des Erinnerns zu evozieren. »Wir schrieben also,« notiert Böll in seinem berühmten »Bekenntnis zur Trümmerliteratur« von 1952, »vom Krieg, von der Heimkehr und dem, was wir im Krieg gesehen hatten und bei der Heimkehr vorfanden: von Trümmern [...].« An anderer Stelle: »Es ist unsere Aufgabe, daran zu erinnern, daß der Mensch nicht nur existiert, um verwaltet zu werden – und daß die Zerstörungen in unserer Welt nicht nur äußerer Art sind und nicht so geringfügiger Natur, daß man sich anmaßen kann, sie in wenigen Jahren zu heilen.«[4] Mit jedem einzelnen seiner Texte liefert Schallück Belege für diese Böllsche Formulierung. Sein eigenes Credo, das gleichsam die Böllsche und insgesamt die Poetologie der frühen *Gruppe 47* grundiert, hat Schallück in dem knappen Essay »Daran glaube ich« von 1959 dargelegt. Hier redet er einer Subjektivität und einem Individualismus das Wort, die, in gesunder Skepsis allen Ideologien gegenüber geübt, als kritischer Stachel im Fleisch der Weltanschauungen sondiert werden. Gesunder Menschenverstand und das Bekenntnis zur sokratischen Weisheit ('Ich weiß, das ich nichts weiß') imprägnieren den Moralisten zusätzlich vor den Gefahren der Ismen und der Anfälligkeit für die heideggerschen Gestalten des 'Man', des Geredes und Geschreibes: »Ich halte nichts mehr von dem hartnäckigen, auch mir überlieferten Dogma, daß alles zusammenpassen müsse. Der selbstherrliche Wille zur Einheit scheint mir höchst verdächtig, eine Erfindung derjenigen, die mit der Erfahrung nicht fertig werden.« Statt dessen begrüßt er »den Reichtum dieser Welt«, »die wirkliche Vielfalt. »Mir scheint also«, resümiert er, »daß man keinen weltanschaulichen Glauben braucht, um leben und handeln zu können. Es muß zum Beispiel nicht erst eine richtige Erklärung der gesamten Welt gefunden und von vielen angenommen werden, ehe wir mit den Bedrängnissen unserer Tage fertig werden können. Wir brauchen, im Alltag und gegenüber den Problemen, eine möglichst gute Erkenntnis der Lage, der Umstände, in denen wir wirken wollen.«[5]

Das ist ein aufklärerisches Schreibprogramm reinsten Wassers, worauf Schallück auch einmal in dem Essay »Moses Mendelssohn und die deutsche Aufklärung« in einer autobiographischen Nachbemerkung von 1961 ausdrücklich hinweist:

Und als ich 1946 aus der Gefangenschaft heimkehrte in ein Ruinenland und mich nach einem neuen menschlichen Leben unter humanen Bedingungen sehnte, war ich der Überzeugung, daß meine Hoffnungen sich nur unter dem Zeichen der Lessingschen Aufklärung: in einem offenen Horizont, mit Hilfe einer aktiven Toleranz, im Glauben an die menschliche Vernunft und an eine Menschheit erfüllen lassen. Die Aufklärung selbst hatte ja nicht versagt; sie war vielleicht nur um Jahrzehnte zu früh in der menschlichen Gesellschaft erschienen; und dieser Überzeugung bin ich noch heute.[6]

Toleranz, Vernunft und Aufklärungen lauten die Stichworte – so ausdrücklich haben sich nach dem Krieg nur wenige Schriftsteller im westlichen Teil unseres Landes auf die Traditionen des 18. Jahrhunderts berufen.

Dieser explizite Anschluß an die Aufklärung unterstreicht ein weiteres Mal die politisch-moralische Tiefenschicht seines Schreibens. Schallücks Texte sind einer heteronom bestimmten Ästhetik verpflichtet: sie wollen auf den Leser wirken, ihn aufrütteln, überzeugen, möchten Wahrheit vermitteln. Keine Welt des schönen Scheins, sondern eine durch Reflexion und Erinnerungsarbeit bewältigte erste Wirklichkeit soll dabei vor den Augen des Lesers entstehen. Etwas, das sich auf keinem anderen denn literarisch-künstlerischem Wege darstellen läßt, um hier Adorno zu paraphrasieren, freilich auf eine – Adorno geradezu entgegengesetzte und eher einem Realismustheoretiker wie Lukács verbundene – traditionell realistische Art, d.h. in einer klar konturierten Erzählung und auf psychologisch stets nachvollziehbare Weise.

Hinzu kommt nach ein weiteres Moment: Schallücks autobiographischer Hintergrund, den er nicht nur selbst anläßlich eines »Nachrufs zu Lebzeiten« für seine Texte reklamiert hat, sondern der darüber hinaus in einer ganzen Reihe von Erzähltexten ausgeleuchtet worden ist. Schallück deutet sein Schreiben aus dem Motiv des Verwundetseins – und dieses in wörtlichem Sinn wie in übertragener Bedeutung. »Zeit seines Lebens«, schreibt Schallück über Schallück, »war er gefährdet. Er war ein Verwundeter von Anfang an.«[7] Das beginnt im Elternhaus, in der Erfahrung des Außenseitertums, denn Schallücks Mutter war eine Russin, die der Vater aus der Gefangenschaft nach dem 1. Weltkrieg ins westfälische Warendorf mit zurückbrachte. Sie war und blieb die Fremde, »etwas Exotisches«, das man »für vieles schuldig« sprach, »was [man] sich nicht sofort erklären konnte: [...] 'Man' verdächtigte sie oft, 'man' beschuldigte sie des bösen Blicks, ,man' mißtraute ihr grundsätzlich, 'man' verletzte sie, den Mann und die Kinder unwillentlich und bewußt mit Blicken, Gesten, Aus-dem-Wege-gehen, Übersehen, Grobheiten, Ins-Ohr-Flüstern, während sie danebenstand.«[8]

Schallück nimmt diese Stigmatisierung an, übernimmt, wie er weiter schreibt, »die erwartete Rolle des Außenseiters.«[9] Die nächste Blessur, die ihn in corpore trifft und für sein weiteres Leben bis in den Tod zeichnen wird, ist die schwere Verletzung, die ihm Résistance-Kämpfer in Paris zufügen. Wieder genesen, sind es eben diese Verwundungen, die ihn nach dem Krieg und nach einem Studium der Germanistik, Philosophie, Geschichte und Theaterwissenschaften schließlich als Autor anhaltend beschäftigen:

Aber was immer nach dem Krieg, als er sich für's Schreiben entschieden hatte, an Romanen und Erzählungen, auch an Hörspielen oder Essays geschrieben und veröffentlicht hat [sic!] – unter anderem, [...] sind es immer auch Berichte über Verwundungen, Zeugnisse von der Verwundbarkeit, von der körperlichen und seelischen Verletzbarkeit des Menschen.[10]

Es ist vermutlich diese doppelte Betroffenheit, die den Schriftsteller Paul Schallück inspiriert hat: Außenseiter und zugleich Verwundeter zu sein! Beides trägt zu jener Fremdheit bei, in der der Soziologe und Philosoph Georg Simmel die Voraussetzungen für eine schärfere, eine vorurteilslosere Erkenntnis gesellschaftlicher Beziehungen und Zusammenhänge entdeckte. Der Fremde, so Simmel, schaut genauer hin, denn er ist weder durch 'Gewöhnung' noch durch 'Pietät' dem Gegebnen und vorgefundenen Verhältnissen verbunden. Seine Kritik ist unerbittlich, radikal und grundsätzlich. Und nichts wird ausgelassen.

Gegen Ende seines Lebens hat Schallück noch einmal alle kritischen Register gezogen in einem schmalen Lyrik-Bändchen, das ein Rundumschlag gegen das Wirtschaftswunderland BRD, gegen faulen Quietismus und sattes Wohlstandsdenken gestartet hat. Thematisch dem jungen Enzensberger verwandt, freilich ohne dessen dialektische Schärfe zu erreichen, sind die Schallückschen Gedichte auf die aufklärerische Moral und Politik vereidigt und schon deshalb zutiefst 'politisch inkorrekt':

Wir sehen die Welt in rosigem Licht
in diesem Land
in dem Brillen-Tragen Gebot ist
damit das Leben erscheint wie es ist
angenehm und bequem und behaglich
selig die Armen im Geiste
sie säen nicht sie ernten nicht
und ihre Konten wachsen beständig

über die Köpfe der Kopflosen
in diesem Land
in dem das Unglück
nur die Sünder verfolgt
[...]11

Das Bändchen ist Zusammenfassung und Abschluß eines Lebenswerks, eine konkrete Warnung vor demjenigen, was Schallück in seiner Rede anläßlich der Verleihung des *Nelly-Sachs-Preises* der Stadt Dortmund den »Einschüchterungsterror in der Bundesrepublik« genannt hat.[12] 1974, als es erscheint, steht es jedoch vereinzelt da in einer literarischen Landschaft, die nach den Erfahrungen von 1968 nun die neue Subjektivität und Innerlichkeit pflegt und deshalb mit Nichtbeachtung reagiert. 1974 ist ein Jahr anhaltender Gesinnungsschnüffelei und der Berufsverbote – aber dafür interessiert sich kaum jemand wirklich, ebensowenig wie für die Revolution in Portugal oder für das Schicksal der politisch Verfolgten in Chile und anderswo. Deutschland (West) wird vielmehr zum zweiten Mal Fußballweltmeister, diesmal im eigenen Land, und eine Anthologie wie die aus dem Hanser-Verlag *Netzer kam aus der Tiefe des Raumes* (womit nichts Despektierliches über diese hervoragende Sammlung gesagt sein soll) sorgt für hohe Verkaufszahlen und ein kleineres juristisches Scharmützel ob der auf dem Umschlag abgebildeten Fußballschuhe: Adidas oder Puma? Da muß ein Autor wie Schallück aus dem Rahmen und der Reihe fallen, wenn er als störrischer »Zeitkritiker und Zeitbefrager« für literarisch-politische Verbindlichkeit optiert: ein »Spezialist des Gewissens, der zur Selbstbefragung anstiftet, um den Traum von einer besseren Wirklichkeit einzulösen.«[13]

II.

Schallücks literarisches Œuvre im engeren Sinne ist recht schmal: fünf Romane, etliche Erzählungen und Hörspiele, Essays und Aufsätze. Daneben existiert jedoch ein kaum übersehbares journalistisches Schaffen, das Schallück u.a. aus seiner Tätigkeit für die Wochenzeitung des DGB, *Welt der Arbeit*, hinterlassen hat.[14] Der überwiegende Teil der Erzähltexte ist in den frühen 50er Jahren in rascher Folge entstanden und publiziert worden: die Romane *Wenn man aufhören könnte zu lügen* (1951), *Ankunft null Uhr zwölf* (1953), *Die unsichtbare Pforte* (1954) und die Erzählung *Weiße Fahne im April* (1955). 1959 erscheint Schallücks wichtigster Roman *Engelbert Reineke*, ein oft besprochener Text, der auch ins Französische, Italienische, Russische, Polnische, Tschechische und Ungarische übersetzt worden ist; in den 60er Jahren dann wird mit dem Erzählband *Lakrizza und andere Erzählungen* (1966) die Taschenbuchreihe *Signal-Bücherei* im Baden-Badener Signal-Verlag eröffnet, und 1967 veröffentlicht Schallück den humoristischen, von der Kritik arg abgestraften Roman *Don Quichotte in Köln*. An größeren Arbeiten wird danach nur noch 1974 ein Gedichtband verlegt, schließlich postum die Erzählung *Dein Bier und mein Bier* sowie eine darauf bezügliche Briefauswahl, die sich auf Schallücks mißliche Wohnsituation in den letzten Monaten seines Lebens beziehen.

Paul Schallück ist ein Autor der 50er Jahre – daran hat auch die mit geringem Erfolg veranstaltete Werkausgabe im Kölner Braun-Verlag nicht ändern können–, ein Autor des Kahlschlags und Neuanfangs im Zeichen eines (psychologischen) Realismus, der, wie es Malte Dahrendorf ausgedrückt hat, um das »Irren und Suchen, immer wieder Zurückschrecken vor der Wahrheit, feige Ausweichen und letztendlich dennoch Hinfinden zu einer Wahrheit, die sich nirgends bezeugt als im Innern selbst« kreist.[15] Zu Recht – allerdings nur en passant – weist Dahrendorf in diesem Zusammenhang auch hin auf das Prinzip von Schallücks Romanen, »durch Erinnerung Vergangenes gegenwärtig zu machen«[16]. Denn die Erinnerung – vielmehr: der Zwang zur Erinnerung ist es, die die Protagonisten leiden läßt, ihnen aber zugleich wieder Erkenntnisse vermittelt. Sie ist die offene Wunde, die die Geschichte, Faschismus und Krieg, geschlagen hat und die Schallücks Helden unausgesetzt bearbeiten – nämlich: wiederholen – müssen. Dabei zeigt sich in der Abfolge der Texte auch eine wachsende Komplexität, die mit dem gewachsenen historischen Abstand auf jeden Fall angestiegen ist und ihre höchste Dichte schließlich in *Engelbert Reineke* erfährt, in jenem Roman, der in dem für die deutsche Literatur so geschichtsträchtigen Jahr 1959 neben Grass' *Blechtrommel*, Johnsons *Mutmassungen über Jakob* und Bölls *Billard um halbzehn* erscheint.

Wenn man aufhören könnte zu lügen, Schallücks erster Roman, ist, wie der Verfasser des KLG-Artikels zu Schallück, Fred Viebahn, bemerkt hat,

die Geschichte einer verlorenen Generation, für die es keine moralischen Wahrheiten mehr gibt, nur Trieb, Trug und Enttäuschung. Die Sehnsucht nach Mitmenschlichkeit ist übermächtig da, doch wie kann sich nach ihrer radikalen Zertrümmerung Mitmenschlichkeit wieder entwickeln?[17]

Alle Werte sind korrumpiert, ja pervertiert worden durch die jüngste Geschichte, deren Opfer gerade die Jungen sind. Deren Geschichte erzählt Schallück anhand von unterschiedlichen Charakteren: von dem im Krieg verwundeten Philosophiestudenten Thomas und seiner Freundin Maria, die sich, um über die Runden zu kommen, prostituieren muß, von Thomas' Zimmergenossen Albert und der kommunistischen Studentin Renate sowie von der jungen, sich am Ende in Wahnsinn einspinnenden Frau Carla. Sie alle tragen die Bürde der Vergangenheit, die zentnerschwer auf ihnen lastet und die die sensibleren wie Thomas »leer« und »müde« zurückläßt. (Vgl. S. 198) »Hinter dem Staub der unablässigen Betätigungen verbargen sie die Kälte ihres Bewußtseins« (S. 201), heißt es an einer Stelle über die sich entfremdende Beziehung zwischen Thomas und Maria, ein Satz, der insgesamt als Lebenshaltung hochgerechnet werden kann und den Körperpanzer zeigt, den sich die jungen Protagonisten im Grunde aus Angst vor tieferen Verletzungen zugelegt haben. »Sie liegt, er sitzt, und beide schweigen. Sie blicken und denken aneinander vorbei.« (S. 259) In einem Gespräch zwischen Thomas und Albert gegen Ende des Buches redet Thomas von drei Möglichkeiten, die der 'lost generation' bleiben: »Kollektiv, Wahnsinn, Selbstmord.« (S. 229) Das Kollektiv – sei es das der kommunistischen Partei, die Geborgenheit und damit Sicherheit suggeriert, oder sei es dasjenige der Oberfläche, des heideggerschen 'Man' – ist die übliche Form, das Leben auszuhalten, Wahnsinn und Selbstmord sind die radikaleren Varianten, um dem Leiden am Leben zu begegnen. Maria hat sich umgebracht, Thomas beschließt, ihr zu folgen: »Keine Heimat mehr in Fleisch. Der Versuchungen des Kollektivs widerstanden, summa cum laude.« (S. 265) Am Ende schreckt er, im Bewußtsein seines eigenen Atems, dennoch vor dieser letzten Möglichkeit zurück.

Während der erste Roman und auch der zweite, *Ankunft null Uhr zwölf*, »der keine Hauptfigur kennt«[18], in der Gegenwart angesiedelt sind und auf die aktuellen Blessuren, Beziehungsängste und – allgemein – Verwundungen der Akteure hinweisen, gräbt der dritte Roman, *Die unsichtbare Pforte*, schon tiefer in der Geschichte, er zeigt u.a. in der Figur einer Jüdin, die in einer psychiatrischen Anstalt als fortlebendes Menetekel an die faschistischen Greuel erinnert, daß und wie die jüngere Geschichte weiterwirkt. Ulrich Bürger – der Name ist sprechend – ist ein Durschschnittsbürger, 33jährig,

Buchhändler, jedoch schwer tablettensüchtig. Zweimal hat er sich bereits in einer Heil- und Pflegeanstalt aufgehalten, ist aber immer wieder rückfällig geworden und hat sich auf verschiedenen illegalen Wegen mit Medikamenten versorgt. Bürger ist verlobt, plant zu heiraten und steht unmittelbar vor einem Urlaub; doch seine Sucht ist stärker, er verpaßt den Abfahrtstermin und irrt nun ziellos – getrieben von seiner Sucht – durch die Stadt. Dabei besucht er einige Ärzte und auch zwei ehemalige Freundinnen. Der Roman endet wieder vor der Pforte der Klinik, in die er sich nun freiwillig zurückbegibt.

Man hätte diese Geschichte eines Suchtkranken nur oberflächlich gelesen, würde man sie einzig auf den Suchtaspekt reduzieren. Schallück hat in die Geschichte des kranken Bürger nicht nur einige weitere Figuren mit ihren Schicksalen hineinverwoben, so den jüdischen Arzt Simon Blum mit seinen stets – angesichts der Schrecken der Vergangenheit – geweiteten Augen (S. 193) oder die schon erwähnte Kranke aus der Anstalt, sondern er versucht auch in weiteren Andeutungen, auf die Kontinuität der deutschen (Unheils-) Geschichte einzugehen. Das beginnt mit solchen Kleinigkeiten wie den Hinweisen auf die fatale Ähnlichkeit zwischen den neuen Wohnblocks der 50er Jahre und den langen Gängen einer Kaserne (S. 162), die Ulrich Bürger ebenso bemerkt wie auch die von Bomben aufgerissenen Fenster (S. 13), um mit Erinnerungen an den Krieg, in dem Bürger selbst verletzt worden und sein Bruder in Rußland verschollen und sicher umgekommen ist, zu enden. Die Sucht erscheint so insgesamt als Sedativ, als verzweifelte Möglichkeit, sich den unverarbeiteten Erinnerungsfetzen zu entziehen – allerdings um den Preis der Selbstzerstörung. Bürger möchte, heißt es verschiedentlich, aus seiner Haut herauskommen (S. 29, 240), und nach der Einnahme der Medikamente fühlt er, wie »der Stein im Innern erweichte, zerbröselte, [sich auflöste].« (S. 130) Das ist ganz sinnlich und konkret gemeint – der schmerzende Druck, der sich allmählich verzieht – zugleich aber auch bildlich, denn Bürger flüchtet, weil er nicht fähig ist, sich der Vergangenheit zu stellen und die Erinnerungen zuzulassen, in die alles abdämpfende Betäubung durch Tabletten – in eine allgemeine Gefühllosigkeit und die spezifische Verantwortungslosigkeit des Süchtigen.

Das Ende ist offen. Ob Bürger letztendlich von seiner Sucht befreit und geheilt werden kann, steht dahin. Die Geschichte jedoch vergessen zu machen, also zu verdrängen, das funktioniert sicher nicht. Denn die Toten lassen sich, wie es an einer zentralen Stelle von Schallücks folgendem Roman *Engelbert Reineke* heißt, kein weiteres Mal töten. (vgl. S. 156) Jener Text ist sicherlich Schallücks bedeutendste Prosaarbeit und auf komplexe Art und Weise arrangiert; ebenso zeigt sich darin aber auch Schallücks erzählerische Begrenztheit.[19]

Beherrschendes Thema des Romans ist die Frage nach dem Erinnern und Vergessen, nach dem Vergessen-Wollen und Nicht-Können. Held des Buches ist der junge Studienassessor Engelbert Reineke, der an die Schule versetzt wird, die vor dem Krieg sein Vater, Dr. Leopold Reineke, genannt »Beileibenicht«, geleitet hat. Es ist die hohe Zeit des deutschen Wirtschaftswunders, der 50er Jahre mit ihrem ungebrochenen Fortschrittspathos und ihrer dunklen Kehrseite, an die im Grunde niemand rühren möchte, der unverarbeiteten Vergangenheit. Man – und das sind bekanntlich immer 'alle' – will vorankommen und nicht an die zurückliegende Geschichte erinnert werden: »Einmal muß doch Schluß sein.« (S. 89) und: »Wir müssen schließlich alle vergessen lernen, nicht wahr, das Leben geht weiter.« (S. 34) So lauten Kernsätze aus dem flachen Fundus des Alltagsbewußtseins der Deutschen in den 50er Jahren. Und sie werden Engelbert Reineke immmer wieder vorgehalten. Auch er fühlt sich hin- und hergerissen zwischen Erinnerung und Vergessen, möchte wie die anderen auch einfach bloß voranleben und wird doch ständig von den Erinnerungen an die Vergangenheit eingeholt und gequält.

Der dunkle Punkt der Geschichte nämlich, der allmählich im Verlauf des Romans aus den »Stollen« des Vergessens (S. 86ff.) herausgearbeitet wird, ist die Verhaftung »Beileibenichts«, an der alle Personen – mit Ausnahme des Mädchens Hildegard, Engelberts Verlobter – auf unterschiedliche Weise beteiligt waren, so Wolfgang Sondermann, der neue Nazi-Schulleiter, sein Bruder Paul und der glühende Hitler-Junge Siegfried, Wolfgang Sondermanns einziger Sohn.

»Beileibenicht« wurde ins KZ verschleppt, wo er, wie sein Sohn von einem Überlebenden erfährt, an den Folgen fortgesetzter Torturen starb. Doch daran möchte nach dem Krieg eben niemand mehr erinnert werden, weshalb Engelbert auch auf die anderen wie ein »wandelndes Fragezeichen« wirkt: »Ich erkenne an den Blicken«, offenbart er seiner Tante Luise, »mit denen sie mich fassen oder nur streifen, daß sie sich durch mich befragt fühlen; nicht durch ein Wort von mir, nein, einfach dadurch, daß ich noch lebe und es wage, in dieser Stadt zu leben.« (S. 64) Bei einem Treffen im Hause der Sondermanns kommt es schließlich zum Eklat, zum Eingeständnis der Schuld. Doch im Grunde, so hat es zunächst den Anschein, hilft das nichts in einer historischen Situation, da 'man' sich arrangiert hat und die Bewußt-seinsparalyse soweit fortgeschritten ist, daß 'man' außer dem Anwachsen der Konten und dem Beobachten des allgemeinen Wohlstands, einem neuen Wir-Gefühl ('wir sind wieder wer'), nur noch argwöhnische Blicke für die Nestbeschmutzer übrig hat – oder wie immer sie heißen mögen die 'Under-dogs': Nonkonformisten, Existentialisten, von den Kommunisten gänzlich zu schweigen.

Bekenntnisse eines Nestbeschmutzers (so der Titel einer postum herausge-gebenen Sammlung Schallückscher Erzählungen) enthält auch der Roman *Engelbert Reineke*, der anhand der Figur des Junglehrers auf die fatale histori-sche Dialektik aufmerksam macht. Denn Engelbert ist als Sohn und Betroffe-ner gezwungen, sich mit der Vergangenheit auseinanderzusetzen, sich im Namen seines Vaters zu erinnern und dammit doch, im Grunde genommen, allen anderen nur lästig zu fallen. Deshalb schwankt er zwischen Resignation – er steht vor der Kündigung und möchte in einer Fabrik neu beginnen – und Trotz. Zum Schluß überwiegt, zusätzlich genährt durch die Hoffnung auf eine neue, jüngere Kollegengeneration, die mit dem Alten aufräumen möchte, der Trotz, setzt sich der Gedanke an die Notwendigkeit der Erinnerungsarbeit durch. Die bürgerliche Saturiertheit ist längst nicht alles, ja, diese Gedanken an »einen neuen Mantel und ein neues Kleid und Kaffeekränzchen und das Getuschel dabei und jedes Jahr einmal Schützenfest und jedes Jahr einmal Karneval und einmal in der Woche das im Bett und Kinderkriegen...« (S. 169) – sie sind geradezu trügerisch. Das wirkliche Leben, das »ganze lebendige Leben« (S. 170), ist anders und anderswo. Notwendige Voraussetzungen dazu, es führen zu können, sind Authentizität, Wahrhaftigkeit und moralische Integrität. Und hier beweist Engelbert dann das Erbe seines Vaters, der seinem Sohn einmal, kurz vor seiner Verhaftung, mit auf den Weg gegeben hat : »Einer muß dabeisein, ganz, ungeteilt und sichtbar, ohne Vorbehalt und Täuschung, einer muß den Jungen wenigstens zeigen, wenn er es schon nicht sagen kann, was wahr und was falsch ist.« (S. 165)[20]

Engelbert setzt dies Haltung fort, freilich unter veränderten historischen Bedingungen und als skeptisch Geläuterter gegenüber allen sogenannten Weltanschauungen (unter Einschluß der Religion). An einer Stelle legt er sein intellektuelles Credo, sein Selbstverständnis, dar – und wir erinnern uns wieder an Schallücks ähnlich lautende Bemerkungen im Essay »Daran glaube ich«:

[...] ich war [...] dem Kommunismus nahe gewesen, nicht der politischen Doktrin und Heilslehre, eher den urchristlichen Beständen der kommunistischen Weltauffassung: das war verweht, denn wir erkannten, daß auch auf diesem Wege die Schmerzen des Körpers und der Wahrheitssuche, das Leid der Unvollendbarkeit, der entsetzlichen Einsamkeit aller Liebenden und des alles zerstörenden Todes nicht aus der Welt zu schieben waren; danach hatte ich versucht, nicht mehr zu fragen, nicht mehr zu suchen – es ist mir nicht ganz gelungen –, aber es kann mir nun auch nicht mehr glücken, das Unvereinbare im Postulat von der abendländischen Harmonie zu vereinen; ich blieb also stehen vor den vielen unverbundenen Dingen und Gedanken, vor der Unvereinbarkeit meiner Erkenntnissse von Leben und Sterben, ohne mich lähmen zu lassen in meinen täglichen Aufgaben; im Gegenteil, erst jetzt, da ich keine Kraft mehr verschwendete im Forschen nach den letzten Dingen, konnte ich sie in meine tägliche Arbeit hineingeben. Und ich hoffe, daß ich den Mut nicht verliere, vor dem Unvereinbaren auszuharren. (S. 139f.)

Was Engelbert Reineke hier äußert, sind Ansichten und Bekenntnisse eines Unangepaßten, eine nonkonformistischen jungen Intellektuellen, eines Bruders vieler Böllscher Helden oder auch von Walsers Berthold Klaff aus den *Ehen in Philippsburg* (1957). Wo dieser jedoch resigniert angesichts der unheilvollen Kontinuität in der deutschen Geschichte, der politischen großen Koalition aller Demokraten (und gewesenen Nazis) und daher nur aus dem Leben scheiden kann, da hat Engelbert Reineke auf der Linie des rigorosen Böllschen Moralismus ein Plädoyer für die »Erinnerung« als »Aufgabe«[21], womit Schallück sich dezidiert in die Reihe jener Autoren stellt, die, wie es Jochen Vogt ausgedrückt hat, »Erinnerungs- und Trauerarbeit stellvertretend für eine Gesellschaft [leistet], die solche Arbeit in ihrer Mehrheit und ihren repräsentativen Institutionen abgewehrt hat.«[22] Die Gefahr der Überforderung mag sich da leicht einstellen – und im Falle des *Engelbert Reineke* ist sie heute vielleicht leichter erkennbar als unter den (Rezeptions-)Bedingungen der späten 50er und frühen 60er Jahre. Schallück will zuviel; er möchte nicht nur eine Geschichte erzählen, damit (intellektuelle und praktische) Haltungen sowie richtiges und falsches Verhalten verdeutlichen, das geistige Klima (bis in den angedeuteten Existentialismus als Grundhaltung bei vielen Jüngeren hinein) greifbar machen und in Rückblenden die Zeitebenen miteinander verschalten, um so Konstellationen zu bezeichnen, sondern zugleich auch wieder darüber reflektieren, was einen Roman ausmacht, bei dem die Handlung durch die Maschen der vielen Dialoge und inneren Monologe verschwindet und die (lebenden) Hauptfiguren überaus blaß bleiben, nämlich ausschließlich Parole.

Dennoch ist der Roman *Engelbert Reineke* ein beeindruckendes Beispiel für die Literatur der 50er Jahre und ein bemerkenswertes mentalitätsgeschichtliches Zeugnis. Unvergessen bleibt eine kleine Episode am Anfang des Romans, die freilich als ein Leitmotiv zu verstehen ist,[23] in der Engelbert die goldene Taschenuhr seines Vaters zum Geschenk erhält. Diese Uhr, die nicht mehr läuft, ist ein Bild stillgestellter Zeit – Mahnung und Warnung vor der Unheilsgeschichte, Ansporn zur fortgesetzten Erinnerungsarbeit:

Dann ging ich wieder zum Fenster und hielt die goldenen Uhr, in der die Zeit aufgebahrt lag und sich nicht zu erkennen gab, an das Ohr. Die tote Zeit gab keinen Laut. Ich schüttelte sie. Der Sekundenzeiger kehrte nicht ins Leben zurück. Ich schüttelte heftiger mit leicht aufkommender Wut schließlich: nichts bewegte sich, die Zeit lief nicht weiter. Und dann berührte ich wieder das Rädchen, zwischen Daumen und Zeigefinger, sanft und zärtlich. Und ich fühlte, wie mir ein Schweißtropfen in die Braue rann. Und ich sah schon fast die unsichtbare Vogelstraße, auf der zu mir herabtrieb, was damals war und heute, in der gestorbenen Zeit, noch immer war und auch morgen noch sein würde, und ich wußte, daß es gleichgültig war, ob ich die Uhr aufzog oder nicht.(S. 20)

Auch in einer Reihe weiterer Erzählungen und Kurzgeschichten, darunter *Weiße Fahnen im April* (1955), hat Schallück Stationen seiner Biographie, seine russische Herkunft, die Kriegsverletzung, überhaupt Kriegserfahrungen und die Situation der Übergangszeit thematisiert. Dabei gelingen ihm immer dann eindrucksvolle Texte, wenn er sich handlungsökonomische Beschränkungen auferlegt. Seit den 60er Jahren wendet sich Schallück neben den zahllosen Hörspielen auch in seiner Prosaarbeit der Situation der Bundesrepublik zu; es entstehen Alltagsgeschichten über Liebe, Ehe und Sexualität ebenso wie Prosaminiaturen, in denen treffsicher Aspekte der Wohlstands- und Überflußgesellschaft (Werbung, Konsum) aufgezeichnet werden (vgl. die Texte aus *Bekenntnisse eines Nestbeschmutzers*).

Für Schallück, der seine politische Einschätzung der alten BRD in dem Essay »Deutschland – Gestern und heute« (frz. 1965, dt. 1969) bündig artikuliert hat, bedeutet 1945 die Stunde Null, seit der es eine gewisse Kontinuität und Stabilität der Verhältnisse gibt. Darin liege eine ungeheure Chance, aber auch wieder die Gefahr des Quietismus, eines apolitischen Rückzugs, wie er ihn in der Ohne-Mich-Bewegung, erklärlich gewiß aus dem »Schock des verdrängten schlechten Gewissens«[24], zu erkennen glaubt. Daher strahlt die Nachkriegsentwicklung in einem etwas zwielichtigen Glanz: einerseits und zu Recht das Bedürfnis nach Partizipation am allgemeinen Wohlstand und Reichtum – »Prosperität«, so Schallück, »war jedenfalls das einzig ernsthafte Erlebnis nach 1945«[25] – auf der anderen Seite der Rückzug ins Private und nur Private – »keine Zeit für öffentliche Angelegenheiten«, »keine Zeit für sozialistische Ideen«[26] – woraus am Ende der ebenso politische wie kulturkritische Protest der Studenten die zwangsläufige Notwendigkeit gewesen sei.

Was Schallück hier – im übrigen z.T. durchaus humorvoll – essayistisch porträtiert, hat er erzählerisch umzumünzen versucht in dem Roman *Don Quichotte in Köln* (1967), dem ambitionierten Unternehmen eines satirisch-komischen Zeit- und Gesellschaftsromans über die bundesdeutschen Verhältnisse der 60er Jahre, angesiedelt in Köln, rund um zwei Figuren aus dem journalisitischen Milieu (Variationen von Tünnes und Schäl), mitten im Karneval. Es mag gewiß an der Art des humoristischen Stils liegen, der es, von ganz wenigen Ausnahmen abgesehen, in der deutschen Literatur seit jeher schwer hat – selbst ein solches Meisterwerk wie A.V. Thelens *Insel des zweiten Gesichts* (1953), immerhin 1954 mit dem *Fontanepreis* ausgezeichnet, ist von den Repräsentanten der jungen deutschen Literatur arg abgestraft worden –, daß Schallücks Pikaro-Roman sich weder bei der Kritik noch beim Publikum hat durchsetzen können. Man mag vielleicht auch das unglückliche Erscheinungsdatum des Romans, nach der ersten Rezession und unmittelbar vor den Studentenunruhen, für den 'Flop' verantwortlich machen, im Hinblick darauf, daß den einen die Kritik an der bundesdeutschen Gesellschaft, die im Roman darüber hinaus nur von Einzelgängern und Käuzen geäußert wird, nicht weit genug ging, während die anderen mit dem spezifischen Humor nichts anfangen konnten oder ihn gar am Muster von Grass' *Blechtrommel* gemessen haben. Jedenfalls ist Schallück mit seinem Roman 'durchgefallen', was ihn, der dieses Buch für sein ehrgeizigstes Projekt gehalten hat, überaus treffen mußte.

Schriftsteller sind zwar nicht die schlechtesten Leser ihrer Texte, ganz gewiß aber auch nicht die besten, weshalb man sich nie auf deren Selbstaussagen und Interpretationen verlassen sollte. Daher geht es zwar im Werk Paul Schallücks,wie er es in seinem »Nachruf zu Lebzeiten« formuliert hat, um Verwundungen und Gefährdungen, genauer aber um die Fähigkeit des Erinnerns, um eine Auseinandersetzung mit der jüngeren deutschen Geschichte. Das ist sein Thema, hier beherrscht er die erzählerischen Mittel. Wenn er sich jedoch davon ab- und der aktuellen Gegenwart zuwendet, dann verheddert er sich in einer Beliebigkeit, die nicht recht passen will zur didaktisch-moralischen Zwecksetzung seiner Poetologie. Er bleibt eben ein Schriftsteller der 50er Jahre – bis zum Schluß.

III.

Auch das Bild des Literaturpreisträgers Schallück unterstreicht erneut die Einschätzung, daß dieser Schriftsteller ein Autor der Frühzeit der *Gruppe 47* ist. 1955 erhält er auf Empfehlung der beiden Germanisten von Wiese und Heselhaus, die bei der Preisvergabe des *Westfälischen Literaturpreises* entscheidend als Gutachter mitgewirkt haben, den *Droste-Preis*, gemeinsam mit dem (heute fast vergessenen) Walter Vollmer. In der Begründung wird ausdrücklich der lokale Bezug des Schallückschen Werks hervorgehoben.

Durch Paul Schallücks Werk hat die westfälische Landschaft in der deutschen Nach-kriegsliteratur wieder eine kräftige Stimme erhalten, die sich durch realistischen Zugriff, unbestechliche Kritik an den Zeitumständen und die Gestaltung gleichnis-starker Bilder und Gestalten auszeichnet. Das Gesamtwerk verrät eine starke dichteri-sche Persönlichkeit, die noch zu reiferen Leistungen berufen erscheint. Durch die Verleihung des Preises soll zum Ausdruck gebracht werden, daß Anlaß besteht, den weitere Weg des jungen Autoren mit besonderer Aufmerksamkeit zu verfolgen.[27]

Hier soll also ein junger Autor ausgezeichnet werden, dem man einen kritisch-realistischen Blick auf die Zeitverhältnisse attestiert, der vor allem aber ein sogenannter 'Heimatdichter' sei, woraus dann ein kleines Presse-scharmützel resultierte. Schallück reagiert mit einem Leserbrief, in dem er klarstellt, daß er zwar Westfale, keinesfalls aber ein 'Heimatdichter' sei:

Ich bin also laut Herkunft und Bekenntnis westfälischer Schriftsteller. Da ich mich nicht zu den Heimatdichtern rechnen darf [...] kann ich nur wiederholen, daß sich der westfälische Dichter nicht schon dadurch legitimiert, daß er Westfale, sondern allein dadurch, daß er ein möglichst guter Dichter ist.[28]

Es hat dann eine Reihe von Jahren gebraucht, bis dem (schon nicht mehr so jungen) Autor Paul Schallück 1962 der *Literaturpreis der Stadt Hagen* – und zwar bei der Erstverleihung, gemeinsam mit dem Lyriker Ernst Meister – zugesprochen wird. Wiederum ist Benno von Wiese beteiligt, denn er führt den Vorsitz im Preisgericht. In einer lokalen Zeitschrift heißt es dazu:

In zwei Tagen, am 27. und 28. April, traten neun westfälische Künstler, die sich alle bereits einen Namen erwarben: Ernst Meister, Paul Schallück, Erwin Sylvanus, Johannes Poethen, Josef Reding, Horst Bingel, Heinrich Ost, Albrecht Scholl und Werner Warsinsky vor die Öffentlichkeit, um jeder etwa zwanzig Minuten aus seinem Werk zu lesen. – Den besten Auftakt, den man sich dazu denken konnte, gab das Referat von Professor Benno von Wiese: »Der Dichter und die moderne Gesellschaft«. Nach einem großentworfenen Bild des Dichters, der einerseits Seher, Menschheitsführer, andererseits aber Vagant und Spieler sein kann, gipfelte der Vortrag in der Feststellung, daß die Massengesellschaft unserer Tage gerade jenen künstlerischen Menschen mit dem besonderen Schicksal, den Außenseiter, den Einzelgänger nötig habe, damit die »Spannung der Zukunft« nicht aufhören. [...] Die Jury beschloß nach erfolgter Autorenlesung auf Grund reiflicher Überlegung, den Preis von 5.000,- DM, entgegen der urprünglichen Absicht, zu teilen. Er wurde in einer Feierstunde vor geladenen Gästen im Karl-Ernst-Osthaus-Museum von Oberbürgermeister Turck an Ernst Meister und Paul Schallück verliehen.[29]

Und wieder ist es der regionale Aspekt, der für die Preisvergabe von entscheidender Bedeutung ist, wieder wird der Westfale Schallück geehrt.

1973 schließlich erhält Schallück den renommierten *Nelly-Sachs-Preis* der Stadt Dortmund, dessen siebter Preisträger er ist. Dieser mit 10.000,-DM dotierte Preis wird Schallück für sein gesamtes literarisches Schaffen, insbesondere aber auch für den *Don-Quichotte*-Roman verliehen. Die Urkunde vermerkt:

Seine Romane, Erzählungen, Satiren, Hörspiele, Gedichte und Essays zeigen Paul Schallück als engagierten und scharfsichtigen Kritiker unserer Gesellschaft. Die Gegenwart, in der wir leben, ist sein Thema, die Gegenwart als Schnittpunkt von Vergangenheit und Zukunft. In einer Zeit, in der die Vergangenheit nur allzugern als toter Ballast abgetan oder als Gegenstand sentimentaler Erinnerung verklärt wird, wehrt sich Paul Schallück gegen das Vergessen und Verdrängen der Erfahrung aus den Jahren des Faschismus und des Krieges, kämpft er gegen die unreflektierte Weiterverwendung menschenfeindlicher Klischees in Sprache, Denken und Verhalten.[30]

Glückwünsche und Grüße erhält Schallück von Schriftstellerkollegen und Politikern, darunter Hilde Domin, Ingeborg Drewitz, Peter Härtling und etliche SPD-Größen. Willy Brandt schickt ein Telegramm: »Lieber Paul Schallück/ Sie haben der Reihe bedeutender Literaturpreise in Ihrer Hand [sic!]/ einen weiteren hinzufügen können/ Das ehrt den Preis wie den Träger.«[31] Noch deutlicher aber als bei den anderen Preisen zeigt sich, daß weniger das literarische Œuvre als vielmehr die dezidierte politische Einstellung und damit das Programm einer engagierten Poetik gewürdigt wird. Schon der Bezug auf ein sechs Jahre zurückliegendes Buch – dazu eines, das in der literarischen Öffentlichkeit durchgefallen ist – macht stutzig. Sieht man sich freilich die Hintergründe der Preisverleihung an, wird die Angelegenheit verständlicher. Denn zur Jury gehörten u.a. der Bibliotheksdirektor der Stadt Dortmund, Fritz Hüser, ein Mann, der sich zeitlebens unermüdlich für die Belange der Arbeiterliteratur und -kultur, damit für eine engagierte, kritische (Gegen-)Kultur eingesetzt hat. Zur Jury zählt weiterhin Hugo Ernst Käufer, ein mit Schallück befreundeter Lyriker, der ebenfalls ein dezidiert politisches Programm mit seinen Texten verbindet. Käufer ist es auch, der im Vorfeld, 1971, bei einer Vorauswahl, in der Ilse Aichinger, Siegfried Lenz, Jakov Lind, Josef Reding und Paul Schallück zur Diskussion anstanden, vehement für Schallück eintritt. In einem für die Jury verfaßten Text heißt es u.a.:

> Ich rechne den Roman von Schallück [*Don Quichotte in Köln*] zu den bedeutendsten literarischen Leistungen der letzten zwanzig Jahre, der [sic!] es verdient hat, ausgezeichnet zu werden. Daß sich Paul Schallück nicht nur in seinem Werk für eine auf Toleranz bedachte Völkerverständigung und für den Abbau von autoritären Strukturen einsetzt, hat er bei vielen Gelegenheiten bewiesen, er hat u.a. entscheidend bei der Gründung der großen jüdischen Bibliothek in Köln mitgewirkt, die heute als ein Kristallisationsort des deutschen und jüdischen Geistes angesprochen werden kann.[31]

Ein Satz über den Roman, dann erfolgt die Würdigung der Gesamtpersönlichkeit des Schriftstellers Schallück.

Aber darum geht es schließlich auch: man hat den Eindruck, der sich bei der Lektüre des Briefwechsels, der zahlreichen Interviews und Zeitungsartikel im Umfeld der Preisvergabe verstärkt, daß hier ein kritischer Autor, der sich weder literarisch noch politisch im Trend befindet, ausgezeichnet werden soll – reichlich spät allerdings. Die Stadt Dortmund, so hat es den Anschein, möchte ein Zeichen setzen, auch ein kritisches Zeichen gegenüber einer Mehrheit innerhalb der sozialdemokratischen Partei, die immerhin für Berufsverbote und andere Einschränkungen der Demokratie verantwortlich ist (man erinnere sich dagegen an Brandts Slogan: »Mehr Demokratie wagen«). Geehrt werden sollte ein Außenseiter des Betriebs, einer, der »mit dem linken Flügel der SPD [sympathisiert]«[32], für den Schreiben, nach eigenem Bekunden, »gesellschaftliche Kritik und Engagement«[33] einschließt und der damit ganz auf der Linie jenes von Hüser, Käufer oder Josef Reding – einem anderen

Bekannten Schallücks, der die Preisverleihung publizistisch in einer Reihe von Artikeln begleitet und kommentiert hat[34] – favorisierten alternativen Literatur- und Kulturkonzepts liegt, wie es u.a. an von der *Gruppe 61* oder dem *Werkkreis Literatur der Arbeitswelt* vertreten wird.

»Ich glaube«, bemerkt Schallück gegenüber seinem Interviewpartner vom *Kölner Stadt-Anzeiger*, »daß die Literatur nach wie vor eine spezifische Chance hat. Daß Sprache nach wie vor menschliches Leben auf eine Weise sichtbar machen kann wie keine andere Äußerungsart des Menschen.«[35]

Keine letzten Worte, aber doch solche, die inmitten eines unterdessen neu orientierten Buchmarktes und Lesepublikums noch einmal bündig das Realismuskonzept der frühen *Gruppe 47* auf den Punkt bringen und an die Epigonen, wie auch immer sie heißen mögen – *Werkkreis Literatur der Arbeitswelt* und ähnliches – weitervermitteln. Verhallt sind diese Bemerkungen zwar nicht, aber anhaltend gewirkt haben sie auch nicht

Anmerkungen

1. Heinrich Vormweg: Ein Versuch, schreibend zu handeln. Zum Tode von Paul Schallück, in: *Süddeutsche Zeitung* vom 2.3.1976.
2. Hans Schwab-Felisch: Wenn man aufhören könnte zu lügen. Zum Tode von Paul Schallück, in: *Frankfurter Allgemeine Zeitung* vom 2.3.1976.
3. Vgl. Text und Kritik. Sonderband *Die Gruppe 47*. Hrsg. von Heinz Ludwig Arnold. München 1980, S. 166. Hans Werner Richter hat über die 'Kerngruppe' 1955 einmal folgendes bemerkt: »Natürlich hat sich durch die Jahre so etwas wie ein fester Kern ergeben [...], heute kann man sagen, dass neben vielen anderen Schriftstellern Wolfgang Hildesheimer, Heinrich Böll, Günter Eich, Walter Jens, Ingeborg Bachmann, Alfred Andersch, Hans Georg Brenner, Ilse Aichinger, Siegfried Lenz, Walter Kolbenhoff, Martin Walser, Herbert Eisenreich, Paul Schallück, Milo Dor, Adriaan Morrien den eigentlichen Kern der Gruppe 47 bildeten.« (Zit. n. *Konstellationen. Literatur um 1955. Eine Ausstellung des Deutschen Literaturarchivs im Schiller-Nationalmuseum Marbach am Neckar.* Hrsg. von Michael Davidis, Bernhard Fischer, Gunther Nickel, Brigitte Raitz. Marbach a.N. 1995, S. 361.)
4. Heinrich Böll: Bekenntnis zur Trümmerliteratur (1952), zit. n. *Vom Nullpunkt zur Wende. Deutschsprachige Literatur 1945-1990.* Hrsg. von Hanns Krauss. Essen 1994, S. 38f.

5. Paul Schallück: Daran glaube ich, in: ders.: *Zum Beispiel. Essays.* Frankfurt a.M. 1962, S. 172f.

6. Paul Schallück: Moses Mendelssohn und die deutsche Aufklärung, in: Thilo Koch (Hrsg.): *Porträts deutsch-jüdischer Geistesgeschichte.* Köln 1961, S. 17-36, hier S. 34.

7. Paul Schallück: Nachruf zu Lebzeiten, in: *Vorletzte Worte. Schriftsteller schreiben ihren eigenen Nachruf.* Hrsg. von Karl Heinz Kramberg. Frankfurt a.M., Berlin, Wien 1974, S. 115.

8. Ebd., S. 116.

9. Ebd.

10. Ebd., S. 118.

11. Paul Schallück: In diesem Land, in: ders.: *Hierzulande und anderswo. Gedichte.* Wuppertal 1974, S. 16.

12. Paul Schallück: Bedrohte Meinungsfreiheit. Dankrede, in: *Paul Schallück. Ansprachen und Dokumente zur Verleihung des Kulturpreises der Stadt Dortmund Nelly-Sachs-Preis am 9. Dezember 1973.* Dortmund 1973, S. 23-31, hier S. 27.

13. Siegfried Lenz: Laudatio, in: Paul Schallück 1973 (Anm. 12), S. 13-22, hier S. 20.

14. Bibliographische Angaben finden sich in dem Band: Paul Schallück 1973 (Anm. 12), S. 35-62; vgl. außerdem die Bibliographie des KLG-Artikels von Fred Viebahn zu Paul Schallück (10. Nlg., Stand 1.1.1982).

15. Malte Dahrendorf: Der Erzähler Paul Schallück, in: Paul Schallück: *Lakrizza und andere Erzählungen.* Baden-Baden 1966, S: 7-24, hier S. 22.

16. Ebd., S. 11.

17. Fred Viebahn: Paul Schallück, in: KLG 10. Nlg., S. 3.

18. Schallück 1974 (Anm. 7), S. 119.

19. Lob und Tadel des Romans waren damals in der Kritik aus Ost und West gleich verteilt. Der Rezensent der *Frankfurter Hefte,* Roland H. Wiegenstein, sprach von engagierter, politischer Literatur und wollte über die »moralische Würde« keine Diskussion aufkommen lassen, stellte aber zugleich den literarischen Rang in Frage (vgl.: Roland H. Wiegenstein: Es gibt kein Ausweichen, in: *Frankfurter Hefte* 1959, H. 9, S. 453). Werner Liersch lobte für die ostdeutsche *NDL* die »kritische Haltung«, die Schallück mit Böll, Weisenborn oder Koeppen verbinde, ja »die Verantwortung« des Schriftstellers Schallück (vgl.: Werner Liersch: Zur Verantwortung bekennen, in: *NDL* 1960, H. 1, S. 128 und 130); in derselben Zeitschrift erkannte dagen zwei Jahre später Hans-Joachim Bernhard in dem Aufsatz »Apologie und Kritik«, worin Paul Schallück mit Ernst Jünger [sic!] verglichen wurde (vgl: *NDL* 1962, H. 4, S. 42-55), aber auch die »Grenze« von Schallücks »Gestaltungsmethode« (S. 53).

20. Das ist vielleicht die mit Blick auf Schallücks moralische Haltung zentrale Stelle des Romans, wie überhaupt die Haltung »Beileibenichts« und seine teils versteckte, teils hinterlistig vorgetragene Kritik als im Grunde vorbildliches und einzig mögliches Verhalten zu Zeiten des Terrors empfohlen wird. Schallück daraus den Vorwurf des Subjektivismus zu machen, wie dies die DDR-Kritik, insbesondere Bernhard (vgl.

Anm. 19) getan hat, ist haltlos, wenn man nicht die mit gebetsmühlenhafter Penetranz vorgetragene Orientierung an den Positionen der Arbeiterklasse (Sprich: der KP-Politik) übernimmt.

21. Vgl. Heinrich Böll: Das Vermächtnis (1948), in: ders.: *Werke. Romane und Erzählungen.* Bd. 1. Köln 1987, S. 400.

22. Jochen Vogt: Von der ersten zur zweiten Schuld. Modelle literarischer Faschismusverarbeitung, in: ders.: *Erinnerung ist unsere Aufgabe. Über Literatur, Moral und Politik 1945-1990.* Opladen 1991, S. 9-27, hier S. 12.

23. Zur Bedeutung dieser Stelle vgl. auch R.C. Andrews: The German School-Story; Some Observations on Paul Schallück and Thomas Valentin, in: *German Life and Letters* 23 (1969/70), S. 103-112, insbesondere S. 106.

24. Paul Schallück: Deutschland – Gestern und heute, in: ders. (Hrsg.): *Deutschland. Kulturelle Entwicklung seit 1945.* München 1969, S. 5-27, hier S. 12.

25. Ebd., S. 21.

26. Ebd., S. 22.

27. Zit. n. Erwin Sylvanus: Zwei westfälische Literaturpreisträger, in: *Westfalenspiegel* (1955), H. 7, S. 14. Im Historischen Archiv der Stadt Köln befindet sich der Nachlaß Paul Schallücks. Darunter sind auch etliche Konvolute, die die verschiedenen, an Schallück verliehenen Preise betreffen (Archiv Nr. 1258, Nr. 192-196). Den Unterlagen zum *Droste-Preis* liegt ein zweiseitiger maschenschriftlicher Lebenslauf Schallücks bei, »Paul Schallück über sich selbst«, worin es u.a. heißt: »Nach dem Kriege studierte er Philosophie (quer durch den Acker der Systeme), Germanistik (bei Prof. Von Wiese und Kaiserswaldau, wie bei Prof. Heselhaus), Kunstgeschichte, Historie und Theaterwissenschaft in Münster (wo er in einer Matratzengruft hauste) und in Köln (wo er zum Standesamt ging und von wo aus er nach Paris fuhr, um recht in der Nähe seiner Verwundungsstelle, in St. Germain des Pres mit einem deutschen Mädchen kirchlich sich trauen zu lassen). P.S. lebt heute als freier Schriftsteller in Köln.« Ob freilich das Studium bei den Herrn von Wiese und Heselhaus einen möglichen Einfluß auf die spätere Preisvergabe gehabt hat, läßt sich nicht mit Bestimmtheit sagen.

28. Paul Schallück: Mein Verhältnis zu Westfalen, in: *Westfalenspiegel* (1955), H. 7, S. 17.

29. Inge Nolde: Der erste Literaturpreis der Stadt Hagen, in: *Der Märker* 11 (1962), H. 5, S. 123.

30. Schallück 1973 (Anm. 12), S. 5.

31. Zit. n. den im Historischen Archiv der Stadt Köln aufbewahrten Dokumenten des Schallück-Nachlasses. Unter der Signatur 195 (Archiv Nr. 1258) befindet sich die Korrespondenz im Zusammenhang mit der Preisverleihung.

32. Unter der Signatur 196 des Schallück-Nachlasses (Archiv Nr. 1258) finden sich neben Zeitungsausschnitten auch verschiedene Dokumente, die Preisvergabe betreffend, darunter auch das zitierte Typoskript von Hugo Ernst Käufer, worin dieser sein Votum für Schallück abgibt.

33. Zit. n. Walter Müller-Bringmann: Schreiben ist Spaß und Ärger zugleich. Gespräch

mit dem Nelly-Sachs-Preisträger Paul Schallück, in: *Rheinische Post* vom 6.12.1973.

34. Zit. n. Dieter Rosenkranz: Nelly-Sachs-Preisträger Paul Schallück, in: *Westfälische Rundschau* vom 1./2.12.1973.

35. Von Reding finden sich unter der Signatur 196 (Archiv Nr. 1258) etliche, überwiegend gleichlautende Artikel über den Preisträger Paul Schallück, u.a.: Streiter wider Lüge ind Gewalt, in: *Nürnberger Nachrichten* vom 7.12.1973.

36. Die Kölner Liberalität hat auch Tücken. Gespräch mit dem Kölner Autor Paul Schallück [...], in: *Kölner Stadt-Anzeiger* vom 8./9.12.1973.

Textausgaben

Paul Schallück: *Die unsichtbare Pforte.* Frankfurt a.M.: Fischer 1954.

Paul Schallück: *Engelbert Reineke.* Leverkusen: Braun 1976 (=Gesamtwerk; Bd. 1).

Paul Schallück: *Wenn man aufhören könnte zu lügen.* Leverkusen und Köln: Braun 1977 (=Gesamtwerk; Bd. 3).

Der *Karl-Immermann-Preis* der Stadt Düsseldorf in den Jahren 1947-1967

Von Bernd Kortländer

Der *Karl-Immermann-Literaturpreis* der Stadt Düsseldorf wurde aus Anlaß der ersten Verleihung des *Rheinischen Literaturpreises* an Heinrich Lersch in Düsseldorf im Oktober 1935 gestiftet. Er steht in Zusammenhang mit der Kulturoffensive der NSDAP und ist Teil einer Trias von Kulturpreisen, die die Stadt Düsseldorf damals auflegte. Außer dem *Immermann-Preis* waren das noch der *Cornelius-Preis für Bildende Kunst* und der *Robert Schumann-Preis für Musik*. Die Geschichte des Preises in der Nazi-Zeit ist kurz und glanzlos. Unter den Preisträgern (1936: Albert Bauer; 1937: Hermann Stahl; 1938: Karl Busch; 1939: Curt Langenbeck; 1940: nicht verliehen; 1941: Josef Wenter; 1942: Wilhelm Schäfer; 1943: Theodor Haerten; 1944-45: nicht verliehen) sind mit Curt Langenbeck und Wilhelm Schäfer lediglich zwei prominentere, allerdings auch zwei grundverschiedene Autoren. Kulturelles Profil konnten weder die »Stadt Schlageters« noch der *Immermann-Preis* mit diesen Preisträgern gewinnen.[1]

Prüft man die Gemengelage der Interessen, die bestand, als 1947 der *Immermann-Preis* neu begründet wurde, so landet man gänzlich unvermutet – bei Heinrich Heine. Ursächlich für die Wiederaufnahme der Kunstpreise der Stadt war der bevorstehende 150. Geburtstag Heines am 13. Dezember 1947. Der Kulturausschuß machte in seiner Sitzung vom 11. November 1947 neben anderen Vorschlägen auch den, aus diesem Anlaß die Preise wieder zu vergeben.[2] Die Stimmung für eine würdige Heine-Ehrung war eigentlich parteiübergreifend positiv. Man dachte an die Einrichtung eines Heine-Museums auf dem Ananasberg im Hofgarten; an ein Heine-Denkmal in der Altstadt etc. Der Rat der Stadt sprach sich in seiner Sitzung vom 17. November 1947 für das gesamte Paket der Heine-Ehrungen, darunter die Wiederaufnahme der Kunstpreise zu Heines Geburtstag, bei zwei Gegenstimmen der CDU aus. Der Redner der CDU hatte vorher um Verständnis dafür geworben, daß seine Partei zwar Heines weltanschaulichen Vorstellungen nicht zustimmen könne, andererseits aber selbstverständlich die Notwendigkeit einer würdigen Heine-Feier einsehe. Wenn am

Ende aus all den vom Kulturdezernenten Hans Kralik (KPD) und dem Vorsitzenden des Kulturausschusses und späteren Kultusminister von NRW Werner Schütz (CDU) gemeinsam betriebenen Plänen nichts wurde und von der großartigen Heine-Ehrung nur ein von Musik umrahmter Heine-Vortrag übrig blieb, so zeigt dies bereits, daß das pflichtschuldigst abgelegte Bekenntnis zum »großen Sohn unserer Stadt« doch wohl eher ein Lippenbekenntnis war. 1949 wird dann Georg Kolbes Entwurf zu einem Heine-Denkmal (»Aufstrebender Jüngling«) ohne erkennbaren Heine-Bezug im Komplex des Düsseldorfer Ehrenhofes aufgestellt; 1953 folgt die Aufstellung eines sogenannten 'Heine-Denkmals' im Hofgarten, bestehend aus einem Mädchentorso (»Harmonie«) von Aristide Maillol und einer verschämt versteckten Tafel mit der wenig glaubhaften Versicherung, die Statue habe etwas mit Heine zu tun.

Rat und Verwaltung der Stadt Düsseldorf waren zu diesem Zeitpunkt noch eine sehr bunt gemischte Sache. Den Kulturdezernenten stellte mit dem Maler Hans Kralik die KPD; der Kulturausschuß wurde von einem CDU-Ratsherrn geführt, ebenso wie der Rat in seiner Gesamtheit von der CDU dominiert wurde, die auch den Oberbürgermeister (Gockeln) stellte. Es herrschte 1947 nicht nur in Düsseldorf, sondern noch in ganz Deutschland, ein Klima der Offenheit, das ohne Zweifel vor allem durch das Provisorische befördert wurde, das allenthalben zu Tage trat. Ideologische Grenzen wurden noch nicht in der Art gezogen und sanktioniert, wie das in den beginnenden 50er Jahren der Fall war.

Immermann-Preis, nicht *Heine-Preis*

Am Anfang aller Rede über den Nachkriegs-*Immermann-Preis* in Düsseldorf steht also Heinrich Heine bzw. die Erörterung der völlig unverständlichen, ja geradezu absurden Entscheidung, aus Anlaß von Heines 150. Geburtstag am 13. Dezember 1947 einen *Karl-Immermann-Preis* auszuloben. Jetzt hatte die Stadt Düsseldorf die einmalige Chance, einen wirklichen Neuansatz zu wagen, und belebte stattdessen ihre alten Kunstpreise wieder, die die Nazis gestiftet hatten. Statt diesen Umstand schamhaft zu verstecken, enthielten die Ausschreibungsbedingungen von 1947 für alle drei Preise in ihrem abschließenden Paragraphen 11 den ausdrücklichen Hinweis auf

Heines Geburtstag als das auslösende Moment für die Wiederaufnahme der Preisverleihungen. Zumindest diese Peinlichkeit fiel den verantwortlichen Kulturpolitikern der Stadt dann doch bald auf, und nachdem der *Immermann-Preis* 1949 und 1950 ruhte, wurde dieser Paragraph im Vorfeld der Ausschreibung für 1951 bereits im Zuge der ersten Überarbeitung der Richtlinien ersatzlos gestrichen. Immerhin erfolgte die Ausschreibung für 1951 dann noch am 13. Dezember 1951, also mit einem dezenten Hinweis auf Heine.[3]

Bei der Preisverleihungszeremonie für den Preisträger von 1951, Wolf von Niebelschütz, die erst am 7. Juni 1952 stattfand, entblödete sich der Laudator Rudolf Alexander Schröder, zugleich einflußreiches Jurymitglied, nicht, folgenden Satz zu sprechen: »Ich meine, die Düsseldorfer haben recht gehandelt, wenn sie ihre Jahresspende an die deutsche Dichtung [gemeint ist der *Immermann-Preis*] nicht nach dem Namen dessen genannt haben, der im Wesentlichen nur seine Schulzeit an den Ufern des Rheins gelebt hat, um dann zu seinem Onkel Salomon und später gen Paris zu wandern, sondern nach dem grossen und edlen Dichter, der Ihrer Stadt in dreifacher Gestalt die Arbeit seiner fruchtbarsten Jahre übermacht hat [...].« Ein denunziatorischer Satz, der mit dem unterschwelligen Hinweis auf den Juden (»Onkel Salomon«) und vaterlandslosen Gesellen (»gen Paris gewandert«), denen als positive Folie der »grosse und edle« Immermann gegenübersteht, die schlimmsten Klischees bedient.

Man kann es sich nicht anders vorstellen: die Entscheidung für Immermann und gegen Heine muß einen politischen Hintergrund haben. Das vermutete in einem Schreiben vom 4. Januar 1956, im Vorfeld der Feier von Heines 100. Todestag, auch der Oberstadtdirektor von Düsseldorf, der beim Leiter der Düsseldorfer Volksbüchereien, Josef Peters, zugleich Vorsitzender der *Immermann-Preis*-Jury, anfragt, warum es 1947 keinen *Heine-Preis* gegeben habe: »Ich kann mich des Eindrucks nicht erwehren, daß mit der Stiftung des *Immermann-Preises* eine *Heine-Preis* Stiftung verhindert worden ist.« Er fragt weiter, ob es wissenschaftliche Argumente gebe für eine Bevorzugung Immermanns gegenüber Heine in Düsseldorf. Ihm antwortet Josef Peters, der bereits unter den Nationalsozialisten der Jury angehört hatte, am 6. Januar 1956 im Stile eines kalten Kriegers, der die historische Entwicklung auf seiner Seite weiß, eine Seite, auf der Heine eben nicht steht: »Unter anderen politischen Umständen wäre gewiß in Erwägung gezogen worden, den Preis nach Heinrich Heine zu benennen und es liegt nahe anzunehmen, daß dann der Name Heines dem Namen Immermanns vorgezogen worden wäre. Doch ist auf der anderen Seite Immermann im Unterschied zu Heine mit unserer Stadt persönlich und durch sein Lebenswerk [...] nahe verbunden gewesen [...].« [4]

Die wahren Gründe, die die Düsseldorfer Stadtverordneten 1947 davon abhielten, einen *Heine-Preis* aufzulegen, lassen sich kaum aus den Fakten rekonstruieren. Sowohl die Protokolle des Kulturausschusses wie die Ratsprotokolle belegen keine Diskussion zu diesem Punkt. Da es in Düsseldorf damals ja auch zwei KPD-Ratsherren gab, ist das ungewöhnlich. Andererseits läßt sich mit guten Gründen darüber spekulieren, daß es jene Mischung aus ästhetischen Vorbehalten gegen den 'bloßen Artisten' und 'Feuilletonisten' Heine war, die, unterfüttert mit einem Antisemitismus, der nach 12jähriger Propaganda ja nicht von heute auf morgen aus den Köpfen verschwinden konnte, bereits im 19. Jahrhundert die Heine-Rezeption begleitet hat und die, denkt man nur an die gerade erst zwangsweise beendete Diskussion um die Benennung der Universität Düsseldorf, so völlig ausgerottet ja wohl noch immer nicht ist. Auch Heines Stimme wird von den Kündern der Reinheit der Kunst, ganz im Stil eines Karl Kraus, als Teil jenes anschwellenden medialen Bocksgesangs mitdenunziert. Wie hatte Kraus geschrieben: Heine habe »der deutschen Muse das Mieder so weit geöffnet, daß jetzt jeder Kommis daran herumfingern kann.«[5]

Die Entscheidung der Verantwortlichen in Düsseldorf für den Namen Immermann und gegen den Namen Heine, wenn auch nicht offen in dieser Schärfe getroffen, weil gar nicht erst artikuliert, ist so nicht nur eine Entscheidung gegen einen wirklichen Neuanfang und für ein Anknüpfen an die NS-Tradition, sondern auch schon im voraus eine Entscheidung für eine bestimmte Art von Literatur. So hätte der Name Heine ganz zwangsläufig den Blick der Juroren auf die von den Nazis Verfemten und Vertriebenen, die Emigranten und Lagerinsassen gerichtet. Mit der halben Ausnahme Ilse Aichinger kommen diese Autoren in der Geschichte des *Immermann-Preises* (wie im übrigen beinahe in der gesamten Literaturpreisgeschichte bis in den Anfang der 60er Jahre) nicht vor. Es ist sicher eines der dunkelsten Kapitel in der Kulturgeschichte der Nachkriegszeit, daß die BRD diese Gruppe so lange ins Abseits gestellt hat. Auf dem Gebiet der Literaturpreise war es die Stadt Dortmund mit ihrem 1961 gestifteten *Nelly-Sachs-Preis* und die Düsseldorfer *Heine-Gesellschaft* mit ihrer 1965 aufgelegten *Ehrengabe der Heine-Gesellschaft*, die hier eine Wende herbeiführten.

Die Stadt Düsseldorf ist mit ihrer Entscheidung für Immermann und gegen Heine aber nur repräsentativer Teil des allgemeinen Trends des Umgangs mit Heine in diesen Jahren. 1947 waren im Zuge der allgemeinen Wiederauflage von Klassiker-Texten immerhin noch einige kleinere Auswahlausgaben erschienen. Liest man dagegen die Gedenkartikel zum 100. Todestag 1956, ist man häufig erstaunt über die Unverblümtheit, mit der die Journalisten Heine moralisch und politisch abqualifizieren. Friedrich Sieburg, im selben Jahr 1956 zum Feuilletonchef der FAZ avanciert, beschreibt Heines Kunst damals mit Begriffen wie »Klischee«, »versifizierte Späßchen«, »fade Scherzchen«. Die offizielle Universitäts-Germanistik steht ihm dabei in nichts hinterher. Als Gaukler und Exponenten eines verfaulten Literatentums bezeichnet ihn Walter Muschg 1948 in seiner *Tragischen Literaturgeschichte*, als geistigen Nomaden, der jeden Sinn für Kameradschaft und politische Überzeugungstreue vermissen lasse, stellt ihn Ernst Alker 1950 in seinem Buch *Deutsche Literatur im 19. Jahrhundert* hin. Auch Erwin Laaths, Juror des *Immermann-Preises* nach dem Kriege, zweifelt in seiner *Geschichte der Weltliteratur* von 1953 an der Tragfähigkeit von Heines früher und mittlerer Lyrik und stuft ihn insgesamt lediglich als ein mittleres Talent der deutschen Literatur ein. Und Adornos Vorbehalte gegen die 'kunstgewerblichen' Seiten von Heines *Buch der Lieder* sind, bei aller Dramatik, mit der die »Wunde Heine« beschworen wird, unübersehbar.[6]

Der Umgang mit Heine war stets ein hervorragender Gradmesser für die Beschaffenheit des geistigen Klimas in unserem Land. Denn mit Heine stehen zugleich ästhetische Positionen und literarische Traditionen zur Debatte, die entweder bekämpft und verworfen oder auch – in Deutschland leider viel zu selten – akzeptiert und weiterverfolgt wurden. Heine-Tradition, d.h. ja u.a. Literatur aus dem Geiste der Kritik, d.h. Literatur, die aus der »Passion für die Freiheit« geschrieben wird, auf Veränderung zielt, auch auf Umsturz, die darauf besteht, daß Kunst ein konkretes Verhältnis zur Wirklichkeit hat und die Freiheit der Poesie die Forderung ihrer praktischen Umsetzung enthält. Die Entscheidung der Stadt Düsseldorf gegen einen *Heine-Preis* wie die Schwierigkeiten der Nachkriegsgesellschaft in Westdeutschland insgesamt mit Heine sind insofern bereits ein Indikator dafür, daß diese Art von Literatur in dieser Gesellschaft nicht auf öffentliche

Legitimation rechnen durfte, daß es andere Positionen sind, die in deren Genuß kommen, weihevollere, nach Innen gerichtet, auf die Skala sogenannter ewiger Werte zielend, an deren Spitze, wie Heine in den *Wanderratten* so treffend bemerkt hat, im »sittlichen Staat« das Eigentum steht. Zwar gab es jüngere Autoren, die an die Heine-Tradition anzuknüpfen suchten. Sie versammelten sich u.a. in der *Gruppe 47*, und den deutlichsten Heine-Bezug unter deren Werken hat die Figur des Blech trommelnden Oskar Matzerath. Doch war es nicht diese Literatur, die in den 50er Jahren im Zentrum des literarischen Betriebes stand, schon gar nicht des Literaturpreisbetriebes mit seinen altbackenen Zeremonien und Ritualen. Hier herrschten die Würdenträger und Bedeutungsschweren, die, einem alten deutschen Mißverständnis folgend, nur das wirklich oder vermeintlich Tiefsinnige für Kunst hielten. Es ist dies Verständnis von Kunst und Literatur und die Generation von Autoren, die dieses Verständnis transportieren, die die Kontinuität von den 30er bis in die 50er Jahre hergestellt haben. Ihre Vertreter dominieren die Listen der Preisträger nicht nur des *Immermann-Preises*, sondern der überwiegenden Zahl von Literaturpreisen, die in den 50er und frühen 60er Jahren in der BRD vergeben wurden.

Als die Stadt Düsseldorf sich 1968 entschloß, ihren *Immermann-Preis* zugunsten eines *Heine-Preises* aufzugeben, lag dieser Entscheidung nicht nur die Einsicht zugrunde, daß man die Heine-Ehrung mittels eines Literaturpreises nicht länger der privaten *Heine-Gesellschaft* überlassen durfte, sondern sicher auch der Switch im geistigen Klima der bundesrepublikanischen Gesellschaft, der sich seit Beginn der 60er Jahre anbahnte und an deren Ende zum Durchbruch kam. Allmählich sah sich diese Gesellschaft mehr oder weniger genötigt, sich mit Positionen, für die die Heine-Tradition stand, ernsthaft auseinanderzusetzen. Daß dies dann häufig dadurch geschah, daß man das ohnehin in seiner Wirksamkeit eng abgegrenzte Feld der Kultur völlig freigab und nun nach dem Prinzip: »Je schärfer die Systemkritik, desto preiswürdiger der Autor« verfuhr, wobei die Politiker dann noch stolz auf den Pluralismus verweisen konnten, steht auf einem anderen Blatt.

Auch das Ende des *Immermann-Preises* und sein 1972 vollzogener Übergang in einen *Heine-Preis*, der nun kein reiner Literaturpreis, sondern ein umfassender Kulturpreis sein wollte, ging nicht ohne eine überaus ironische Pointe ab. Der 1. Preisträger des *Heine-Preises*, Carl Zuckmayer, hatte noch wenige Wochen vor der Preisverleihung in einem aus der Nähe besehen recht perfiden Brief öffentlich gemacht, er bewundere zwar Heines scharfe Intelligenz und sein artistisches Vermögen, habe aber kein rechtes Verhältnis zu ihm finden können. Der erste *Heine*-Preisträger war also in Wahrheit doch noch eher ein letzter *Immermann*-Preisträger.[7]

Die Jury des *Immermann-Preises*

Literaturpreise sind Teil des Betriebs, eines Betriebs, dessen Netzwerke besonders eng und fest geflochten sind und der sich als ungeheuer resistent erweist. Die Jury des *Immermann-Preises* ist ein schönes Beispiel für diese Kontinuität. Zu bedenken ist dabei, daß der *Immermann-Preis* der Idee nach ein Preis war, um den die Autoren sich selbst bewerben sollten. Trotzdem verblüfft zunächst die Entscheidung der Stadt für die sehr große und relativ unhandliche Gruppe von 7 Juroren. Die Juroren mußten im übrigen nicht selbst alle Einsendungen lesen, sondern ihnen waren drei Vorleser vorgeschaltet, von denen lediglich eine Auswahl an die Hauptjury weitergeben wurde. Die Größe der Jury geht also nicht, wie man hätte denken können, auf notwendige Arbeitsteilung bei der Masse der Einsendungen zurück, sie hat einen viel einfacheren Grund, der in besagter Resistenz liegt: Auch in den früheren Jahren hatte der *Immermann-Preis* ein Juroren-Kollegium von 7 Personen. Es bestand z.B. 1943 aus Joseph Peters, stellv. Direktor der Volksbüchereien, Hermann Reuter, Direktor der Landes und Stadt Bibliothek, Dr. Alexander Schneider, Chefdramaturg a.D. und Leiter des Städt. Presse- und Werbeamtes, Prof. Otto Krauß, Generalintendant der Oper (1937-44), Dr. Viktor Muckel, Verlagsdirektor; Dr. M.W. Hansen, Oberstudiendirektor und Hermann Brouwer, Landeskulturverwalter der NSDAP.

Kontinuität herrschte nicht nur hinsichtlich der Zahl, sondern in zwei Fällen auch hinsichtlich des Personals: Die hier aufgeführten Hermann Reuter (1948) und Joseph Peters (1951-1967) waren nach 1947 wieder in der Jury, Peters, inzwischen Direktor der Volksbüchereien, nach einer schamhaften Pause bei der ersten Auswahl, dann gleich in der Stellung des Juryvorsitzenden.

1947 war es für alle Stifter von Literaturpreisen sicher das größte Problem, eine ordentliche Jury zusammenzubekommen. Sie mußte zumindest folgende Bedingungen erfüllen:

1. Ihre Mitglieder durften nicht in zu hohem Maße durch ihre Stellung im NS-Regime kompromittiert sein.
2. Sie mußten ein gewisses literarisches, aber auch gesellschaftliches Renomee haben.
3. Sie mußte zumindest teilweise vom Stifter kontrollierbar sein.

Schauen wir uns die *Immermann-Preis*-Jury unter diesen drei Gesichtspunkten an. Dabei sei vorausgeschickt, daß die Resistenz des Betriebes gegen Veränderungen bei der Besetzung der Jury besonders deutlich zu Buche schlägt. Das war schon durch die Ausschreibungsbedingungen vorgeben: zunächst sollten die Juroren 8 Jahre im Amt sein, ab 1951 wurde das für die dann neu hinzugekommenen auf 3 Jahre reduziert. In den ersten 10 Jahren nach 1947 hat sich die Besetzung der Jury denn auch kaum geändert. Im Zeitraum 1948 bis 1957, in dem 6 *Immermann-Preise* vergeben wurden, gehörten 4 Herren – es blieb durchgängig bei der Herrenriege – nämlich Benno von Wiese, Erwin Laaths, Josef Heinrich Sommer und Friedrich Maase, immer, also 6mal, zwei 5mal (Josef Peters und Rudolf Alexander Schröder) und einer 4mal (Jörg Mager) dem Gremium an. Vier Herren (Hermann Reuter, Rudolf Schröder, Badenhausen, Werckshagen) arbeiteten jeweils nur einmal mit.

Die beherrschende Figur der Jury war ohne Zweifel der Germanistikprofessor Benno von Wiese. Von den drei oben angeführten Kriterien erfüllt er das 2. (literarisches und gesellschaftliches Renomee) uneingeschränkt. Von Wiese war nach dem Kriege auf einen Lehrstuhl nach Münster berufen worden, bevor er im Wintersemester 1956/57 nach Bonn wechselte, und war von Anfang an und bis in die 70er Jahre eine der beherrschenden Figuren der westdeutschen Germanistik, die als Herausgeber von Sammelwerken (*Das deutsche Drama*, *Die deutsche Novelle* etc.) vor allem auch erheblichen Einfluß in den Schulen ausübte. Auch sonst war er ein ausgesprochener Macher mit viel Gespür für strategische und taktische Fragen, was sich z.B. bei Lehrstuhlbesetzungen niederschlug, sich aber auch in der Tatsache ausdrückt, daß er in immerhin vier Literaturpreisjurys saß, und zwar bei den wichtigen Preisen der Region: *Droste-Preis*, *Großer Kunstpreis* und *Immermann-Preis* sowie dem *Literaturpreis der Stadt Hagen*. Von Wiese besaß auch eine Nase für Trends und neue Entwicklungen, an die er sich dann gerne anschloß. So ist vielleicht sein plötzliches und aus der Kontinuität seiner Arbeit nicht recht verständliches großes Interesse an

Heine zu erklären, dem er in den 70er Jahren mehrere Publikationen widmete. Von seiner wissenschaftlichen Herkunft her philosophisch geprägt, galt seine Vorliebe von Anfang an diesem Grundzug der deutschen Literatur: Schlegel, Schiller, die deutsche Tragödie von Lessing bis Hebbel, später dann auch Autoren des 19. Jahrhunderts, gehören zu seinem Themen. Er gab u.a. die letzte große fünfbändige Immermann-Ausgabe heraus, eine kritische, wenn auch sicher nicht historisch-kritische Ausgabe. Der Heine-Herausgeber Manfred Windfuhr erinnert sich daran, wie von Wiese als Mitglied des Editionskomitees der Düsseldorfer Heine-Ausgabe versuchte, diese auf die Dimension seiner Immermann-Ausgabe zurückzuschneiden. Auch mit der Gegenwartsliteratur beschäftigte sich von Wiese durchaus; so findet man ihn 1960 auf dem Titelblatt einer Festschrift für Friedrich Georg Jünger, dort im übrigen zusammen mit dem Mitherausgeber Armin Mohler.

Womit wir beim 1. Kriterium wären, der Nazi-Vergangenheit. Hier weicht die Darstellung, die er selber in seinen Lebenserinnerungen von 1982 gibt, von der seiner Kritiker erheblich ab, doch war er wohl tatsächlich eher ein Mitläufer und keiner, der an vorderster Front für die 'Wende' in der Germanistik gekämpft hatte. Einige seiner wissenschaftlichen Beiträge, und nur die können wir heute noch uneingeschränkt beurteilen, zeigen aber, daß er Zugeständnisse gemacht hat; was Wunder, wo er doch schon in den 40er Jahren ein Ordinariat erhielt.

Das 3. Kriterium erfüllte von Wiese nur insofern, als man von ihm zweifellos keine revolutionären Entscheidungen zu erwarten hatte. Von der städtischen Kulturverwaltung ließ er sich allerdings dabei nicht dreinreden, sondern spielte des öfteren die launische Diva, was dann im Düsseldorfer Kulturdezernat jeweils zu hektischer Betriebsamkeit führte. Zusammen mit Rudolf Alexander Schröder war er so etwas wie der Star des Gremiums, was sich in häufiger entschuldigter Abwesenheit bei weniger wichtigen Sitzungen, in einem höheren Sitzungsgeld (300 DM für ihn und Schröder gegenüber 200 DM für den Rest) und schließlich auch in der Art zeigt, wie von Wiese manche Entscheidung gegen alle anderen durchzusetzen wußte.

Der Dichter und Übersetzer Rudolf Alexander Schröder war bei seinem Eintritt in die Jury bereits 73 Jahre alt. Seine Trost- und Hilfsgedichte aus religiösem Geiste (*Geistliche Gedichte*, 1949) boten auch jetzt, wie bereits in der Nazi-Zeit, dem Bürgertum erbauliche Ablenkung von der verworrenen Realität, Fluchtpunkte in einer Innerlichkeit, die aus der Gewißheit lebte, daß der Mensch jenseits von Politik und Gesellschaft eine ihn umgreifende Ordnung zu finden vermöge. Schröder verkörpert damit ganz wesentlich jene literarische Position, die in den Gründerjahren der Bundesrepublik gefragt und öffentlich legitimiert wurde. Er war insofern eine Idealbesetzung für die Jury und wurde dementsprechend pfleglich behandelt. Als Mitglied der Bekennenden Kirche, dessen Gedichte teilweise verboten waren, war er auch nur wenig kompromittiert. Mit Schröder, der sich im übrigen auch publizistisch verschiedentlich für die Wiederentdeckung Immermanns eingesetzt hat, erhielt die Jury einen sehr starken konservativen Akzent.

Neben von Wiese und Schröder gehörte der Jury mit Erwin Laaths ein weiterer ausgewiesener Literaturkenner an, der 1953 eine in sehr hoher Auflage gedruckte und entsprechend weitverbreitete *Geschichte der Weltliteratur* verfaßt hat. Als Literatur- und Theaterkritiker verschiedener Düsseldorfer Zeitungen, insbesondere der *Düsseldorfer Nachrichten* und des *Mittag*, war er den Düsseldorfer Lesern gut vertraut, und zwar den Lesern sowohl der 40er wie der 50er Jahre.

Die NS-Vergangenheit von Laaths bleibt etwas undeutlich. Einerseits spricht die Tatsache, daß er als Journalist weiterarbeiten konnte und auch immer wieder Artikel in der offiziellen Düsseldorfer Nazi-Zeitung, der *Volksparole* publizierte, für eine Mittäterschaft. Andererseits war Laaths als glühender Verehrer Georges, Rilkes und Hofmannthals doch zu sehr ästhetisch gebildet, als daß er sich mit den literarischen Vorstellungen der offiziellen Nazi-Kultur hätte gemein machen können. So spricht aus seinem privaten Briefwechsel mit dem Dichter Victor Meyer-Eckhardt nach anfänglicher Begeisterung für die neue Zeit bald der Wunsch nach Rückzug aus der lauten und so ungeschlachten Gesellschaft. Am 21. Oktober 1942 berichtet er über die Pressekonferenz zum *Immermann-Preis*: »Bei der Gelegenheit sah ich sie denn einmal in cumulo persönlich beisammen: die Beurteiler der Kandidaten – Männer mit verantwortungsvoll-bedeutsamen Mienen, auf denen der tierische, leider aber auch völlig amusische 'Ernst' der kulturellen Belange geschrieben steht. Inwieweit sie tatsächlich auch nur über eine äußerliche Kenntnis der in Frage kommenden, bzw. zur Wahl stehenden Dichtungen verfügen, scheint mir [...] sehr zweifelhaft.« Das Werk des Preisträgers von 1942, Wilhelm Schäfer, qualifiziert er im selben Brief verächtlich, aber recht treffend als Mischung aus Volkstumspropaganda und gesuchtem Tiefsinn. Mit dem 1947 45jährigen Laaths kam lokal anerkannter Sachverstand in die Jury, ohne daß er freilich ganz die Autorität von Wieses oder Schröders hätte erreichen können.

Der Düsseldorfer Notar Friedrich Maase war ein Schwager des Dichters Herbert Eulenberg. Er stammte aus dem linken politischen Lager, eine Frau Maase (seine Frau oder Schwägerin) saß für die KPD im Düsseldorfer Stadtrat, und Friedrich Maase selbst und seine Familie hatten für ihre Überzeugung unter den Nationalsozialisten mit Gefängnis und Konzentrationslager gelitten. Maase ist einer der Mitbegründer des 1946 gegründeten und 1956 verbotenen *Kulturbundes zur demokratischen Erneuerung Deutschlands* in NRW und gehörte dessen Landesvorstand an.

Sein Literaturverständnis ist allerdings ganz konservativ und an alten Mustern orientiert; verschiedentlich hat er sich zum Werk seines Schwagers Eulenberg geäußert. Seine Mitgliedschaft in der Preis-Jury ist sicher in erster Linie aus den damaligen Machtverhältnissen im Düsseldorfer Stadtrat zu erklären, wo die KPD den Kulturdezernenten und 2 Ratsmitglieder stellte und entsprechend über einen gewissen Einfluß verfügte.

Das Gegenstück zu Maase bildet insofern der CDU-Ratsherr Josef Heinrich Sommer, der die Mehrheitsfraktion im Düsseldorfer Stadtrat vertritt. Er ist zugleich Mitbegründer und Vorsitzender der im Juli 1946 ins Leben gerufenen *Gesellschaft für christliche Kultur e.V.* in Düsseldorf, in der Vertreter beider christlicher Konfessionen zusammenarbeiten. Des Katholiken Sommer protestantischer Partner im Vorstand der Gesellschaft ist im übrigen Werner Schütz, damals ebenfalls CDU-Ratsherr und Vorsitzender des Kulturausschusses, später Kultusminister des Landes NRW und einer der wichtigen Fädenzieher im Kulturbetrieb der frühen Jahre in Düsseldorf und Nordrhein-Westfalen.

Zwei Juroren entstammen schließlich den Kultureinrichtungen der Stadt Düsseldorf, also direkt der Kulturverwaltung. Das ist der Direktor der Volksbüchereien Joseph Peters, der zugleich Jury-Vorsitzender ist, und der Direktor der Volkshochschule, Jörg Mager, der von der 3. Preisverleihung an für den Dramaturgen der Düsseldorfer Oper Badenhausen (1947) bzw. den Dramaturgen des Kölner Theaters Werckshagen (1951) einbezogen wird.

Joseph Peters, der unter den Nazis zum stellvertretenden Direktor der Volksbüchereien aufstieg, war auch damals schon Mitglied der Jury des *Immermann-Preises* gewesen. Dasselbe gilt für Hermann Reuter, den Direktor der Landes- und Stadtbibliothek Düsseldorf, der noch Mitglied der Jury für 1948 war, dann aber von Peters abgelöst wurde.

Als Kuriosität am Rande sei erwähnt, daß jener Rudolf Schröder aus Düsseldorf- Kaiserswerth, der zur 1. Jury gehört hatte, ganz offenbar aufgrund einer Verwechslung mit Rudolf Alexander Schröder zu dieser Ehre kam. Mit Kulturausschußbeschluß vom 9. November 1951 wird dieser Irrtum korrigiert.

Strukturell stehen sich in dieser Jury mithin drei mehr oder wenige freie und insbesondere als Literaturkenner ausgewiesene Personen (von Wiese, Schröder, Laaths) und vier eher von ihrer Mitgliedschaft in Politik und Kulturverwaltung der Stadt Düsseldorf her legitimierte Juroren gegenüber. Es ist verständlich, daß in der inhaltlichen Arbeit die drei 'Literaten' den Rest dominierten. Schaut man aber auf die ästhetischen Ansichten und Vorlieben der Herren von Wiese, Schröder und Laaths, so fällt als gemeinsamer Grundzug unmittelbar ihr Festhalten an einem Bild vom Dichter als dem Seher, Künder, dem tragisch erschütterten Außenseiter auf. Begründet ist dieses Bild dabei sehr unterschiedlich: bei Schröder aus der humanistisch-christlichen Tradition, bei von Wiese aus der Tradition der deutschen Klassik und Romantik, bei Laaths von Nietzsche, George und Rilke her. Dementsprechend dominiert eine Literatur, die sich aus den »Wirren der Zeit«, wie es immer wieder und sehr verräterisch in den Begründungstexten der Jury heißt, heraushält und diesen Wirren die eigene und eigentliche Wirklichkeit der Kunst gegenüberstellt. Es ist genau die Haltung, aus der die älteren unter den prämierten Autoren auch ihre Gegenerschaft gegen die Nazis gespeist hatten: Jenes Festhalten am elitären Begriff des ästhetischen gegen die plebejischen Elemente des Nazismus findet man bei den Brüdern Jünger ebenso wie bei Britting, Gaiser oder Barth.

Benno von Wiese spricht in seinem Festvortrag zum 10jährigen Bestehen des *Immermann-Preises*, (es müßte natürlich 23jährigem Bestehen heißen) am 23. Juni 1958 von zwei Kriterien für die praktische Juryarbeit: 1. Eine Wertung »literarischer Werke von einem außerliterarischen festen Standort, sei er nun politischer, weltanschaulicher oder konfessioneller Art«, lehnt die Jury entschieden ab, von Wiese spricht gar von »Terror auf dem Gebiet des Geistes«; 2. die mit dem Namen Immermann gesetzte Verpflichtung, »nach dem literarischen Werk von Rang zu suchen, das über das bloß gemachte und technisch Gekonnte hinaus einen wo nicht überdauernden, so doch gegenwärtigen Gehalt repräsentiert.«

Gegen beide Kriterien ist auf den ersten Blick nicht viel einzuwenden und man muß der Jury und insbesondere den drei Literaturkundigen in ihr zugute halten, daß sie aus der damals im Vordergrund stehenden Literatur nicht die schlechtesten Vertreter ausgewählt, ihr Qualitätskriterium also

durchgesetzt haben. Wenn man bedenkt, daß NS-Größen wie Franz Schau-
wecker, Agnes Miegel oder selbst Maria Kahle in der Bundesrepublik noch
Literaturpreise erhalten konnten, ist das nicht selbstverständlich. Auch der
Blick auf die ersten Träger des *Droste-Preises* und auf einige Träger des
Großen Kunstpreises (Ina Seidel, Richard Benz) lassen die Jury-Entschei-
dungen zum *Immermann-Preis* insgesamt nicht schlecht aussehen. Wenn
man in den Akten verfolgt, wie insbesondere von Wiese gegen heftigen
Widerstand seiner Düsseldorfer Kollegen 1951 von Niebelschütz gegen den
Lokalhelden Viktor Meyer-Eckardt durchsetzt, wird etwas von diesem
Willen zur Qualität deutlich. Andererseits ist aber auch die fatale Aus-
wirkung des ersten Kriteriums unverkennbar: Der aussichtslose Versuch,
die Literatur von einem Standpunkt jenseits von Politik, Weltanschauungs-
fragen und Religion zu beurteilen, also praktisch von außerhalb der Gesellschaft, führte die Jury dazu, genau jene Literatur ganz besonders stark zu
fördern und zu prämieren, die sich heraushielt, eine Literatur der Innerlichkeit, die sich auf die Innere Emigration als ihre Herkunft berief und insgesamt in der frühen Bundesrepublik das Feld beherrschte. Oder, um es in
den Worten von Friedhelm Kröll zu sagen: »Es sind die formstrengen
Elegiker und die verwandlungskünstlernden Metaphysiker, die auf dem
Seinsgrund stöbernden Existentiellen und die magischen Flüsterer, die in
der ersten Periode nach 1945 auf literarisch-kulturelle Legitimierung rechnen durften, sofern sie nicht offen mit dem Faschismus kollaboriert hatten
[und auch hier gibt es alsbald Öffnungen ins Pluralistische].«[8]

Jetzt versteht man Schröders Glückwunsch an die Stadt Düsseldorf zu
ihrer Entscheidung für Immermann und gegen Heine noch besser: Für einen
Heine-Preis wären die meisten der ausgewählten Preisträger sicher un-
geeignet gewesen und an einem *Heine-Preis* hätte folglich Schröder als
Juror nicht teilnehmen können. In Parenthese sei gefragt, ob man den armen
Immermann nicht schließlich vor solchen Verehrern in Schutz nehmen muß.

Die Preisträger

So wie wir den *Immermann-Preis* bisher als einen in vieler Hinsicht
durchschnittlichen und für die frühen bundesrepublikanischen Verhältnisse
typischen Preis kennengelernt haben, so präsentiert er sich auch auf der
Seite der Preisträger: Er ist sicher nicht ausgesprochen reaktionär und

rückständig, er ist ganz sicher aber auch nicht experimentierfreudig und innovativ.

Originell ist zunächst die Idee, den Preis aufgrund von Selbstbewerbungen zu vergeben, auch dies im übrigen eine Vorgabe der Nazi-Tradition, dort aber aus ganz anderem Antrieb geboren, aus der Hoffnung nämlich, überhaupt erst völkisch-nationale Autoren von einiger Qualität zu finden. Im übrigen wurde auch dort die Vorgabe bereits von der Jury unterlaufen. Nach 1947 funktionierte das System der Selbstbewerbung nicht sonderlich lange, und hatte schon, wie wir noch sehen werden, beim allerersten Mal im Jahre 1948 leichte Korrekturen von oben nötig.

Zunächst bewarben sich kontinuierlich über 100 Autoren um den Preis, mit einem Gipfel 1952-1954 (209, 135, 168). Dann gab 1955 es einen wirklichen Absturz der Bewerberzahlen auf nur mehr 34 Bewerbungen, und seitdem dümpelte die Bewerbungsziffer bei ca. 50. Das lag ohne Zweifel daran, daß die Jury nach den beiden ersten Preisen, wo sie tatsächlich aus den Einsendungen ausgewählt hatte, dazu übergegangen war, ihre Preisträger unabhängig von den Bewerbungen zu bestimmen. Das Preisträgerprofil gab dann ab Mitte der 50er Jahre jedem potentiellen Bewerber zu verstehen: hier haben nur die Arrivierten eine Chance, was zur Folge hatte, daß die vielen noch 'Unerlösten' sich in der Folge erst gar nicht mehr bewarben.

In welch hohem Maße die Jury von 1952 an auf Arriviertes setzte, zeigt ein Blick auf die Geburtsdaten der Preisträger ebenso wie auf die Liste ihrer sonstigen Literaturpreise: Mit wenigen Ausnahmen sind sie alle Mehrfach- bis Vielfachpreisträger, wobei der *Immermann-Preis* eigentlich nur in den Fällen Barth und von Niebelschütz eine Vorreiterrolle übernahm. Und lediglich Ilse Aichinger (1921) und Wolfdietrich Schnurre (1920) gehören der Generation der Jungen an, die vor '45 noch nicht publiziert hatten, die anderen sind, mit Ausnahme des 1913 geborenen und früh verstorbenen von Niebelschütz, um 1900 geboren.

Da die Bewerbungslisten für die Jahre bis 1958 ziemlich komplett vorliegen, ist auch ein Blick auf die Abgewiesenen, nicht Ausgewählten möglich. Das sind naturgemäß überwiegend völlig abseitige und unbekannte Autoren, es finden sich aber immer auch einige interessante Namen darunter. So bewarb sich 1948 der junge Arno Schmidt mit seinem *Leviathan*-Manuskript und vollzog mit dieser Bewerbung den ersten bewußten Schritt in Richtung auf eine literarische Laufbahn; es bewarb sich der Düsseldorfer

Maler-Schriftsteller Adolf Uzarski, Autor des *Möppi* und der *Spanischen Reise*, dem die Nazis Berufsverbot erteilt und dessen Bilder und Schriften sie als entartet verboten hatten. Beide konnten bei dieser Jury keine Chance haben. Emil Barth, der spätere Preisträger, gab seine Bewerbung im übrigen erst eine Wochen nach Ablauf der Frist ab, was dafür spricht, daß Barth, der sich bereits 1940 einmal erfolglos um den *Immermann-Preis* beworben hatte – der Preis für 1940 wurde nicht vergeben, angeblich weil kein geeigneter Kandidat vorlag – dringend zur Bewerbung aufgefordert worden ist, womöglich von Seiten der Jury.

1951 bewarben sich außer dem späteren Preisträger Wolf von Niebelschütz an bekannteren Namen noch Wolfgang Bächler, Marie Luise von Kaschnitz, Rudolf Krämer-Badoni, Horst Lange, für den seine Frau, die Dichterin Oda Schaefer, ein erschütterndes Bewerbungsschreiben einreichte, Friedrich Sieburg und Stefan Andres, letzterer offenbar in Absprache mit dem Jury-Mitglied Sommer, also doch eine sehr prominente Gruppe. Auch für 1952 gibt es reichlich namhafte Bewerber, darunter Gotthard de Beauclair, Heinrich Böll, Leonhard Frank, Adolf von Hatzfeld, Kurt Heynicke, Paul Schallück und Friedrich Franz von Unruh. 1953 bewerben sich neben dem Preisträger Britting wieder Stefan Andres und Leonhard Frank, außerdem Karl Krolow. 1954 nimmt Böll einen zweiten vergeblichen Anlauf, 1955 versuchen sich Rolf Bongs, Walter Jens, Manfred Hausmann und Hans-Dieter Schwarze, 1956 ist nur mehr Heinz Piontek einigermaßen prominent, 1957 der in dem Jahr noch abgelehnte, dann aber 1959 prämierte Gerd Gaiser, 1958 der Preisträger Wolfdietrich Schnurre, Josef Reding, Ingeborg Drewitz und nochmals Stefan Andres, der es auch diesmal nicht schaffte.

Wie man sieht, blieben die qualifizierten jüngeren Bewerber wie Bächler, Böll, Drewitz, Jens, Krolow, Piontek, Schallück, Schmidt, Schwarze beim *Immermann-Preis* zugunsten der älteren Generation weitgehend außen vor.

Wirklich originell war der *Immermann-Preis* vor allem in seinen beiden ersten Entscheidungen für Emil Barth und Wolf von Niebelschütz, beides local heros, die sonst kaum oder gar nicht zur Kenntnis genommen wurden und die dennoch in vielem typisch sind für die Literatur der Zeit.

Schauen wir ein wenig näher auf den Dichter Emil Barth aus Haan (1900-1958), dessen Werk heute beinahe gänzlich verschollen ist, trotz verdienstvoller Bemühungen des Aachener Rimbaud-Verlages und der Redaktion der Zeitschrift *neues rheinland,* deren Kulturchef Franz Norbert Mennemeyer 1960 die *Gesammelten Werke* Barths herausgegeben hat.[9] Bekannt wurde Barth mit autobiographischen Romanen wie *Das verlorene Haus* (1936/1951) oder *Der Wandelstern* (1939/1947), mit Prosatexten wie *Lemuria. Aufzeichnungen und Meditationen* (1947) oder *Enkel des Odysseus* (1951) und mit Gedichtbänden wie den *Xantener Hymnen* (1948) oder *Tigermuschel* (1956).

In seiner Rede anläßlich der Überreichung des *Immermann-Preises* 1948 sollte Barth sich zum Beruf des Dichters äußern, also gewissermaßen ein Selbstporträt entwerfen. Dabei fällt sofort auf, daß er sich noch ganz an der klassisch-romantischen Ästhetik orientiert, und dies in einer ungemein kunstvoll-künstlichen, klassisch gemessenen Sprache, die für heutige Ohren gelegentlich das Karikaturhafte streift: Der Dichter ist der vom Genius, vom Dämon getriebene, der mit dem Zeitlos-Überzeitlichen des Schönen als einem Abglanz des Ewigen zu tun hat. Der Dichter ist mit Hölderlin der »Fremdling im eigenen Haus«, der seinen Ruhm mit Einsamkeit und Entbehrungen bezahlt. Hier befinden wir uns nun wirklich noch mitten im 19. Jahrhundert, obwohl Barth seine Ahnenreihe ausdrücklich zwar bei Hölderlin beginnen läßt, dann aber Poe, Baudelaire und Trakl anführt. Und in der Tat ist vor allem sein lyrisches Werk geprägt von einem expressionistisch gebrochenen Klassizismus (so etwa in den *Xantener Hymnen,* für die u.a. er den *Immermann-Preis* bekam), bzw. von einem klassizistisch überformten Expressionismus, so in seiner letzten Gedichtsammlung *Tigermuschel,* ein Stilmerkmal, das insgesamt für die Literatur zwischen den 20er und den 50er Jahren typisch ist. Barth sieht den Dichter durchaus eingebunden in die Erfahrungen der modernen Welt, hat aber immer noch die Vorstellung, der Künstler müsse diese seine organisch ausgebildeten Erfahrungen zum repräsentativen »Ganzen« runden, um seine künstlerische Sprache zu einer Sprache der Menschheit werden zu lassen.

Daß dieses gelingen könne, davon hatte sich eigentlich bereits Karl Immermann, dem hier nun doch Gerechtigkeit widerfahren soll, verabschiedet (man denke an den *Münchhausen*-Roman, in dem ja gerade gar nichts sich zum Ganzen fügen will), ganz bestimmt aber Heinrich Heine, von Baudelaire und Trakl nicht zu reden. Die Erfahrung des Vereinzelten und Vereinzeltseins ist die Grunderfahrung der modernen Kunst, der Verlust des

Zentrums, eben jenes Ewigen, dessen Abglanz der Künstler allenfalls noch als abwesend, nicht aber mehr als wirklich darstellen kann. Daß es auch eine Kunst aus dem Geiste der Kritik geben könne, eine gebrochene, ironische, satirische, eine zutiefst unernste und blasphemische Kunst, das lag außerhalb der Vorstellungskraft von Emil Barth. Kunst, das zeigen seine Werke, das zeigt besonders deutlich aber auch die oft unerträglich stelzende Sprache seines Briefwechsels, war ihm eine ernste, eine heilige Sache, der Dichter quasi ein Priester des Wortes. Genau dieses Element von Weihe, von Tiefe und Bedeutungsschwere ist kennzeichnend für die überwiegende Zahl der Autoren, die mit dem *Immermann-Preis* ausgezeichnet wurden. Es gibt Ausnahmen wie z.B. von Niebelschütz mit seinem verspielt-anspielungsreichen *Blauen Kammerherren* oder Ernst Penzoldt mit seinen allerdings auch reichlich belanglosen Humoresken: Aber die Jüngers und Britting und Gaiser, auch Aichinger und von Kaschnitz erfüllen jeder auf seine unterschiedliche Weise dieses Muster.

Der *Immermann-Preis* ist so, sowohl was seine Entstehung, seine Jury wie auch seine Preisträger angeht, ein ziemlich exemplarischer Fall für die Kulturgeschichtsschreibung der Adenauerschen Restaurationszeit.

Anmerkungen

1. Vgl. Eva Dambacher: *Literatur- und Kulturpreise 1859-1949. Eine* Dokumentation. Marbach a.N. 1996, S. 84f. Und die Darstellung bei Thomas Hoeps: »Wir leben am mythischen Ufer.« Der Düsseldorfer *Immermann-Preis* für Literatur, in: *Bilanz Düsseldorf '45. Kultur und Gesellschaft von 1923 bis in die Nachkriegszeit.* Hrsg. von Gertrude Cepl-Kaufmann u.a. Düsseldorf 1992, S. 65-75.
2. Die Protokolle der Ausschüsse und des Rates liegen im Stadtarchiv Düsseldorf.
3. Hier und im folgenden wird aus Akten zitiert, die sich zum *Immermann-Preis* in seltener Vollständigkeit im Stadtarchiv Düsseldorf finden. Es handelt sich um die Bestände mit den Signaturen: IV 2516; IV 3442; IV 3443; IV 3444; IV 5428; IV 5429; 5613; 15192; 12328. Wenn nicht anders vermerkt, beziehen sich alle Zitate und Sachangaben auf diese Akten.
4. Dieser Briefwechsel befindet sich in den Akten der Stadtbüchereien Düsseldorf.
5. Karl Kraus: Heine und die Folgen, in: ders.: *Untergang der Welt durch schwarze*

Magie. Frankfurt a.M. 1989 (=Schriften; Bd. 4), S. 185-210, hier: S. 196.

6. Zur gestörten Heine-Beziehung der bundesdeutschen Publizistik und Germanistik bis in die 60er Jahre vgl. die Zusammenstellung bei Jost Hermand: *Streitobjekt Heine. Ein Forschungsbericht 1945-1975*. Frankfurt a.M. 1975.

7. Vgl. diesen Brief in Wilhelm Gössmann u.a.: *Geständnisse. Heine im Bewußtsein heutiger Autoren*. Düsseldorf 1972.

8. Friedhelm Kröll: Literaturpreise nach 1945. Wegweiser in die Restauration, in: *Nachkriegsliteratur in Westdeutschland 1945-49. Schreibweisen, Gattungen, Institutionen*. Hrsg. von Jost Hermand u.a. Berlin 1982 (=Literatur im historischen Prozeß. Neue Folge 3. Argument Sonderbd. AS 83), S. 143-164, hier S. 149.

9. Der Nachlaß Emil Barths liegt heute im Heine-Institut, Düsseldorf. Dort erschien 1981 anläßlich einer Ausstellung ein Katalog mit biographischen und bibliographischen Hinweisen.

Personenregister